WESTLICHES MITTELMEER

JPMGUIDES

INHALT

- **3** Westliches Mittelmeer
- **7** Rückblende

- **216** Portugal
- **152** Spanien
- **210** Gibraltar
- **10** Frankreich und Monaco
- **38** Italien und der Vatikan
- **140** Marokko
- **126** Algerien
- **108** Tunesien
- **100** Malta
- Madeira (s. Portugal)
- Kanarische Inseln (s. Spanien)

- **234** Stadtpläne
- **279** Register

WESTLICHES MITTELMEER

Der westliche Mittelmeerraum ist eine Schatztruhe der Geschichte und Kultur; von hier brachen kühne Seefahrer zur Entdeckung der Welt auf. Neben bedeutenden Hafenstädten – Marseille, Genua, Barcelona, Lissabon – erwarten den Reisenden vielfältige Inseln wie die Balearen, die Kanaren, Madeira und Malta und sonnenverwöhnte Küsten von der Costa del Sol über die Côte d'Azur zur italienischen Riviera. Im Süden begrenzen die Länder des westlichen Maghreb, Marokko, Algerien und Tunesien, das Mittelmeer.

Ein paar Zahlen und Fakten: Die Gesamtfläche des Mittelmeers beläuft sich auf 2,5 Mio. km², seine Länge – von der levantinischen Küste bis zur Straße von Gibraltar – beträgt 3900 km.

Strand- und Badefreuden
In der westlichen Hälfte des Mittelmeers finden Vergnügungshungrige aller Schichten Ferien- und Badeorte, wo man Wassersport treiben oder einfach nur »Sonne tanken« kann, Marinas für ihre Jachten sowie zahllose Golfplätze. Neben traumhaften Inseln werben Italiens Amalfiküste und die italienische Riviera, die Côte d'Azur in Frankreich und die spanischen Küsten – Costa Brava, Blanca, Daurada, del Sol – um die Gunst der Sonnenhungrigen, ebenso die portugiesische Algarve am Eingang zum Atlantik. Auch Djerba, Hammamet und Agadir locken mit Strand- und Badefreuden.

Kulturgenüsse
Man kann im westlichen Mittelmeerraum nicht nur seinen Körper verwöhnen, sondern erhält auch reiche Nahrung für Geist und Seele. Marseille, die älteste Stadt Frankreichs, wurde 600 v. Chr. von griechischen Händlern gegründet. Die Stadt Genua, von der aus Entdecker zu allen Erdteilen in See stachen, prunkt mit den Renaissancepalästen, die in seiner Blütezeit entstanden, aber auch mit dem großartigen Kreuzfahrtterminal im Jugendstil. Und nichts könnte den Titel »Ewige Stadt« besser rechtfertigen als die Kulturschätze Roms, die von der

klassischen Antike über die Meisterwerke aus Renaissance und Barock bis in die moderne Zeit reichen. Neapel ist wie viele Hafenstädte eine Welt für sich: Im Archäologischen Museum gibt es Kunstschätze aus Pompeji zu bewundern, das prachtvolle Museo Capodimonte birgt Meisterwerke italienischer Malerei.

An der Küste Nordafrikas lassen sich einmalige antike Stätten entdecken, darunter Karthago, aber auch Festungen und Paläste aus maurischer Zeit, Medinas und lebhafte Souks. An der spanischen Küste erwartet Barcelona seine Besucher mit Bauwerken der katalanischen Gotik und Prunkstücken des Jugendstils (Modernisme) von Antoni Gaudí; dazu kommen die einzigartigen Bilder von Pablo Picasso, Salvador Dalí und Joan Miró. Der Prunk des maurischen Spaniens findet in Granadas Alcazar, Alhambra und Generalife seinen schönsten Ausdruck. Und an der Kathedrale von Santiago de Compostela (an Spaniens Nordwestküste) haben nicht nur müde Pilger ihre Freude.

Glücklicherweise zerstörte das große Erdbeben von 1755 nicht alle von Lissabons großen Bauwerken. Sowohl die Kathedrale (Sé) als auch das Jeronimos-Kloster überstanden die Katastrophe, ebenso große Teile des mittelalterlichen Alfama-Viertels. Sehr sehenswert sind das Gulbenkian-Museum und das den berühmten Zierfliesen gewidmete Azulejo-Museum.

Die Gebirge

Der westliche Mittelmeerraum ist in weiten Teilen von den Alpen geprägt. Die mächtige Bergkette, die in Österreich beginnt, trifft in Altare – rund 45 km westlich von Genua – auf den Apennin; weiter verläuft sie durch Südfrankreich (Alpes Maritimes), wo sie sich schließlich in ihren westlichen Ausläufern, den Alpilles 60 km nördlich von Marseille, verliert.

Die Pyrenäen – eine natürliche Grenze zwischen Frankreich und Spanien – erstrecken sich 430 km weit vom Golf von Biskaya im Atlantik hinüber zum Mittelmeer, bei Cap de Creus in Nordkatalonien, 25 km südlich der Grenze zu Frankreich.

Der Atlas, der sich landeinwärts von der nordafrikanischen Küste durch Tunesien, Algerien und Marokko zieht, besteht aus drei mehr oder weniger parallelen Gebirgsketten. Die nördlichste, also dem Meer am nächsten gelegene, ist als Tell-Atlas bekannt und ca. 1500 km lang.

Die Flüsse

Die Rhone, die ihre 813 km lange Reise hoch oben in den Schweizer Alpen beginnt, fließt über die Grenze nach Frankreich und nach Lyon, wo sich die Saône zu ihr gesellt. Weiter geht es Richtung Süden durch beliebte Weinbaugebiete bis Arles, wo sich der Fluss westlich von Marseille in einem zweiarmigen Delta ins Mittelmeer ergießt.

Der Tiber (406 km) mündet südwestlich von Rom ins Mittelmeer.

Der spanische Ebro (910 km lang) entspringt im nördlichen Kantabrien und fließt durch Kastilien, Aragonien und Katalonien, bevor er sich bei Tarragona ins Mittelmeer ergießt. Die Feuchtgebiete des Ebrodeltas bieten viel fruchtbares Land für den Anbau von Zitrusfrüchten, Gemüse und Reis.

Die längste Wasserstraße der Iberischen Halbinsel ist der bei Lissabon in den Atlantik mündende Tejo. Zwei Drittel der Flussstrecke von 1038 km verlaufen in Spanien, wo der Strom Tajo heißt. Für beide Länder bildet er eine wichtige Trinkwasser- und Energiequelle, während das Mündungsgebiet am Atlantik einen der schönsten natürlichen Häfen Europas darstellt.

istockphoto.com/Waite

Die Menschen

Die Völker im westlichen Mittelmeerraum haben so ausgeprägte Identitäten, dass keine Verallgemeinerungen möglich sind: Es gibt keine »lateinische« Einheit der Südeuropäer. Man nehme etwa die Spanier, zu deren Vorfahren Griechen, Römer, Westgoten, Araber, Juden und Kelten zählen. Spanier und Katalanen haben sehr unterschiedliche Charaktere. Die Portugiesen wiederum zeichnen sich durch ein eher melancholisches Temperament aus. Und die Marseiller lassen sich keineswegs mit den übrigen Franzosen in einen Topf werfen. Die Bewohner der Hafenstadt sind laut, turbulent und herzlich.

Und wie sollte man unter dem Sammelnamen »Italiener« das Genueser Bürgertum, die römische Differenziertheit, das neapolitanische Temperament und den Unabhängigkeitssinn der Sizilianer und Sarden vereinen?

Den Völkern Nordafrikas – Tunesiern, Algeriern und Marokkanern – ist, bei aller Verschiedenheit, die Tradition der arabischen Gastfreundschaft gemein.

Die vielfältige Welt des Mittelmeers gilt als Wiege der westlichen Zivilisation.

RÜCKBLENDE

Die ersten Hafenstädte im westlichen Mittelmeerraum wurden von phönizischen Händlern aus Syrien und dem Libanon gegründet: im 12. Jh. v. Chr. Utica (im heutigen Tunesien) und 814 v. Chr. Karthago, die Hauptstadt der Seemacht. Später entstanden Handelsposten auf Malta, in Alicante, Málaga und Cádiz, aber auch auf Sizilien und Sardinien und in der Algarve.

Griechen und Römer

Im 8. Jh. v. Chr. ließen sich Griechen auf Sizilien, in Neapel und in Süditalien nieder; gegen 600 v. Chr. gründeten sie Marseille. Der Legende nach erfolgte die »Geburt« Roms am 21. April 753 v. Chr. Im 3. Jh. v. Chr. begann Rom mit der Eroberung des Mittelmeerraums: mit dem Sieg über die Griechen im Osten und über die Karthager im Westen. Seit 124 v. Chr. erstreckte sich die römische Provincia (Provence) in Südfrankreich von den Alpen bis zu den Pyrenäen. Im Lauf des folgenden Jahrhunderts eroberten die Römer Spanien.

Christen und Juden

Christliche Apostel missionierten im 1. Jh. n. Chr. im ganzen Mittelmeerraum. Paulus reiste über Malta und Sizilien nach Rom, wo er hingerichtet wurde. Die von Nero organisierten Christenverfolgungen erreichten 64 einen Höhepunkt. 79 n. Chr. wurde die Stadt Pompeji beim Vulkanausbruch des Vesuvs verschüttet.

Am Ende des 4. Jh. verbreitete sich das Christentum in ganz Frankreich und Spanien. Juden ließen sich – nach ihrer Flucht aus Palästina – in Rom und römischen Kolonien wie Neapel, Marseille und Karthago nieder.

Der Islam

Nach dem Tod des Propheten Mohammed (632) lancierten die Muslime Eroberungszüge Richtung Osten – bis Indien – und nach Westen entlang der nordafrikanischen Küste. In Tunesien errichteten sie nach 670 das islamische Bollwerk Kairouan; die Stadt Tunis entstand 698. Vom algerischen Tiaret aus zogen die Muslime weiter nach Tanger und drangen über die Meerenge von Gibraltar 711 in Spanien ein.

Der maurische Feldherr Tariq ibn Ziyad, nach dem Gibraltar benannt ist (Gibel-Tariq, »Tariqs Felsen«) nahm in rascher Folge Córdoba, Lissabon und Toledo ein. Die Mauren überquerten sogar die Pyrenäen und eroberten 721 Toulouse, wurden aber 732 bei Poitiers zurückgeschlagen.

In Spanien erhielt das Christentum durch die Entdeckung der sterblichen Überreste des Apostels Jakob starken Aufschwung; damit begannen die Wallfahrten nach Santiago de Compostela. Die (Re-)Conquista nahm 1085 mit der Niederlage der Muslime bei Toledo ihren Anfang.

Das Mittelalter
Im 11. Jh. vertrieben normannische Eroberer die Araber aus Süditalien und nahmen Sizilien ein. Der deutsche Hohenstaufenkaiser Friedrich Barbarossa annektierte die Insel.

Genua, Pisa und Amalfi wetteiferten mit Venedig um die Kontrolle über den lukrativen Mittelmeerhandel. Die in Tunis und Algier stationierten muslimischen Piraten waren eine Bedrohung für Seefahrer und Handelsschiffe.

Das Fürstentum Katalonien, das unter den Grafen von Barcelona (12.–14. Jh.) seine Blütezeit erlebte, erstreckte sich über die Balearen bis Sardinien, Korsika, Neapel und Roussillon in Südfrankreich. Das Ende Kataloniens kam, als im 15. Jh. Spanien unter den Katholischen Königen Ferdinand von Aragonien und Isabella von Kastilien vereint wurde.

Die Renaissance
Diese Epoche des aufgeklärten Humanismus wurde von Künstlern und Gelehrten des 15. und 16. Jh. eingeleitet. 1492 wurden die Mauren und Juden aus Spanien vertrieben; viele ließen sich in Nordafrika, Südfrankreich und Italien nieder. 1512 schuf Michelangelo im Vatikan die Deckengemälde der Sixtinischen Kapelle – die glücklicherweise bei der Plünderung Roms durch die Truppen des Deutschen Kaisers 1527 nicht zerstört wurden.

Revolte und Revolution
Portugal, das seit 1580 zum Königreich Spanien gehört hatte, befreite sich 1640 von dieser Herrschaft. Im 18. Jh. blühte Lissabon dank des in Brasilien gefundenen Goldes auf; allerdings zerstörte das Erdbeben von 1755 80 % der Stadt und begrub 40 000 Menschen unter den Trümmern.

Spanien trat 1713 Gibraltar und Menorca an Großbritannien ab. Menorca wurde 1802 zurückgegeben, während der »Felsen« bis heute in britischem Besitz ist.

1792 sangen revolutionäre Soldaten von Marseille ihre in Straßburg komponierte Hymne mit solchem Feuereifer, dass diese fortan nur mehr als *La Marseillaise* bezeichnet wurde. Ein Jahr später gelang es dem 24-jährigen Napoleon Bonaparte, die britische Flotte vor Toulon zu vertreiben – der Beginn einer ruhmreichen Karriere. Bald waren die Folgen auch in Italien spürbar. Von Genua bis Neapel entstanden Republiken unter französischer Vormundschaft; die dabei freigesetzten nationalistischen Bestrebungen (Risorgimento) führten 1860/61 zur Einigung Italiens.

Moderne Zeit

Im 19. Jh. prägte der Imperialismus die Geschichte Nordafrikas, im 20. Jh. das Ende der Kolonialisierung. Marokko wurde zum Zankapfel zwischen Frankreich und Spanien, bis 1912 ein Protektorat errichtet wurde – Französisch-Marokko im Süden, Spanisch-Marokko an der Nordküste. Tanger wurde zur internationalen Zone erklärt. Das Land erlangte 1956 die Unabhängigkeit.

Die französische Eroberung Algeriens begann im Jahr 1830. Gegen 1900 ließen sich 200 000 französische Bürger an der Küste nieder; das Landesinnere blieb in der Hand der Araber und Berber. Von 1954 an führte Algerien den blutigen Unabhängigkeitskrieg gegen Frankreich und erlangte 1962 den Sieg. Tunesien stand von 1881 bis 1956 unter französischem Kolonialregime.

In Spanien fing 1936 der Bürgerkrieg an, als General Franco in Marokko die spanische Armee in seine Gewalt brachte – und anschließend gegen die republikanische Regierung auf dem Festland kämpfte. Der heftige Widerstand Kataloniens gegen Francos Truppen endete mit dem Fall Barcelonas im Januar 1939, auf den im April desselben Jahres die Niederlage der Republikaner folgte.

Im 2. Weltkrieg diente Tunesien ab 1942 als deutscher Stützpunkt, bis es im Mai 1943 von alliierten Truppen eingenommen wurde. Die Landgänge der Alliierten im August 1944 an der Côte d'Azur wurden von Algerien und Süditalien aus gestartet.

Die Diktatur endete in Spanien und Portugal fast gleichzeitig: In Portugal fand 1974 die unblutige »Nelkenrevolution« statt, in Spanien starb ein Jahr später General Franco, Juan Carlos I. wurde König. 1986 traten Portugal und Spanien der EG bei. Zum Heiligen Jahr 2000 kamen 25 Millionen Besucher nach Rom. Frankreich, Spanien, Portugal und Italien führten 2002 den Euro ein.

Ende 2010 kam es in Tunesien zu Aufständen, die zur Absetzung des Präsidenten Ben Ali führten. Der »arabische Frühling« breitete sich in der Folge auch in anderen Ländern Nordafrikas – darunter Marokko und Algerien – sowie im Nahen Osten aus.

Vielfältige Tierwelt

LANDGÄNGE

Frankreich und Monaco
- 11 Marseille
- 13 Camargue
- 15 Montpellier
- 17 Carcassonne
- 18 Sète
- 19 Perpignan
- 20 Collioure
- 21 Port-Vendres und Banyuls
- 22 Toulon
- 23 Sanary-sur-Mer
- 23 Iles d'Hyères
- 24 Saint-Tropez und Umgebung
- 25 Cannes
- 25 Von Cannes nach Nizza
- 27 Nizza
- 28 Die Corniches
- 29 Monaco
- 31 Korsika

Extras
- 19 Einkaufstipps
- 36 Speisekarte
- 37 Praktische Hinweise

Stadtpläne
- 234 Marseille
- 236 Sète
- 237 Cannes
- 238 Nizza
- 239 Monaco
- 240 Ajaccio

Farben und Düfte

Zeugen der Geschichte

Lebendige Traditionen

Südliche Sonne

FRANKREICH UND MONACO

Provence und Côte d'Azur – sie beschwören den Charme des französischen Südens herauf, mit Sonne, Meer und Mistral. Hier liegt auch das schillernde Fürstentum Monaco, zwar klein, aber doch sehenswert. Nicht minder beeindruckend ist das Weinland Languedoc-Roussillon, begrenzt von den Pyrenäen, der Camargue und den Cevennen. Ganz anders als das übrige Frankreich präsentiert sich Korsika, die felsige Insel im westlichen Mittelmeer mit ihren zerklüfteten Küsten und dem gebirgigen Hinterland.

Marseille

Wie viele große Hafenstädte der Welt dreht auch Marseille, die Hauptstadt der Provence, dem Hinterland den Rücken zu. Die älteste Stadt Frankreichs bezieht ihren extravaganten Charakter aus der Vielfalt der mediterranen Welt, auf die es vom alten Hafen blickt. Die alteingesessenen Provenzalen und die lebhafte Gemeinschaft der Nordafrikaner bilden ein buntes Völkergemisch. 2013 wird Marseille Kulturhauptstadt Europas sein.

Eine Bronzeplakette am Quai des Belges im **Vieux Port** markiert den Ort, wo vor 2600 Jahren griechische Siedler an Land gingen. Heutzutage machen Fischer hier die Boote fest, um ihren Fang frühmorgens auf dem Markt zu verkaufen. Boote bieten Fahrten in die Buchten der Calanques oder zum Château d'If an, der Gefängnisinsel aus Alexandre Dumas' Roman *Der Graf von Monte Christo*.

Auf der Nordseite des Hafens stehen im Viertel **Le Panier** einige von deutschen Kriegszerstörungen unversehrte Gebäude. Miethäuser erheben sich über dem kleinen eleganten Hôtel de Ville (Rathaus), das im provenzalischen Barock erbaut ist.

Dahinter steht die in ein Museum umgewandelte **Maison Diamantée** aus dem 16. Jh. mit ihren geschliffenen Steinen an der Fassade.

Das **Musée d'Archéologie Méditerranéenne** ist im Hospiz der Vieille Charité aus dem 18. Jh. untergebracht. Es birgt gute Sammlungen ägyptischer, mesopotami-

scher, griechischer, etruskischer und römischer Kunst. Im gleichen Gebäude widmet sich das **Musée d'Arts Africains, Océaniens et Amérindiens (MAAOA)** den Künsten Afrikas, des Südpazifiks, Nord- und Südamerikas.

La Canebière, benannt nach den einst hier gelegenen Seilfabriken, ist die legendäre frühere Prachtstraße der Stadt. Sie führt hinter dem Vieux Port nach Osten vorbei am Centre Bourse, dem Marché des Capucins und den Modeboutiquen vom Cours Julien.

Das **Musée d'Histoire de Marseille** im Centre Bourse nördlich der Canebière verfolgt die Geschichte der Stadt zurück bis in die griechisch-römische Zeit. Es ist vom Jardin des Vestiges her zu erreichen, der nun **Port Antique** (antiker Hafen) genannt wird. Sowohl das Museum als auch der archäologische Park sind wegen Umbaus bis 2013 geschlossen.

Das **Musée des Beaux-Arts** im Palais Longchamp weiter östlich zeigt vor allem Gemälde der französischen und italienischen Schulen des 16.–19. Jh., ist allerdings bis Frühling 2013 wegen Renovierungsarbeiten geschlossen.

Marseille: Blick über die Dächer und auf die Bucht; farbenfrohes Gewirr von Segel- und Fischerbooten im Vieux Port; die berühmte naturreine Seife schaut auf eine lange Geschichte zurück.

Das **Musée Cantini** (Rue Grignan 19, südlich der Canebière) stellt Kunst des 20. Jh. aus. Vertreten sind auch Maler, die 1940 nach Marseille flüchteten, darunter Max Ernst und Victor Brauner.

Mit ihrer vergoldeten, nahezu 10 m hohen Madonna mit Kind überragt die Kirche **Notre-Dame-de-la-Garde** (19. Jh.) den südlichen Teil des Hafens. Das kürzlich renovierte, von den Einheimischen »La Bonne-Mère« genannte Wahrzeichen der Stadt lohnt auch wegen des herrlichen Blicks über Stadt und Meer einen Besuch.

Die im Boot gut erreichbaren **Calanques** zwischen Marseille und Cassis sind zerklüftete Klippen aus weißem Sandstein. Zu den bekanntesten zählen En-Vau, Sugiton und Morgiou, wo 1991 eine Höhle mit 27000 Jahre alten Wandmalereien gefunden wurde. Sie ist nicht öffentlich zugänglich.

Der Hafen des hübschen Fischerdorfs **Cassis** ist von den wilden Calanques und vom grünen Cap Canaille umrahmt. Der Ort hat nichts von seinem Charme verloren, der die Maler Matisse, Vlaminck und Dufy inspirierte.

Etwa 30 km westlich von Marseille liegt **Martigues**, wegen seiner vielen Häfen und Wasserstraßen auch »Provenzalisches Venedig« genannt. Um den St-Sébastien-Kanal mit den malerischen Häusern aus dem 17. Jh. breitet sich ein sehenswertes altes Fischerquartier aus. Besuchen Sie auch das Musée Ziem (Kunst und Archäologie), und genießen Sie den hübschen Strand La Couronne.

Camargue

Bevor er durch die Versandung des Rhonedeltas vom Meer abgeschnitten wurde, war **Aigues-Mortes** am Rand der Camargue ein wichtiger mittelalterlicher Hafen. Von hier brach Ludwig der Heilige 1248 und 1270 zu Kreuzzügen auf. Von der einstigen Bedeutung des Landstrichs zeugen die gewaltigen Festungsanlagen, die Ludwigs Sohn Philipp der Kühne erbauen ließ. Sie sind gut erhalten und umgeben noch heute das historische Zentrum, in dem sich Touristen, Läden, Cafés und Kunstgalerien drängen.

Um die Place Saint-Louis reihen sich Cafés und Souvenirgeschäfte, geziert wird sie von einer Bronzestatue Ludwigs des Heiligen. Am Rand erhebt sich die Kirche **Notre-Dame-des-Sablons** aus dem 13. Jh., wo der König zu beten pflegte. Der befestigte Bau musste während der Französischen Revolution als Kornspeicher und Salzlager und während der Schreckensherrschaft (1793–94) gar als Kaserne herhalten.

Durch die **Tour de Constance**, die im 14. Jh. für Mitglieder des Templerordens und im 17. Jh. für Hugenotten als Gefängnis diente, gelangt man zum Wehrgang. In

der Ferne erstrecken sich Rebhänge, Spargelfelder und Salinen.

Der 1970 geschaffene **Naturpark der Camargue** erstreckt sich zwischen Grand und Petit Rhône in der Grande Camargue. Im Informationszentrum von **Pont-de-Gau** auf der Straße nach Sainte-Maries-de-la-Mer sind dem Naturschutzgebiet zwei Ausstellungen gewidmet. Der 60 ha große, nahe Vogelschutzpark bietet auf drei Rundgängen eine Übersicht über die einheimische Vogelwelt – deren Hauptattraktion die zahlreichen Flamingos sind – und präsentiert auch die Zugvögel, die hier einen Zwischenhalt einlegen.

Der durch Sanddünen vom Meer getrennte **Etang du Vaccarès**, ein Brackwassersee, bildet ein eigenes Naturschutzgebiet von 13 000 ha. Sein Informationszentrum La Capelière liegt am Nordostufer des Sees, wo man ebenfalls eine Ausstellung über das Ökosystem der Camargue besuchen kann. Ein 1,5 km langer Entdeckungspfad ermöglicht das Beobachten der Tierwelt.

Im **Musée camarguais** im Mas du Pont-de-Rousty (an der Straße Arles–Saintes-Maries) erfährt man viel über die Natur und die

Die Camargue mit ihren wunderschönen Feuchtgebieten und ihren Salinen: Ein Paradies für Naturliebhaber, das sich auf Rundgängen entdecken lässt.

Bewohner der Camargue. Eine große Abteilung ist dem Alltag der *manadiers* (Hirten) im 19. Jh. gewidmet. In der Umgebung wurde ein 3,5 km langer Ökopfad angelegt. Im **Château d'Avignon** (19. Jh.) weiter südlich an der Kleinen Rhone finden im Sommer Ausstellungen statt.

Den weiten Strand von **Piémanson** im Südosten des Parks trennt eine Dünenkette vom Sumpfgebiet. Hier können Sie schöne Spaziergänge machen, trotz des Windes, der hier oft stark bläst. Die kleine Zufahrtsstraße folgt der Saline von Giraud, der größten Europas.

Weiter westlich folgen die Strände **Beauduc** und **Pertuis-de-la-Comtesse** (FKK), letzterer erstreckt sich bis zum Leuchtturm von La Gacholle. Von dort führt ein Wander- und Radweg (20 km) ins Innere und dem Damm entlang zum Meer.

Das Städtchen **Saintes-Maries-de-la-Mer**, viel besuchter Hauptort der Camargue an der Lagune unweit der Mündung der Petit Rhône, ist vor allem als Wallfahrtsstätte berühmt. Zweimal im Jahr strömen Sinti und Roma aus ganz Europa hierher, um ihrer Schutzpatronin, der hl. Sara, am Fest der Maria Jakobäa (24. und 25. Mai) und der Maria Salome (Ende Oktober) zu gedenken.

Die den drei heiligen Marien geweihte romanische **Kirche von Saintes-Maries** überragt das Städtchen mit ihrem mächtigen Glockenturm. Sie wurde am Ort eines im 6. Jh. verehrten Heiligtums errichtet und im 13. Jh. befestigt, um die Reliquien vor Überfällen der Sarazenen und Piraten zu schützen. Jene der Marien ruhen in der oberen Kapelle, in der Krypta befindet sich der Reliquienschrein von Sara, der Schutzpatronin der Roma.

Das **Musée Baroncelli** an der Rue Victor-Hugo, im Herzen der belebten Fußgängerzone, ist der Stadtgeschichte und den Traditionen der Camargue gewidmet.

Im Sommerhalbjahr bringen die Stierkämpfe, Volksfeste (*ferias*) und das Festo Vierginenco viel Leben in das kleine Städtchen, das sich auch als idealer Ausgangspunkt für Ausflüge in die Camargue entpuppt, sei dies auf dem Rücken weißer Camargue-Pferde oder mit einem Boot auf der Petit Rhône.

Montpellier

Einen ersten Eindruck von Montpellier bekommen Sie an der **Place de la Comédie** mit Theater, Cafés und Kinos. Den Brunnen vor dem imposanten **Opernhaus** (1888) krönen die Drei Grazien.

In den umliegenden Straßen dieses Platzes sind glanzvolle *hôtels particuliers* (Patrizierhäuser) aus dem 17. und 18. Jh. zu entdecken; sehenswert sind vor allem das **Hôtel de Lunaret** (10, rue Marceau) mit archäologischen Sammlungen, das **Hôtel St-Côme** (Ecke Grand Rue) sowie das **Hôtel de Rodez-Bénavent** (Rue du Trésorier de la Bourse). Das am Jardin du Champ-de-Mars gelegene **Touristenbüro** organisiert auch mehrsprachig geführte Besichtigungen von Häusern, die sonst nicht öffentlich zugänglich sind.

Von der Place de la Comédie nach Norden erstreckt sich die nach Charles de Gaulle getaufte **Esplanade** und der Jardin du Champ-de-Mars unter den Festungsmauern. Am Ende der Esplanade steht das **Corum** (1989), ein mächtiger Bau mit der **Opéra Berlioz** und dem Kongresszentrum.

Östlich des Hauptplatzes – hinter dem Einkaufszentrum Le Triangle und dem Geschäfts- und Verwaltungskomplex Le Polygone gelegen – ist das erstaunliche **Quartier Antigone** (1983) eine nähere Betrachtung wert: Dem katalanischen Architekten Ricardo Bofill gelang in dieser Wohnzone mit schwungvollen Rundungen, Friesen und kannelierten Säulen eine moderne Angleichung an Montpelliers grandiosen Baustil des 19. Jh. Am Ende dieses langgestreckten Viertels ragt am Ufer des Flusses Lez der eckige Turm des Hôtel de Région auf.

Das **Musée Fabre** (13, rue Montpellieret) trägt den Namen des Mäzens François-Xavier Fabre,

Die heiligen Marien. Einer Legende zufolge soll ein Schiff ohne Segel und Steuerruder um 44–45 n. Chr. in Saintes-Maries-de-la-Mer gestrandet sein. An Bord befanden sich Maria Jakobäa (Schwester der Muttergottes), Maria Salome (Mutter der Apostel Johannes und Jakobus), Maria Magdalena, Lazarus, Martha und Maximinius, die aus Palästina vertrieben worden waren. Sie missionierten im römischen Gallien und bekehrten die Zigeuner, die hier unter ihrer Anführerin Sara lebten. Eine andere Version besagt, dass Sara eine Dienerin der heiligen Marien war. Jedenfalls wird Sara von den Sinti und Roma hoch verehrt, die jedes Jahr am 24. Mai in einer Prozession die Statue ihrer Schutzpatronin zum Meer tragen. Nach der Messe am nächsten Tag geleiten die *gardians* das Schiff mit den Marien bis zum Meeresufer und gedenken ihrer Ankunft auf heidnischem Boden.

eines klassizistischen Porträtmalers, der in Florenz zu Reichtum gelangte. Seine riesige Sammlung von Gemälden, Skulpturen und Kunstgegenständen vermachte er 1825 seiner Heimatstadt. Das Museum vermittelt einen großartigen Überblick über die Malerei des 19. Jh., vor allem mit Werken von Delacroix, Courbet, Ingres, Corot, Millet und vielen anderen.

Mittelpunkt der Altstadt von Montpellier ist die **Kathedrale St-Pierre** aus dem 14. Jh.; der nahe **Jardin des Plantes**, Frankreichs erster botanischer Garten, wurde unter der Schirmherrschaft Heinrichs IV. angelegt.

Sehr angenehm ist ein Spaziergang über die **Place Royale du Peyrou**, eine weite Terrassenanlage aus dem 17. Jh. mit einem Triumphbogen am Eingang. Am anderen Ende wendet Ludwig XIV. hoch zu Ross einem Bauwerk den Rücken zu, das wie ein griechischer Liebestempel aussieht – aber eigentlich ein Wasserturm aus dem 18. Jh. ist.

Östlich der Stadt befindet sich im Freizeit- und Einkaufskomplex **Odysseum** das neue Aquarium **Mare Nostrum**, wo alle Weltmeere vertreten sind.

Carcassonne

Die rund 50 km von der Küste entfernte befestigte **Cité** mit ihrem doppelten Mauerring, ihren 45 Türmen mit spitzen »Hüten« und ihrem mächtigen Schloss bietet ein Bild wie aus einem Märchenbuch. Die Stadt war ein Bollwerk der Katharer, die das Alte Testament als böse verwarfen und sich für die alleinigen Vertreter des wahren Christentums hielten.

Der Hauptzugang zu dieser Katharerstadt ist die von einem gewaltigen Turmpaar gerahmte **Porte Narbonnaise**. Sie führt in eine mittelalterliche Stadt mit gewundenen Gassen und Fachwerkhäusern – die ohne die zahllosen Souvenirläden sicherlich noch schöner wäre. Im **Zwinger** (*lices*) zwischen den beiden Ringmauern wurden Angreifer abgewehrt, indem man schwere Steine niederregnen ließ und siedendes Pech oder glühende Asche durch Pechnasen hoch oben in der Brustwehr goss. In Friedenszeiten wurden hier Turniere abgehalten.

Besser noch ist die mittelalterliche Atmosphäre zu spüren, wenn Sie die Brücke über den Graben zum **Château Comtal** (Grafenschloss) überschreiten, wo sich vom schattigen Innenhof aus im Mauerwerk deutlich die verschiedenen Bauperioden erkennen lassen. Eine vorspringende Reihe aus Schieferplatten deutet die ursprüngliche Höhe des Daches an; auffallend im Stockwerk darüber sind die gotischen Spitzbogen der Fenster, und das oberste Geschoss mit rechteckigen Fensteröffnungen stammt aus der Renaissancezeit. Das Museum im Innern des Schlosses zeigt römische Amphoren und Steingeschosse aus dem Mittelalter. Eine permanente Ausstellung ist den diversen Restaurierungsphasen der Cité im 19. Jh. gewidmet.

Die **Basilique Saint-Nazaire** wurde ebenfalls von Viollet-le-Duc – unter Hinzufügung von Zinnen an der Westfassade – restauriert. Die Buntglasfenster entstanden im 13. und 14. Jh.

Die **Ville Basse** (Unterstadt) von Carcassonne ließ Ludwig der Heilige (Ludwig IX., König von Frankreich) im 13. Jh. in regelmäßigem Gittermuster anlegen; über den einstigen Wallgräben wurden Ringstraßen gebaut. Mittelpunkt ist die Place Carnot, wo dienstags, donnerstags und samstags ein Markt abgehalten wird und im Sommer Konzerte stattfinden.

Im **Musée des Beaux-Arts** ist europäische Malerei aus dem 16. bis 20. Jh. sowie eine Sammlung von Surrealisten zu sehen.

Sète

Frankreichs wichtigster Fischereihafen am Mittelmeer ist eine schlichte, eher schmucklose Stadt, die in parallelen Lagen erbaut wurde: ein von einer Gebäudereihe verdeckter Industriehafen, ein farbiger, von Restaurants gesäumter Hafen für die Fischerboote und die Einkaufsstraßen.

Die Stadt liegt zwischen einer Lagune und dem Meer auf einer Landzunge mitten im Wasser und wird deshalb oft als »Venedig Südfrankreichs« bezeichnet. Diesen Eindruck verstärken außerdem die verschiedenen Kanäle, die Brücken sowie die italienischen Stilmerkmale der Gebäude.

Überschauen können Sie alles vom 175 m hohen **Mont Saint-Clair**, wo der Rundblick nach Westen bis zu den Pyrenäen und nach Osten bis zu den Alpilles in der Provence reicht.

Am lebhaftesten zeigt sich Sète im August, wenn im Hafen das Fischerstechen ausgetragen wird – eine Tradition, die seit Gründung der Stadt im 17. Jh. besteht. Ein Schauspiel für sich ist die Versteigerung der Fänge *(la criée)* auf dem Quai Général-Durand. Es ist erstaunlich, was da alles an Fisch und Meeresfrüchten an Land gebracht wird.

Seinen althergebrachten Charakter und Charme hat vor allem das kleine Fischerviertel **La Pointe Courte** hinter dem Bahnhof zu wahren gewusst.

In Sète wurden Paul Valéry und Georges Brassens geboren, und beide sind hier auch beigesetzt – der Dichter auf dem alten **Cimetière marin**, der Chansonnier seinem gesungenen Wunsch gemäß auf dem neueren Friedhof **Le Py** in der Nähe des Étang de Thau, der Lagune zwischen der

Stadt und dem Festland. Im **Musée Paul-Valéry** beim Seemannsfriedhof sind Ausstellungsstücke zu Archäologie, Seefahrt, Geschichte und Völkerkunde zu sehen. Dem Leben und den Liedern von Georges Brassens ist ein Museum gegenüber von Le Py gewidmet.

Bei Bootsfahrten auf dem **Bassin de Thau** können Sie die Austern- und Muschelbänke der Lagune aus der Nähe bestaunen. **Balaruc-les-Bains** ist ein beliebter Badekurort am Ufer der Lagune.

Nicht weit von der Stadt finden Sie mehrere winzige, ruhige Strände im Schutz von Felsabhängen. Breitere Badestreifen erstrecken sich der Küste entlang bis nach **Cap d'Agde**, einem jüngeren Ferienort auf einem Landvorsprung an der Mündung des Flusses Hérault.

Perpignan

Das Herz von Perpignan ist die **Place Arago** am südlichen Ende des Quai Sadi-Carnot am Kanal La Basse. Die Atmosphäre ist fast so katalanisch wie in Barcelona. Hier befindet sich die Fußgängerzone mit den besten Einkaufsmöglichkeiten und einladenden Cafés und Restaurants. Jeden Morgen ist Markt. Das von Palmen gesäumte Kaffeehaus »Palmarium« war im Zweiten Weltkrieg Treffpunkt der *passeurs*, die Flüchtlinge über die Grenze nach Spanien schleusten.

Einkaufstipps

CDs mit korsischer Volksmusik
Dekorative Keramikprodukte
Kandierte Früchte (Provence)
Katharerkreuze aus Silber
Konfit und Terrinen
Kräuter der Provence, Olivenöl
Provenzalische Stoffe
Santons (Krippenfiguren) aus der Provence
Schalen, Salatbesteck und Brettchen aus Olivenholz
Seife aus Marseille
Tapenade (Olivenpaste)
Weine

Jean Forget

Claude Hervé-Bazin

Am Quai Sadi-Carnot entlang erreicht man **Le Castillet**, ein Wehrtor aus dem 14. Jh., das zum Wahrzeichen Perpignans wurde. Es beherbergt die **Casa Pairal**, ein Museum mit Ausstellungsstücken zu Kunst, Geschichte und Brauchtum Kataloniens. Bemerkenswert ist die Kreuzigungsszene, die die Leiden Christi darstellt (*Croix aux Outrages*).

An der **Place de la Loge**, wo man im Sommer die *sardana* tanzt, steht das alte Handelsgericht für Seerechtsangelegenheiten. Das stattliche Gebäude wurde 1397 erbaut und im 16. Jh. erweitert. Im Erdgeschoss befand sich die Börse. Das **Rathaus** stammt aus dem 16. Jh.; im Hof steht die Maillol-Statue *La Mediterranée*, ein sinnlicher Akt, ähnlich wie die *Vénus* gegenüber auf dem Platz. Das große Bauwerk auf der anderen Seite des Rathauses ist das **Palais de la Députation** aus dem 15. Jh., ein Regierungsgebäude.

In östlicher Richtung von der Place de la Loge kommt man zur Kathedrale **St-Jean**, einer gotischen Basilika aus dem 14. und 15. Jh. An der Fassade wechseln Lagen aus Kiesel- und Backstein ab, eine Bauweise, die an Kirchen, weltlichen Bauten und selbst Scheunen bis nach Toulouse auffällt. Bei Restaurierungsarbeiten kamen ein Teil des Kirchenschiffs aus dem 13. Jh. und ein romanisches Tor aus rosafarbenem Granit zu Tage. Verlässt man die Kathedrale durch das Südtor, sieht man links das ergreifende Kruzifix *Dévot Christ*, angeblich das Werk eines deutschen Künstlers aus dem 14. Jh.

Von der Place Arago aus sind es zu Fuß nur ein paar Minuten bis zur mächtigen sechseckigen **Zitadelle** (16. Jh.), die den ehemaligen Palast der Könige von Mallorca umschließt. Der Eintritt erfolgt über die Rampe an der Westseite, von der Rue des Archers her. Ein mit Ziegeln, Kieseln und Marmor gepflasterter Ehrenhof führt in das wesentlich kleinere **Palais des Rois de Majorque**, mit dessen Bau 1276 begonnen wurde.

Collioure

In Collioure, das im Schutze der Albères-Berge liegt, ist das Licht so intensiv, dass Matisse, der hier malte, auf manchen Bildern freie Stellen auf der Leinwand ließ. Meist sieht man am Hafen auch jetzt noch Maler, die seinem berühmten Bild *Paysage à Collioure* nachzueifern suchen. Die beiden natürlichen Häfen sind durch die kahlen Mauern des **Château Royal** getrennt, das teilweise noch aus dem 12. Jh. stammt. In der Burg werden Kunstausstellungen veranstaltet. In nördlicher Richtung gelangt man am Vieux-Port (Alten Hafen) entlang zur **Kirche Notre-Dame-des-Anges**, deren neun vergoldete Altarbilder für den katalanischen Barock typisch sind. Der Kirchturm diente übrigens auch als Leuchtturm. Anschließend kann man bis zum Ende der Mole mit dem heutigen Leuchtturm weiterschlendern, wo man einen herrlichen Blick auf die Stadt und die Küste hat.

Gehen Sie dann zur Kirche zurück, und erkunden Sie das Viertel **Mouré** mit seinen steilen, schmalen alten Straßen.

Port-Vendres und Banyuls

In dem befestigten Städtchen **Port-Vendres** (das seinen Namen der Göttin Venus verdankt) ist die ursprüngliche Atmosphäre eines Fischerdorfs erhalten geblieben. Rund um den Hafen gibt es zahlreiche Cafés und Restaurants, und Sie können auch einen Bummel durch die Gassen mit den pittoresken Häusern machen. Jeden Abend findet im Hafen ein Fischmarkt statt.

Der weiter südlich gelegene Badeort **Banyuls-sur-Mer** ist von Weinbergen und Orangenhainen umgeben und für seine süßen Weine berühmt. Für eine Weintour kann man sich im Fremdenverkehrsbüro (in Hafennähe) einschreiben. Besuchen Sie das zum Ozeanografischen Institut der Universität Paris gehörenden Aquarium, in dem Pflanzen, wirbellose Meerestiere und Fische des Mittelmeers aus nächster

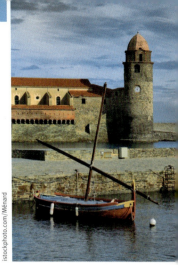

Blick auf die trutzige Wehrkirche Notre-Dame-des-Anges in Collioure.

Nähe bewundert werden können. In Banyuls lebte und starb der Bildhauer Aristide Maillol (1861–1944). An seinem Geburtshaus in der Rue du Puig del Mas 6 sieht man eine Gedenktafel; beigesetzt ist er 4 km südöstlich der Stadt in der **Métairie Maillol** (nun Museum) mit der Bronzestatue *La Pensée* auf seinem Grab. Er schuf auch das Gefallenendenkmal auf der Ile Grosse in Banyuls und ein weiteres in Port-Vendres. Werke von Maillol schmücken zudem den Garten von Banyuls Rathaus und den Quai Maillol.

Toulon

Toulons Stadtkern liegt rund um die baumbestandene **Place de la Liberté**, die auf den verkehrsreichen Boulevard de Strasbourg und die Avenue Général Leclerc mündet. Diese breiten Straßen mit Geschäften, Kinos und Restaurants teilen die Stadt in zwei Teile. Im Norden liegen neuere Wohnviertel, im Süden die nach dem Krieg restaurierte **Altstadt**.

Vom Boulevard de Strasbourg kommen Sie zum Stadttheater und dahinter zum Delfinbrunnen auf der **Place Puget**. Von hier führen enge Gassen zum alten Hafen (Vieille Darse) hinab.

Mitten in der Altstadt ragt die **Kathedrale Sainte-Marie** aus dem 11. Jh. auf. Sie wurde öfters aus- und umgebaut. Ihre Fassade ist klassisch-barock, das Innere romanisch-gotisch. Das **Musée du Vieux Toulon** (Cours Lafayette) gleich daneben bietet einen Überblick über Toulons Geschichte.

Der farbenfrohe **Markt** auf dem Cours Lafayette ist voller Leben und einer der bekanntesten der Côte d'Azur. Etwas weiter südlich liegt der **Quai de Cronstadt**, der den alten Hafen säumt. Von hier fahren die Boote zu den Inseln von Hyères. Die hohen Apartmenthäuser am Kai sind zwar neuer, doch ist es hier angenehm verkehrsfrei, und Straßencafés bieten einen Blick über die **Vieille Darse** hinaus zum Hochseehafen Petite Rade und weiter bis zur Grande Rade, der von Steilklippen umringten Bucht.

Im Westteil des Quai de Cronstadt finden Sie am ehemaligen **Rathaus** den Zeremonienbalkon, der sich auf zwei schöne Atlanten des französischen Bildhauers Pierre Puget aus dem 17. Jh. stützt, die die Kraft des Volkes und den Reichtum des Meeres darstellen, von denen die Stadt getragen wird.

Noch westlicher gelangen Sie zum **Großen Portal** (1738) des Marinezeughauses. Dahinter liegt das gut geschützte **Arsenal Maritime**, das logistische und technische Zentrum der französischen Mittelmeerflotte. Das Portal bietet Zutritt zum **Musée national de la Marine**, das u. a. riesige Modelle alter Schiffe, Galionsfiguren und Gemälde birgt.

In einem Renaissancebau am Boulevard Maréchal Leclerc ist eine weitere interessante Sammlung untergebracht: das **Musée d'Art** mit Gemälden italienischer, holländischer und französischer Meister sowie zeitgenössischen Wechselausstellungen.

Das **Muséum d'Histoire Naturelle** ist im Parc Burnett am Chemin du Jonquet zu besichtigen.

Am westlichen Ende der Grande Rade liegen beiderseits der Halbinsel Saint-Mandrier die Strände von **Les Sablettes** und die steilen Felswände des **Cap Sicié**.

Sanary-sur-Mer

Der reizende Familienbadeort Sanary-sur-Mer mit seinem Fischerhafen gilt als sonnigster Flecken Frankreichs. Er ist umgeben von waldigen Hügeln, die Stadt, Bucht und feine Sandstrände vor dem starken Mistral schützen. Der Name der Stadt kommt vom hl. Nazaire, einem römischen Martyrer des 1. Jh., der in der Pfarrkirche des Orts verehrt wird. Im 16. Jh. war Sanary der Hafen von Ollioules, es wurde jedoch 1688 unabhängig. Dank eines Bürgermeisters wurde die Stadt modernisiert und in der zweiten Hälfte des 19. Jh. auf Tourismus ausgerichtet. Sanary war bei Künstlern und Schriftstellern aus dem Ausland beliebt, so etwa Aldous Huxley, und seit 1933 ließen sich deutsche und österreichische Intellektuelle hier nieder, um das Hitlerregime zu fliehen: Thomas und Heinrich Mann, Bertolt Brecht und Gustav Mahlers Witwe Alma mit ihrem dritten Ehemann Franz Werfel – neben vielen anderen.

Bummeln Sie durch bunte Gassen, über schattige Plätze und besuchen Sie den geschäftigen **Markt**, der mittwochs auf der Allée d'Estienne d'Orves stattfindet. Vor dem Rathaus gibt es einen Blumenmarkt. Einen schönen Blick hat man von der Kapelle **Notre-Dame de la Piété** (1560) mit ihren schönen Exvoten.

Unweit von Sanary liegt **Bandol** mit seinen neun Sand- oder Kieselstränden.

Iles d'Hyères

Eines der beliebtesten Ausflugsziele ab Toulon sind die Iles d'Hyères, wegen ihrer in der Sonne glänzenden Klippen auch »Goldene Inseln« genannt. Sie waren einst von Mönchen besiedelt; später trieben Piraten hier ihr Unwesen. Als sie versuchten, eines der königlichen Schiffe aus dem Touloner Hafen zu stehlen, ließ Ludwig XVI. sie vertreiben.

Porquerolles, die größte der drei Inseln, ist 8 km lang, 3 km breit und ein beliebter Badeort. Die Anlegestelle liegt an der Nordküste, wo die Sandstrände von Pinien gesäumt sind.

Die **Ile de Port-Cros** ist ein Naturschutzgebiet mit steilen Hängen voller Myrte und Heidekraut, im Dickicht plätschernden Bächen und reicher Vogelwelt – Zugvögel im Frühjahr und Herbst, Gelbschnabel-Sturmtaucher und Seevögel das ganze Jahr.

Auf der **Ile du Levant** liegt das Naturistendorf Héliopolis; der Großteil der Insel wird aber von der Marine genutzt und ist für Besucher gesperrt. Die Iles d'Hyères sind auch von **Le Lavandou** aus erreichbar. Der Name geht wohl auf die Waschfrauen *(lavandières)* zurück, die früher hier ihrer Arbeit nachgingen.

Ein kleines Stück vom Paradies auf der Insel Porquerolles ...

Saint-Tropez und Umgebung

Saint-Tropez gibt sich Mühe, seinem schillernden Ruf gerecht zu werden: Bilderbuchhafen und malerische Gässchen, Eskapaden der Schickeria… Um gesehen zu werden, trifft man sich am hübschen Hafen mit seinen glänzenden Jachten, pastellfarbenen Häusern und Straßencafés.

Die Stadt pflegt neben ihrem Snobismus auch ihre Geschichte: Ihr Name geht auf Torpes zurück, einen 68 n. Chr. in Pisa zu Tode gemarterten römischen Christen. Sein enthaupteter Leichnam wurde mit einem Hund und einem Hahn in einem Boot an die Küste geschwemmt. Jedes Jahr im Mai feiert man den Heiligen mit einem rauschenden Kostümfest, der *Bravade*. Eine zweite Bravade im Juni erinnert an den Tag im Jahre 1637, als das tapfere kleine Fischerdorf eine spanische Flotte in die Flucht schlug.

Das **Musée de l'Annonciade**, eine ehemalige Kapelle mit einer guten Sammlung von Impressionisten, befindet sich ebenfalls am Hafen. Nicht weit davon bietet die **Place des Lices** eine Menge Lokalkolorit. Auf dem Platz findet jeweils am Dienstag- und Samstagmorgen ein Markt statt, und gegen Abend wird unter den Platanen leidenschaftlich *pétanque* gespielt.

Die **Strände** von Saint-Tropez liegen an einer 9 km langen Sandbucht außerhalb der Stadt.

Ebenfalls außerhalb der Stadt, an der Bucht von Saint-Tropez, liegt **Port Grimaud**, eine moderne französische Version Venedigs. Dieses seit den 1960er-Jahren auf Schwemmland erbaute künstliche Fischerdorf mit seinen Kanälen wirkt sehr ansprechend.

Saint-Raphaël am Fuß des Esterel hat sich aus einem Hafenstädtchen zu einem lebhaften Ferienort entwickelt – was es schon zur Zeit der Römer war, als sich die im nahen Fréjus stationierten Soldaten hier erholten. Auf der palmenbestandenen Uferpromenade erinnert eine Pyramide an Napoleons Landung im Jahre 1799 nach seinem Ägyptenfeldzug.

Cannes

Zweimal im Jahr – am Filmfestival im Mai und zur MIDEM (der weltgrößten Musikmesse) im Januar – verliert Cannes seine übliche Urlaubsstimmung. Die restliche Zeit widmet die Stadt ihrem Ruf als schickem, weltoffenem Ferienort mit dem lebhaftesten Jachthafen der Riviera. Wie die Promenade des Anglais in Nizza ist die **Croisette** ein an Blumen und Palmen reicher Flanierboulevard mit Luxushotels. Der Sand für den Strand wird importiert.

Das alte Viertel der Stadt liegt hoch am Hügel **Le Suquet**. Des Nachts beleuchten Scheinwerfer den uralten Wachtturm, der von den Mönchen von Lérins erbaut wurde. Fast noch schöner ist der Rundblick jedoch von der **Sternwarte** in Super-Cannes.

Vor der Küste sieht man die kleinen **Iles de Lérins**. Saint-Honorat mit seiner Festung aus dem 11. Jh. war Sitz der mächtigen Mönche, die Cannes vom 10. bis 18. Jh. regierten. Hauptattraktion auf der Insel Sainte-Marguerite ist ein feuchter Kerker, in dem 1687–98 ein maskierter Gefangener schmachtete. Seine Identität wurde nie enthüllt, aber vielleicht handelte es sich um einen Halbbruder Ludwigs XIV.

Von Cannes nach Nizza

In **Grasse**, der weltberühmten Parfümstadt, haben Sie die Möglichkeit, eine Duftfabrik zu besichtigen. Dieser Industriezweig entwickelte sich im 16. Jh., als die Medicis parfümierte Handschuhe in Mode brachten. Besuchen Sie das hervorragende **Musée International de la Parfumerie**, in dem Sie alles über die Destillation von Duftstoffen und die Geschichte des Parfüms, der Seifenherstellung und der Kosmetik erfahren.

Der hübscheste Platz der an einem steilen Hang erbauten Stadt ist die freundliche, geschäftige Place aux Aires mit ihren Brunnen, den Arkaden und mit Skulpturen geschmückten Fassaden aus dem 18. Jh. Der Markt im Schatten der Platanen und Ulmen ist eine wahre Pracht. Dem berühmtesten Sohn der Stadt, dem Rokokomaler Jean Honoré Fragonard, ist das **Musée Fragonard** gewidmet, ein elegantes Patrizierhaus aus dem 18. Jh. mit schönen Möbeln aus jener Zeit, Erinnerungsstücken und ausgewählten Werken des Künstlers.

Die Künstlerstädtchen Vallauris und Biot liegen nur einige Minuten Fahrzeit von Antibes entfernt. **Vallauris** verdankt seinen Ruf Picasso, der hier von 1948–1955 lebte und einen bedeutenden Beitrag zur Erneuerung der Keramik und Töpferkunst leistete. Er hinterließ der Stadt die

Bronzestatue *Mann mit Schaf* und schmückte die romanische Kapelle mit Wandmalereien.

Biot ist voll von Kunstgewerbeläden. In der Glasmanufaktur können Sie die Handwerker bei der Herstellung des schweren, getönten Glases beobachten. Das **Fernand-Léger-Museum** zeigt Werke aus allen Schaffensperioden dieses vielleicht bedeutendsten Malers des 18. Jh. in Frankreich.

Kurz vor Cap d'Antibes liegt die halbmondförmige Bucht von **Juan-les-Pins**. Der Ferienort erlebte seine Blütezeit zwischen den beiden Weltkriegen, als der amerikanische Millionär Frank Jay Gould in einem Pinienhain ein Hotel und ein Kasino erbauen ließ.

Das erste, was Sie in **Antibes**, dem einstigen griechischen Antipolis erblicken, ist die quadratische Festung **Fort Carré**. Sie diente als Bollwerk gegen die Herzöge von Savoyen, die im Osten jenseits der Bucht über Nizza regierten. Heute lebt die Gegend vorwiegend von der Blumenzucht: Rund um Antibes sind die Hügel mit Treibhäusern übersät.

Ebenfalls Teil der früheren Stadtbefestigung ist die **Saint-André-Bastion** am südöstlichen Küstenabschnitt, die das Archäologi-

Hotelpalast in Cannes an der französischen Riviera. | In Grasse verwandelt man Blütenblätter in Parfüm.

sche Museum birgt. Seine Sammlung dokumentiert die Stadtgeschichte seit ihrer Gründung im 6. Jh. v. Chr. durch die Bewohner von Massalia (Marseille). Die Festungsanlagen säumt eine lange Promenade.

Machen Sie einen Spaziergang am Meer entlang auf der mächtigen Stadtmauer, einem Werk von Vauban, dem Festungsbaumeister Ludwigs XIV. Das im 16. Jh. umgebaute Château Grimaldi – heute das **Picasso-Museum** – hat einen quadratischen romanischen Turm. Die Picasso-Sammlung – Gemälde, Zeichnungen, Radierungen und Keramiken – ist ein Geschenk des Künstlers, der 1946 sechs schaffensreiche Monate im Schloss verbrachte.

Kehren Sie nun dem Meer den Rücken, betreten Sie eine andere Welt. Zypressen, silberne Olivenhaine und leuchtende Mimosen bedecken die Hügel des Hinterlandes, und Felder mit Thymian, Rosmarin und Salbei wechseln mit *garrigues*, einem undurchdringlichen Strauchwerk, ab. Einige der befestigten Dörfer stammen noch aus der Sarazenenzeit.

Nizza (Nice)

Nizza ist wie eine reiche Witwe, die ihre einfache Herkunft nie verleugnet hat. Geschäfte, Hotels und Restaurants können sich mit den besten der Welt messen. Die Altstadt und ihre Bewohner aber wirken mit ihrem lauten und fröhlichen Wesen sehr italienisch.

Ausgangspunkt jedes Rundganges in Nizza ist die **Promenade des Anglais**, eine palmengesäumte Prachtstraße, die sich parallel zur Baie des Anges über fast 5 km bis zum Flughafen hinzieht. Der Name geht auf die englische Kolonie der Stadt zurück, die den Bau der Straße finanzierte. Auf Ihrem Spaziergang kommen Sie – vorbei am denkmalgeschützten **Hotel Negresco** mit Zuckerbäckerfassade – zu einem blumenreichen Park, dem **Jardin Albert Ier**.

Nehmen Sie sich anschließend die Zeit, die **Vieille Ville** (Altstadt) zu erkunden. Legen Sie am Cours Saleya eine Pause ein, um den nachmittäglichen Blumenmarkt oder vormittags den Obst- und Gemüsemarkt zu bewundern; hier vermischen sich tausend Farben und Düfte. Die Südseite des lang gestreckten Platzes säumen kleine, pastellfarbene Häuser. Durch verwinkelte Gassen gelangt man zur barocken Kathedrale Sainte-Réparate, die die anmutige Place Rosetti dominiert. Einst konzentrierten sich hier die Werkstätten der Kunsthandwerker, heute florieren Geschäfte mit Nizzaer Spezialitäten.

Das Schmuckstück der Altstadt ist das **Palais Lascaris**, ein Patrizierhaus aus dem 17. Jh., in dem das Musée des Arts Décoratifs Baroque (Fayencen, Möbel, alte Apo-

Farbig getünchte Häuser säumen den Hafen von Nizza. | Allerlei Verlockungen in einem Süßwarenladen.

theke) eingerichtet wurde. Zu den nennenswerten Museen der Stadt gehören das **Musée Masséna**, bekannt durch seine Sammlung von Empire-Möbeln und Malereien der Nizzaer Schule, sowie das **Musée des Beaux-Arts**, eine hervorragende Sammlung von Impressionisten. Im **Musée Marc Chagall** wird eine umfangreiche Werksammlung des Malers präsentiert. Zu sehen sind seine Plastiken, Glasmalereien, Mosaiken, Wandteppiche, Radierungen und vor allem der riesige 17-teilige Zyklus der *Biblischen Botschaft*. Im **Musée Matisse**, direkt neben den römischen Thermen, finden Sie Skizzen, Gemälde und Collagen des großen Meisters.

Die Corniches

Zwischen Nizza und Menton fällt das Gebirge in wechselvoller, großartiger Landschaft zum Meer hin ab. Drei Straßen folgen dieser Küste. Die höchstgelegene ist die **Grande Corniche**, von Napoleon entlang der römischen Via Aurelia erbaut; die mittlere Straße, die **Moyenne Corniche**, bietet einen schönen Ausblick über Felsen und Meer; und die im Sommer oft stark befahrene **Corniche Inférieure** läuft am Meer entlang.

Nur 6 km östlich von Nizza liegt **Villefranche** mit seinen hübschen gelben, roten und rosafarbenen Häusern und seiner überdachten Rue Obscure. Die unter den Häusern hindurch verlaufenden Gässchen dienten früher den Bewohnern als Rückzugsort während feindlicher Angriffe. Die Cafés am Kai sind übrigens ein idealer Aussichtspunkt.

Der Herzog von Savoyen errichtete hier 1560 auch die **Zitadelle**. Etwas unterhalb liegt die **Chapelle Saint-Pierre** aus dem 14. Jh. Der Dichter und Maler Jean Cocteau schmückte sie mit Szenen aus dem Leben des hl. Petrus.

Die kurze Fahrt um die felsige, mit Pinien bestandene Halbinsel

DIE CORNICHES – MONACO

Saint-Jean-Cap-Ferrat wird Sie davon überzeugen, dass die Reichen ihre Ruhe haben wollen: Beachten Sie die vielen Tore, die den Blick auf luxuriöse Grundstücke verschließen. Den besten Ausblick haben Sie von den oberen Stockwerken der **Villa Ephrussi de Rothschild** (Musée Ile-de-France). Madame Béatrice Ephrussi, geb. Rothschild, ließ 1912 die rosafarbene Villa italienischen Stils erbauen, die vom fanatischen Sammeltrieb einer unersättlichen Kunstliebhaberin zeugt. Das größte Interesse gilt der wohl umfassendsten Sammlung von Sèvres-Porzellan der Welt.

Die Hauptattraktion in **Beaulieu** ist die zu Beginn des 20. Jh. entstandene **Villa Kérylos**, die der Gelehrte und Musiker Théodore Reinach als Zeichen seiner Verehrung für Griechenland errichtete. Reinach studierte und sammelte Kunstgegenstände, bevor er eine perfekte griechische Villa bauen ließ.

Eze, das hübsche mittelalterliche Dörfchen an der Moyenne Corniche, scheint förmlich an den Steilhang über dem tiefblauen Meer angeklebt zu sein und bietet einen einzigartigen Panoramablick auf die gesamte Küste. Der Ort ist autofrei. Spazieren Sie durch die zauberhaften engen Steingässchen mit ihren Souvenirläden bis hinauf zu den öffentlichen Gartenanlagen mit der Kakteensammlung.

Monaco

Monaco – da denkt man an Spielsalons, die Fürstenfamilie und an den Grand Prix der Formel 1. Das kleine Fürstentum auf seiner Felsenhalbinsel hat dem Besucher aber auch sonst vieles zu bieten.

Auf der nördlichen Hangseite des Hafens **La Condamine**, in dem sich die Luxusjachten drängen, begann 1866 mit der Eröffnung der ersten Spielsalons die Karriere des Stadtteils **Monte Carlo**. Die Kasinos fanden derartigen Zuspruch, dass Fürst Charles III. für alle Monegassen die Steuern abschaffen konnte. Die Ähnlichkeit des **Großen Kasinos** (1878) mit der Pariser Oper ist nicht zufällig: Beide Bauwerke entwarf der Architekt Charles Garnier. Der Kasinopalast beherbergt neben den reich mit Fresken, Goldstuck und Flachreliefs geschmückten Spielsälen einen prunkvollen Opernsaal. Ringsum legte man ausgedehnte Terrassengärten an.

Das **Hôtel de Paris** gegenüber kultiviert die Glanzzeiten der Belle Epoque.

Das **Nouveau Musée national de Monaco** (NMNM) ist in zwei Gebäuden untergebracht, zum einen in der Villa Sauber (17, Avenue Princesse Grace), zum anderen in der kürzlich neu eröffneten Villa Paloma (56, Boulevard du Jardin exotique). In beiden Häusern werden hochkarätige temporäre Ausstellungen gezeigt.

Blick auf die Altstadt Monacos, den »Felsen«. | Versuchen Sie Ihr Glück in der Spielbank von Monte Carlo!

Am Meeresufer steht das **Grimaldi Forum** mit Konferenz- und Konzertsälen. Der japanische Zen-Garten an der Av. Princesse Grace lädt zum Ausruhen ein.

Westlich von Monte Carlo an einer Klippenflanke gedeiht im **Jardin exotique** die wohl schönste Kakteensammlung von Europa. Vom unteren Teil dieses Gartens schweift der Blick weit über den monegassischen Felsen. Hier befindet sich der Treppenzugang zur **Grotte de l'Observatoire**, einem 54 m tiefer gelegenen Stollen mit Tropfsteingebilden. Die Anlage ist auch Sitz des 1902 von Albert I. gegründeten **Prähistorisch-Anthropologischen Museums**.

Auf dem Felsen von Monaco steht der **Fürstliche Palast**. Die im 18. Jh. aufgeschüttete **Rampe Major** verbindet die Place d'Armes, am Fuß des Felsens (*Le Rocher*), mit der Place du Palais. Wenn sich der Fürst im Palast aufhält, weht die Fahne auf der Tour Sainte-Marie. Scharen von Besuchern finden sich täglich zur Wachablösung um 11.55 Uhr ein. Von April bis Oktober kann das Schloss besichtigt werden: Eine Führung bringt Sie zu den fantastischen Fresken im Ehrenhof, zum Thronsaal sowie zum Museum der monegassischen Geschichte.

Das Altstadtviertel **Le Rocher** mit seinen Gassen und Plätzen konnte sein ursprüngliches Lokalkolorit bewahren. Hier beginnt der **Chemin des Arts** mit seinen sehenswerten Skulpturen. Er führt vorbei an der **Chapelle de la Miséricorde** (1639), dem **Musée du Vieux Monaco** (Dokumente der Grimaldi-Dynastie) und dem **Musée de la Chapelle de la Visitation** bis zur **Kathedrale der Unbefleckten Empfängnis**. Das massive neuromanische Gotteshaus (1875) birgt die Ruhestätten der Fürsten von Monaco; das Grab von Fürstin Gracia Patricia (Grace Kelly) erkennt man am üppigen Blumenschmuck, zwei Schritte weiter ruht ihr Gatte

Fürst Rainier III. Beachten Sie auch die Altaraufsätze, u. a. von Nicolas Bréa.

Von der Kathedrale aus gelangen Sie in den Jardin Saint-Martin; das **Ozeanografische Museum** gleich anschließend befindet sich direkt über dem Felsabhang. Es enthält Aquarien, ein Haifischbecken, wissenschaftliche Sammlungen und Exponate aus der Geschichte der Meeresforschung. Auch Kuriositäten, wie das Skelett eines Finnwals oder eines der ersten U-Boote der Welt, die *Bushnell-Turtle*, sind zu sehen.

Korsika

Die im westlichen Mittelmeerbecken zwischen Frankreich und Italien gelegene »Insel der Schönheit«, wie sie schon die Griechen nannten, war im Laufe ihrer Geschichte ständig ein Spielball der Mächte. Seit über zwei Jahrhunderten gehört sie nun zu Frankreich, was aber erstaunlich wenig Auswirkungen auf Land und Leute hatte. Die Szenerie ist einmalig, und sowohl Küste als auch Gebirge üben eine faszinierende Wirkung auf Besucher aus

Ajaccio

Der Besuch in Ajaccio, der Geburtsstadt Napoleons, besteht im Wesentlichen darin, den Spuren des späteren Kaisers nachzugehen. Als Ausgangspunkt eignet sich die **Place Maréchal-Foch** mit einem Brunnen, in dem vier Löwen die Marmorstatue Napoleons (als Erster Konsul in römischer Toga) umringen. Unten am Platz befindet sich das Rathaus mit dem kleinen **Salon Napoléonien** im ersten Stock, der Erinnerungsstücke zeigt, darunter eine Kopie von Napoleons Taufschein und eine Replik seiner Totenmaske.

Hinter dem Rathaus wird auf dem Square César-Campinchi jeden Morgen (außer sonntags) der größte **Markt** der Insel abgehalten. Die Stände quellen über von Blumen, Obst, Gemüse, Fisch, Käse, Schinken, Honig und Wein.

Vom Nordwestende der Place Foch führt die Rue Cardinal-Fesch zum weitläufigen **Palais Fesch**, das wie die Straße den Namen von Napoleons Onkel trägt. Ein Flügel birgt eine Sammlung europäischer Kunst, ein anderer die kaiserliche Kapelle mit dem Grabmal von Napoleons Eltern.

In südlicher Richtung von der Place Foch aus gelangt man in der Rue Saint-Charles zur **Maison Bonaparte**, dem Haus, in dem Napoleon zur Welt kam. Zu sehen sind hier die Nachbildung des Sofas, auf dem er geboren wurde, Porträts seiner Eltern, seiner Offiziere und andere Memorabilien.

Durch kleine Straßen mit Ateliers von Seidenmalern, Webern und Töpfern gelangt man zur **Kathedrale**, in der Napoleon 1771 getauft wurde.

Im Vieux Port von Ajaccio herrscht stets geschäftiges Treiben.

Am Blick aufs Meer erfreut man sich auf dem eleganten **Boulevard Lantivy**, wo sich in der Nachmittagssonne Scharen über die Stufen zum Strand hinabdrängen.

Die **Place Général-de-Gaulle** überragt die Reiterstatue Napoleons als römischer Imperator, umgeben von seinen ebenfalls in römische Gewänder gekleideten vier Brüdern.

Busausflüge führen durch das Hinterland von Ajaccio mit seinen eindrücklichen Landschaften. Die von Schluchten und Felsbrocken unterbrochenen Kastanienwälder und weiten Buschgebiete (*Macchia*) wirken urweltlich. Doch man entdeckt auch Terrassen, auf denen Trauben, Südfrüchte und Oliven reifen, oder man kommt durch ein uraltes verlassenes Dorf mit verfallenen Häusern. Wer keine Zeit für einen Streifzug durch Korsikas Macchia hat, kann 6 km von Ajaccio im **Parc Peraldi** die ganze Flora und Fauna der Insel sehen.

Der Süden

Südlich von Ajaccio schaut man von einem Hügel, an dem zwei Bäche ineinandermünden, auf die gut erhaltenen Überreste der faszinierenden archäologischen Stätte von **Filitosa** mit ihrer Zyklopenfestung aus dem 13. oder 12. Jh. v. Chr. Riesige skulptierte Menhire starren über das Gelände – die beeindruckenden Steinfiguren werden wohl für immer das Geheimnis ihres Schöpfers und ihrer Bedeutung hüten, selbst wenn ein Museum die Ausgrabungen dokumentiert und zu erklären sucht, warum diese prähistorischen Gestalten Schwerter oder Dolche an ihre Brust drücken.

Das ehedem von nordafrikanischen Piraten ständig bedrohte und daher stark befestigte **Sartène** konnte seinen mittelalterlichen Charakter bewahren. Das aus Granit erbaute Hôtel de Ville war früher der Palast der genuesischen Gouverneure. Von den Gässchen,

Stiegen und Torbogen der Stadt aus tun sich überraschende Ausblicke hinab aufs Mittelmeer oder ins Rizzanèse-Tal auf.

Die stolze Hafenstadt **Bonifacio** thront auf einem schmalen Halbinselriff, das im Gegensatz zum sonst auf Korsika vorherrschenden roten Granit von mächtigen weißen Kreidefelsen umringt ist. Am eindrucksvollsten ist hier ein Bootsausflug um die zerschnittene Küste mit ihren Steilhängen und Höhlen; die schönste ist zweifelsohne die **Grotte du Sdragonata**: durch ein Loch im Gewölbe, das genau die Umrisse von Korsika hat, fällt ein Lichtstrahl in das klare blaue Wasser.

Wenn das Boot die Südseite der Stadt entlangtuckert, erspäht man an der Felsküste den **Escalier du Roi d'Aragon**; wie es heißt, sollen die Spanier während einer Belagerung im 15. Jh. diese Treppe in einer Nacht aus dem Stein gehauen haben. Vom **Col Saint Roch** genießt man ein Panorama, das sich auch als Fotomotiv großer Beliebtheit erfreut.

Am Golf von **Porto-Vecchio**, an der Ostküste, reiht sich ein Luxusbadeort an den anderen. Cala Rossa und Palombaggia mit ihren feinsandigen Stränden sind besonders schön.

In der geschichtsträchtigen Küstenstadt **Aléria** kamen bei Ausgrabungen ein eindrucksvolles Forum, die Thermen und die Tempel der vormaligen Hauptstadt der Römer auf Korsika zutage. Das ausgezeichnete Museum im Ort wird mit den jeweils neuesten Funden angereichert.

Die römische Flotte ankerte einst im **Etang de Diane**, einem Salzwasserteich, der ein wenig nördlich der Stadt liegt.

Der Nordosten
Die felsige Halbinsel **Cap Corse**, die Nordspitze der Insel, ist eine der wildesten, von Wind und Wogen gepeitschten Landschaften Korsikas.

Ganz im Süden Korsikas thront Bonifacio auf mächtigen Kreidefelsen.

Lohnt schon allein des Ausblicks wegen: die Zitadelle von Bastia.

Doch ein Besuch gilt hier vor allem **Bastia**, einer anderen ehemaligen Hauptstadt, die ihren Namen von der alles überragenden Bastion herleitet. Als größte Stadt, bedeutendster Hafen und Wirtschaftszentrum von Korsika bildet Bastia den »harten Kern« der Insel mit dem Stoßtrupp der Unabhängigkeitsbewegung; es scheint eher italienisch als französisch zu sein. Vom Meer aus sieht man am besten, wie die hohen Häuser mit Balkonen und Flachdächern sich terrassenartig den Hang hinaufziehen.

In der **Vieille Ville** (Altstadt), einem Labyrinth aus Gassen und steilen Stiegen, stammen die Häuser aus dem 16. und 17. Jh. Die gut erhaltene **Zitadelle** besteht aus einem eindrucksvollen Hauptturm (15. Jh.) und Befestigungsmauern aus der Zeit der genuesischen Besetzung. Über eine Zugbrücke gelangt man in den ehemaligen Palast der Gouverneure von Genua, in dem das kürzlich umgebaute **Musée de Bastia** untergebracht ist. Die Ausstellungen präsentieren die städtebauliche Entwicklung sowie die politische, wirtschaftliche und kulturelle Bedeutung Bastias im Laufe der Geschichte.

Verpassen Sie es nicht, die zwei Barockkirchen in der Nähe zu besichtigen: **Sainte-Marie** mit ihrem reich verzierten Altar und **Sainte-Croix**, die ihren Namen einem Kruzifix verdankt, das Fischer angeblich in einem wundersamen Lichtflecken auf den Meereswogen entdeckten.

Im nördlichen gelegenen **Vieux Port** findet man stets reges Leben und ein malerisches Bild von Fischerbooten mit bunten Segeln und Netzen, die in der Sonne trocknen. Die beiden prächtigen Türme ganz in der Nähe gehören zu **Saint-Jean-Baptiste**, der prunkvoll gestalteten und größten Kirche von Bastia; ihre farbige Kanzel ist mit Skulpturen aus einheimischem Marmor verziert.

Typische Inselatmosphäre erschnuppert man in den Cafés an der Esplanade der **Place Saint-Nicolas**, aber auch unter den Palmen und Platanen bei den frohgemuten *Pétanque*-Spielern.

Der Nordwesten

In **Calvi** säumen die Häuser sehr malerisch in zwei Höhenlagen den Golf. Der Familienbadeort lockt auch zahlreiche Segler an.

Von den Cafés und Kais der Unterstadt, **La Marine**, kann man dem Leben und Treiben auf Jachten und Fischerbooten zuschauen. Zudem geht hier viel Schickeria an Land, und die Sommernächte sind vom Gesang und Lachen ausgelassener Touristen erfüllt, die nach einem Tag am Wasser, mit dem Besuch von Meeresgrotten, mit Tauchen oder einer Bergwanderung ihren Spaß haben. Aber wer Abwechslung von Gipfeln und Stränden – der von Calvi ist 6 km lang – möchte, dem hat die Stadt nicht wenige historische Stätten zu bieten.

In der Nähe der mit Palmen bestandenen Hafenpromenade überragt die Kuppel von **Sainte-Marie-Majeure** die Unterstadt. Die ursprüngliche Kirche wurde im 4. Jh. errichtet, doch das heutige Gebäude stammt aus dem 18. Jh., der Glockenturm aus dem 19. Jh.

Abkühlung von der Hitze am Strand findet man in den engen, schattigen Gassen der Oberstadt innerhalb der einstigen **Zitadelle** auf dem Felsvorsprung, die man von der Place Christophe Colomb her erreicht. Die Genueser bauten die wuchtigen Befestigungsmauern aus Granit im 15. Jh.

Die Kirche **Saint-Jean-Baptiste** wacht hier seit dem 13. Jh. über die Gläubigen der Stadt. Das für sein Kruzifix und andere schöne Holzskulpturen bemerkenswerte Gotteshaus ist auch stolz auf seinen prachtvollen Altar aus mehrfarbigem Marmor. Das Bauwerk beherrscht die Place d'Armes und ist von schönen Häusern wie dem ehemaligen Palast der genuesischen Gouverneure aus dem 13. Jh. umgeben. Das **Oratoire Saint-Antoine** (15. Jh.), ebenfalls innerhalb der Mauern der Zitadelle, zeigt in einem kleinen Museum Werke sakraler Kunst aus dem 16. bis 18. Jh. Die Bewohner von Calvi behaupten, dass Christoph Kolumbus, der ja sehr wahrscheinlich genuesischer Abstammung war, hier zur Welt kam – in der Rue Colombo steht sogar sein »Geburtshaus«.

Südlich von Calvi dehnt sich die unberührte Landschaft des **Parc Naturel Régional** aus. Der Naturschutzpark erstreckt sich am Golf von Porto entlang, weitet sich durch das Innere mit den höchsten Gipfeln der Insel bis fast nach Porto-Vecchio an der Südostküste aus und umfasst etwa ein Drittel der Inseloberfläche.

Rund um den Bogen des Golfs bieten sich dem Auge des Besuchers einige der prächtigsten Meeres- und Gebirgspanoramen von ganz Frankreich. Das Dorf **Porto** wirkt wegen der starken Farbkontraste zwischen Meer und Küste, zwischen Gestein und Grün unwiderstehlich auf Maler.

Piana ist wohl der schönste unter den verträumten Ferienorten am Golf und blieb trotz der Naturwunder **Capo Rosso** und der **Calanche** in nächster Nähe noch weitgehend unverdorben von Kommerz und Kitsch. Der rote Granit der schroffen Felsen und Blöcke wurde bei Vulkanausbrüchen ins Meer hinabgeschleudert, und später schufen Wind und Wasser die seltsamen Umrisse.

Das auf einem Felsvorsprung gelegene **Cargèse** überblickt den Golf von Sagone weiter südlich. Hier glaubt man in Griechenland zu sein: Die Einwohner, meist Nachfahren griechischer Immigranten, die im 17. Jh. vor den Osmanen geflohen waren, haben vieles von ihrer Sprache, ihren Bräuchen, Gesängen, Tänzen und religiösen Festen bewahrt. Eine der beiden Kirchen ist denn auch griechisch-katholisch. Unterhalb des Felsvorsprungs erstrecken sich schöne Sandstrände.

Sagone ist einer der ältesten Orte auf Korsika. Es war einst eine mächtige Stadt und Bischofssitz, bevor es im 16. Jh. aufgegeben wurde. Geblieben ist ein hübsches Fischerdorf mit herrlichem Strand und kleinen Felsbuchten, in denen sich Taucher tummeln. In der Nähe haben die ersten Bewohner der Insel mehrere Menhire und Dolmen hinterlassen.

Office du Tourisme et des Congrès de Marse

Speisekarte

Bouillabaisse – reichhaltige Marseiller Fischsuppe
Bourride – Fischeintopf mit diversen Weißfischen, Fenchel und *aïoli* (Knoblauchmayonnaise)
Brocciu – frischer Schafs- oder Ziegenkäse (Korsika)
Cabrettu à l'istrettu – Zickleinragout (Korsika)
Civet de langouste – Langusten in Wein aus Banyuls
Ouillade – Eintopf aus Kohl, anderem Gemüse und Speck
Rouille – Mayonnaise aus Knoblauch, Pfefferschoten und Tomaten, wird zu Fisch gereicht
Soupe au pistou – Nudel-Gemüse-Suppe mit einer Basilikum-Paste
Tarte tropézienne – süßer, mit Vanillecreme gefüllter Kuchen
Tianu di fave – Schweinefleisch mit Bohnen (Korsika)
Tielle sétoise – Teigtasche mit Tintenfisch und Tomaten

PRAKTISCHE HINWEISE

Klima. Am Meer ist es oft windig, im Hinterland ist es heiß und drückend. Nehmen Sie im Frühling und im Herbst einen Regenschutz mit. Auf Korsika sind die Sommer heiß und trocken, mit Tagestemperaturen von meist über 30 °C in den Küstengebieten; für Linderung sorgt die Meeresbrise. In den milden Wintern regnet es gelegentlich; im Frühling und Herbst ist mit wechselhaftem, aber doch vorwiegend sonnigem und warmem Wetter zu rechnen.

Elektrizität. 220 Volt, 50 Hz, kontinentaleuropäische zweipolige Stecker.

Internet. Cyber-Cafés sind weit verbreitet und bieten Zugang zu Internet und E-Mail zu günstigen Viertel- oder Halbstundentarifen.

Geld. Währungseinheit ist der Euro (€), unterteilt in 100 *centimes*. Die Banken und Wechselbüros sind meist Dienstag bis Freitag von 8 oder 9–12 Uhr und von 14–16 oder 16.30 Uhr geöffnet. In den meisten Banken können Travellers Cheques eingelöst werden. Kreditkarten werden weitgehend akzeptiert, auch wenn kleine Hotels, Restaurants, Tankstellen und Lebensmittelläden manchmal Bargeld bevorzugen. Die Banken bieten gewöhnlich bessere Wechselkurse als Hotels. Fast alle Banken haben Geldautomaten für international anerkannte Kreditkarten mit PIN-Code. In einigen Touristenbüros gibt es Geldwechselgelegenheiten.

Museen. Die meisten Museen sind am Montag geschlossen, einige der größeren am Dienstag. Informieren Sie sich beim Touristenbüro.

Notfälle. Euro-Notruf 112; Krankenwagen 15; Polizei 17; Feuerwehr 18.

Geschäfte. Lebensmittelläden sind meist Montag bis Samstag von 7–19 Uhr geöffnet (Supermärkte auch länger), einige öffnen auch am Sonntagvormittag. In vielen französischen Städten wird am Sonntagvormittag ein Markt abgehalten. Die übrigen Geschäfte öffnen später, meist um 9 oder 9.30 Uhr, einige sind am Montagvormittag geschlossen.

Sprache. Die Landessprache ist Französisch; Provenzalisch hört man in der Provence nur noch selten; aber auf Korsika sprechen viele Einheimische das dem Italienischen verwandte Korsisch. In Touristenorten kann man sich oft auch auf Englisch, seltener auf Deutsch verständigen.

Trinkgeld. Die Bedienung von 15 % ist in der Rechnung inbegriffen, doch ist ein kleiner Extrabetrag als Zeichen der Wertschätzung üblich.

Toiletten. Neben Münztoiletten in Straßen und Bahnhöfen können Sie die Toiletten in Cafés besuchen, sofern Sie etwas an der Bar bestellen.

LANDGÄNGE

Früchte der Sonne

Mediterranes Gepräge

Italien und der Vatikan
- 39 Genua
- 42 Riviera di Ponente
- 42 Riviera di Levante
- 43 Cinque Terre
- 45 Golfo della Spezia
- 46 Livorno
- 47 Florenz
- 52 Pisa
- 53 Elba
- 56 Civitavecchia
- 56 Rom und der Vatikan
- 63 Neapel
- 65 Herculaneum
- 65 Pompeji
- 66 Ischia
- 67 Pontinische Inseln
- 67 Capri
- 71 Sorrent
- 72 Amalfi
- 72 Salerno
- 73 Paestum
- 73 Reggio di Calabria
- 74 Sardinien
- 82 Sizilien
- 96 Liparische Inseln

Extras
- 51 Einkaufstipps
- 93 Speisekarte
- 99 Praktische Hinweise

Archäologische Stätten
- 68 Pompeji
- 90 Agrigent – Tal der Tempel

Stadtpläne
- 241 Genua
- 242 Florenz
- 244 Rom
- 246 Civitavecchia
- 247 Neapel
- 248 Cagliari
- 249 Palermo
- 250 Catania
- 251 Syrakus

Italienische Lebensart

Heidnische Karnevalsbräuche

Zelebrierter Stolz

Traditionsbewusster Vatikan

ITALIEN UND DER VATIKAN

Die Reise entlang der Westküste des Stiefels beginnt im Hafen von Genua. Weiter geht es an der zauberhaften Italienischen Riviera zur Toskana mit den Kunststädten Florenz und Pisa. Einzigartig ist die Hauptstadt Rom, ein Gemisch von Altertum und Neuzeit, Religiösem und Profanem. Der Vatikanstaat ist zwar winzig, seine Kunstschätze suchen aber weltweit ihresgleichen. In Neapel betritt man den *mezzogiorno*, Italiens Süden. Pompeji und Herculaneum wurden beim Vesuvausbruch zugedeckt – und so für die Nachwelt bewahrt. Reggio Calabria ganz im Süden lockt mit großartigen Museen. Welten für sich sind die Inseln: Elba, Sardinien, Sizilien und die Liparischen Inseln, deren Vulkane noch heute aktiv sind.

Genua

Südlich der Stazione Porta Principe liegt die **Stazione Marittima** am Porto Antico, dem Haupthafen für Passagierschiffe. Der alte Terminal im Jugendstil wurde ausgebaut und modernisiert, um die Tausende von Besuchern aufzunehmen, die sich hier jährlich einschiffen.

Genuas Hafen gehört zu den faszinierendsten des Mittelmeers, und Sie sollten sich eine **Hafenrundfahrt** nicht entgehen lassen. Diese dauert zwischen einer halben und etwa drei Stunden. Nebst den Bassins des Porto Antico und Porto Nuovo gibt es in den kilometerlangen Anlagen, wo Jahr für Jahr um die 60 Millionen Tonnen Güter umgeschlagen werden, Hafenbecken für die Marine, für Frachtschiffe, Öltanker und für Jachten und Segelboote. Für den Flughafen am Westende hat man eine künstliche Halbinsel angelegt.

Die **Torre Lanterna** auf der Südwestseite des Porto Antico ist Genuas Wahrzeichen. Der Leuchtturm erhielt Konkurrenz, als man 1992 anlässlich der Kolumbus-Feiern den östlichen Teil des alten Hafens zu einem Kongress- und Vergnügungszentrum umgestaltete. Seither ragt hier der »**Bigo**«, ein 60 m hoher künstlerischer Schiffsladebaum, in den

Zwei Marmorlöwen bewachen den Eingang des Duomo San Lorenzo.

Himmel. Das **Aquarium** am Ponte Spinola ist eines der größten und modernsten Europas.

Im 2004 eröffneten **Galata Museo del Mare** (Meeresmuseum) lernt man die Geschichte des Hafens und der Stadt kennen und erfährt viel über die Seefahrt.

Inklusive Industrie- und Hafenanlagen erstreckt sich die Stadt (rund 600 000 Einwohner) über ganze 30 Küstenkilometer.

Der verkehrsreiche Mittelpunkt Genuas ist die **Piazza De Ferrari**; sie wird heute dominiert vom postmodernen Bühnenturm des **Teatro Carlo Felice**, einem Werk von Aldo Rossi. Die Salita San Matteo führt zur kleinen gotischen Kirche **San Matteo** (1278). Das Gotteshaus und die Paläste an der gleichnamigen mittelalterlichen Piazza bildeten das »Hauptquartier« der reichen Patrizierfamilie Doria.

Südwestlich davon, an der Piazza Matteotti, erhebt sich der aufwendig restaurierte Komplex des **Palazzo Ducale** mit seiner klassizistischen Fassade. Aus dem einstigen Sitz der genuesischen Dogen mit den schönen Innenhöfen und reich verzierten Sälen ist ein modernes Kulturzentrum geworden, das nun Cafés, Restaurants, Läden und Galerien beherbergt.

Ein paar Schritte weiter westlich auf der Via San Lorenzo gelangen Sie zum **Duomo San Lorenzo**. Die Kathedrale mit der imposanten schwarz-weiß gestreiften Fassade ist ein harmonisches Stilgemisch aus Romanik, Gotik und Renaissance. Das Innere ist prächtig geschmückt, namentlich die Cappella di San Giovanni Battista, wo angeblich die sterblichen Überreste Johannes' des Täufers ruhen. Im benachbarten **Museo del Tesoro** ist der Domschatz zu bewundern.

Südlich der Via San Lorenzo erstreckt sich das Labyrinth der unteren **Altstadt** mit engen Gassen *(carrugi)* und Treppen. Auf dem Castello-Hügel nahe dem Hafen entstanden zwischen dem 12. und 16. Jh. mehrere Kirchen und Klöster. Das romanische Gotteshaus **Santa Maria di Castello** (12. Jh.), die freskengeschmückten Kreuzgänge und die Gärten lohnen einen Besuch. Die **Torre Embriaci** gleich nebenan, einer der typischen genuesischen Wohntürme, stammt aus derselben Zeit.

Die **Chiesa Sant' Agostino** etwas weiter östlich hat nebst zwei Kreuzgängen ein interessantes Skulpturenmuseum mit Genueser Bildhauerkunst vom Mittelalter bis ins 18. Jh. zu bieten.

Richtung Nordosten gelangen Sie zur Piazza Dante mit dem gotischen Stadttor **Porta Soprana** aus dem 12. Jh. Das **Kolumbus-Haus** gegenüber, wo der Entdecker zur Welt gekommen sein soll, ist eine Rekonstruktion aus dem 18. Jh.

Die **Via XX Settembre**, die Hauptstraße der Innenstadt mit zahlreichen Geschäften unter den Arkaden, führt zurück zur Piazza De Ferrari. Verlassen Sie den Platz Richtung Nordosten über die **Via Roma**, in der sich mehrere Eingänge zur Ladenpassage Galleria Mazzini befinden.

An der **Piazza delle Fontane Marose** beginnen die geschichtsträchtigen Prachtstraßen **Via Garibaldi**, Via Cairoli und **Via Balbi**, die im 16./17. Jh. angelegt wurden und von den schönsten Palästen gesäumt sind. Als Kulturhauptstadt Europas ließ Genua zum Jahr 2004 in der Via Garibaldi drei der prächtigsten Patrizierpaläste, die der Familien Grimaldi, Grimaldi-Doria Tursi und Brignole-Sale, zum Museumsensemble vereinigen.

Ebenfalls in der eleganten Via Garibaldi steht der **Palazzo Rosso** (Nr. 18) mit seiner großartigen Gemäldesammlung (Werke der Genueser Schule und Gemälde von Tizian, Tintoretto und Caravaggio).

Schräg gegenüber im barocken **Palazzo Bianco** kann man das Schaffen anderer italienischer Maler sowie Bilder von Rubens, van Dyck und Murillo bewundern.

Von der **Via Cairoli**, einer beliebten Einkaufsstraße, zweigt eine Gasse zur Chiesa **San Siro** ab; das Innere der einstigen Kathedrale ist reich mit Fresken geschmückt. Im nahen **Palazzo Spinola** befindet sich die Galleria Nazionale, eine weitere bedeutende Gemäldesammlung. Die Via Cairoli endet am Largo della Zecca; von hier können Sie mit der Standseilbahn zum Genueser Aussichtsberg **Righi** (302 m) hochfahren. An der Südseite des Platzes steht der **Palazzo Balbi**, gegenüber erhebt sich mit der **Santissima Annunziata** (16./17. Jh.) eine der prächtigsten Kirchen der Stadt. In der **Via Balbi** ließ die gleichnamige Familie nicht weniger als sieben Paläste errichten. Zu den schönsten gehört der verschwenderisch ausgestattete **Palazzo Reale**. Die Via Balbi mündet in die Piazza Acquaverde, den großen Platz vor dem **Hauptbahnhof** (Stazione Porta Principe) mit einem Kolumbusdenkmal in der Mitte.

Riviera di Ponente

Die Industrie- und Hafenstadt **Savona** erregte im 16. Jh. den Neid der Genuesen, die den Ort weitgehend zerstörten. Sie errichteten den neuen Dom Santa Maria Assunta, dessen Schatzmuseum wertvolle Kunstwerke besitzt, und die wuchtige Festung Priamar. Im Kastell sind das Museo Sandro Pertini mit moderner italienischer Kunst und das Museo Storico Archeologico untergebracht. Gegenüber der Festung befindet sich die städtische Markthalle. Die Pinacoteca mit Gemälden ligurischer Meister wurde in den prunkvollen Palazzo Gavotti im Zentrum überführt.

Im Herzen der **Riviera dei Fiori** – wie die südliche Teil der Riviera di Ponente heißt – liegt die mondäne Blumenstadt **San Remo**.

Radrennen, Segelregatten, ausgezeichnete Sportanlagen, Italiens größter Blumenmarkt, Schlagerfestival, ein Spielkasino – dies sind nur einige Stichworte zum heutigen Urlaubsort San Remo. Hier und in Bordighera war es, wo Mitte des 19. Jh. alles begann: Angelockt von Giovanni Ruffinis Liebesroman *Doktor Antonio*, der an besagten Orten spielt, reisten zuerst die adligen Briten an; ihnen auf dem Fuße folgten Kaiser und Zaren, Prinzen und Fürsten aus ganz Europa. Pompöse Grandhotels, wunderschöne Jugendstilvillen, Promenaden und Gärten zeugen von dieser glorreichen Epoche.

Tausende von Touristen ziehen während der Hochsaison durch **Ventimiglia**, die ligurisch-französische Grenzstadt. Von der einstigen römischen Siedlung Albintimilium an der wichtigen Handels- und Heeresstraße Via Julia Augusta zeugen u.a. noch drei Stadttore und die Überreste eines Theaters. Nebst mittelalterlichen Gassen, einem romanischen Dom und einem hübschen Stadtpark hat Ventimiglia heute vor allem einen attraktiven Wochenmarkt zu bieten, der jeden Freitag die Besucher in großen Scharen anzieht.

Einige Kilometer westlich von Ventimiglia, am Kap Mortola, befinden sich die sehenswerten **Giardini Botanici Hanbury**. Der 1867 vom Briten Sir Thomas Hanbury angelegte weitläufige Botanische Garten wartet mit einer wunderbaren Artenvielfalt aus allen fünf Kontinenten auf.

Riviera di Levante

Östlich von Genua wird die Landschaft langsam herber, die Berge werden schroffer und rücken noch näher an die Küste heran. Mit Orten wie Portofino und Rapallo besitzt die Region aber einige der exklusivsten Ferienzentren der Riviera.

Hinter dem alten Seefahrerstädtchen **Camogli** beginnt die idyllische Halbinsel von **Portofino**, an deren Südspitze das gleichnamige mondäne Seebad liegt. Schon die Römer schätzten die Vorteile von Portus Delphini (Delfinhafen), und heute tummelt sich hier der internationale Jetset. Zwischen farbigen alten Fischerhäusern drängen sich Gourmetrestaurants, Cafés und schicke Boutiquen. Von der Kirche San Giorgio und dem Castello di San Giorgio hat man einen schönen Blick auf die Bucht.

Auf einem Fußweg durch ein Naturschutzgebiet (steiler Beginn mit Treppe, 2 Std. Wanderzeit) oder mit dem Schiff gelangt man von Portofino zur Benediktinerabtei **San Fruttuoso di Capodimonte** (10. Jh.). In der Klosterkirche wurden mehrere Angehörige aus dem Hause Doria bestattet.

Portofinos Nachbarin, das einstige Fischerdorf **Santa Margherita Ligure**, ist weniger exklusiv, aber bei Urlaubern ebenso beliebt. Lohnend ist ein Spaziergang zur von einem schönen Park umgebenen Villa Durazzo Centurione (16. Jh.) oberhalb des Ortes.

Das anschließende **Rapallo** im Scheitelpunkt des Golfo del Tigullio erlangte nach dem Ersten Weltkrieg durch den hier zwischen Deutschland und Russland geschlossenen Vertrag von Rapallo internationale Bekanntheit. Nebst Politikern genossen auch viele Intellektuelle jener Zeit die Reize des geschützten Kurortes; heute tun dies Gäste aus aller Welt. Einen guten Eindruck von altem und neuem Glanz erhält man beim Gang über die lange, elegante Uferpromenade bis zum kleinen Castello.

Zahlreiche Besucher halten das auf einer natürlichen Landzunge gelegene, von zwei Buchten gesäumte **Sestri Levante** für die Perle der ligurischen Seebäder. Man kann durch die romantische Altstadt mit den farbenfrohen Häusern und Palazzi schlendern oder längere Spaziergänge zur Isola genannten Spitze der Halbinsel mit der romanischen Kirche San Nicolò (12. Jh.) unternehmen.

Cinque Terre

Hinter Sestri Levante verlässt die Hauptstraße die Küstenregion; auf einer Nebenstrecke gelangt man nach **Levanto**, dem Eingangstor zu den Cinque Terre. Da der gut ausgestattete Ferienort bequem mit dem Auto zu erreichen ist, schlagen viele Besucher ihre Zelte hier auf. Von der mittelalterlichen Stadtmauer ist nur der Uhrturm erhalten geblieben. Werfen Sie einen Blick in die schöne gotische Basilika Sant'Andrea und auf die Loggia del Comune an der Piazza del Popolo.

Die eigentlichen Cinque Terre bestehen aus fünf fast unzugänglichen Dörfern, die sich zwischen Terrassenfeldern an steile Felshänge klammern. Heute sind die Ortschaften durch eine kurvenreiche Straße miteinander verbunden; doch am besten lässt sich die grandiose Landschaft zu Fuß (und mit der Bahn) erkunden.

Der alte Fischerhafen **Monterosso al Mare**, die größte der fünf Siedlungen, ist mit seinen zwei Buchten am besten für den Empfang von Touristen eingerichtet und besitzt die einzigen richtigen (Kiesel-)Badestrände. Das Zentrum der Altstadt mit bunten, arkadengeschmückten Häusern bildet eine große Piazza, an der die schöne gotische Pfarrkirche San Giovanni Battista (13./14. Jh.) steht. Es lohnt sich, den steilen Pfad zur Kirche San Francesco (Convento dei Cappuccini, 1622) emporzuklettern, um eine von einem Schüler Van Dycks gemalte *Kreuzigung* zu bewundern.

Der Weg nach **Vernazza**, hoch über dem Meer, gleicht einem Ziegenpfad. Das hübsche alte Dorf gilt als das typischste der Cinque Terre; es wurde von den Römern gegründet und war im 12. Jh. ein genuesischer Hafen. Seine pastellfarbenen Häuser drängen sich an den Berghang, zwischen ihnen führen Treppen hinunter zur einzigen Straße und zur malerischen Hafen-Piazza mit den Restaurants. Flankiert wird der Platz von der Kirche Santa Margherita d'Antiochia.

Eineinhalb Stunden Fußweg weiter östlich liegt **Corniglia**, das am schwersten zugängliche Dorf, zuoberst auf einer Klippe. Es ist über steile Wege mit dem Meer und dem Bahnhof verbunden. Hier ist vor allem die Kirche aus dem 14. Jh. im Stil der ligurischen Gotik mit einem schönen marmornen Rosettenfenster sehenswert.

Nach zwei weiteren Stunden »Gratwanderung« erreichen Sie **Manarola**. Leider wird die Schönheit des Dorfbildes heute durch moderne Wohnblocks und Fernsehantennen getrübt. Der Hafen ist winzig; schwimmend oder auf abschüssigem Pfad um eine Felsnase herum gelangt man zu einem Kiesstrand.

Nur 15 Minuten Wanderung auf der Via dell'Amore sind es noch bis **Riomaggiore**. Auch hier kleben die gelb-, rosa- und ockerfarbenen hohen Häuser eng aneinander an der Bergflanke. Da der Ort von La Spezia aus über eine Straße erreichbar ist, mangelt es in den steilen Gassen nie an Besuchern. Die Pfarrkirche stammt aus dem 14. Jh.; aus dieser Zeit ist noch die Fensterrosette erhalten.

Golfo della Spezia

Das wunderbar auf einer Halbinsel am Golf von La Spezia gelegene **Portovenere** war bis Ende 15. Jh. ein wichtiger Seehafen. Die Genuesen bauten das Fischerdorf im 12. Jh. zur Grenzfeste aus, wovon das mächtige Castello (12. Jh., erweitert im 16./17. Jh.) und die engen Straßen zeugen, die sich leicht verbarrikadieren ließen.

Die romanische Säulenbasilika direkt unterhalb des Kastells ist ein buntes Stilgemisch, da der 1131 geweihte Bau nach Bränden und Kriegsschäden ständig erneuert werden musste. Im Innern birgt die Kirche Schätze, darunter ein Gemälde der »Weißen Madonna«, der Schutzpatronin der Stadt. Alljährlich im August findet ihr zu Ehren eine sehenswerte Prozession statt.

Auf einer felsigen Landzunge erhebt sich hoch über den Wellen die Fischerkirche San Pietro (13. Jh.). Sie steht an der Stelle eines einstigen römischen Venustempels, und die Aussicht von der Terrasse des Gotteshauses ist einmalig. Am Fuß des Kaps gelangt man zur Grotta Arpaia oder Grotta Byron, benannt nach dem englischen Dichter Lord Byron, der sich öfters hier aufhielt. Von hier aus soll er auch die Bucht von La Spezia durchschwommen haben, um seinen Kollegen Shelley in San Terenzo zu besuchen.

Riomaggiore: Malerisch kleben die bunt bemalten Häuser am Felsen.

La Spezia (112 km von Genua) mit seinem weiten Naturhafen ist Liguriens zweitgrößte Stadt und Italiens wichtigster Marinestützpunkt. Das Bild wird denn auch vor allem von Dock- und Industrieanlagen bestimmt. Im Zentrum sind wenige historische Bauten übrig geblieben, doch hat das moderne La Spezia gute Museen zu bieten. Das **Museo Amedeo Lia** (Via Prione 234) gilt als eines der schönsten Europas und zeigt in einem einstigen Franziskanerkloster eine wertvolle Kunstsammlung.

Das **Museo Tecnico Navale** (Viale Amendola 1) ist der christlichen Seefahrt von der Zeit der Römer bis zu italienischen Motorschiffen des 19. Jh. gewidmet. Das **Museo Civico Ubaldo Formentini** (Via Curtatone 9) birgt heute volks- und naturkundliche Sammlungen; ausgelagert in das **Museum im Castello San Giorgio** hoch über der Stadt wurde die archäologische Abteilung, darunter die berühmten Lunigiana-Stelen (Steinfiguren aus Bronze- und Eisenzeit).

Architekturfreunde werden sich an der Piazza Italia die neue **Kathedrale Cristo Re** von Adalberto Libera und das moderne Rathaus anschauen. Im alten Dom, der **Santa Maria Assunta** an der Piazza Beverini, ist eine schöne Terrakotta von Andrea della Robbia (um 1500) zu sehen.

Südöstlich der Hafenstadt liegen an der Bucht von La Spezia weitere beliebte Ferienorte wie **San Terenzo** und **Lerici**. Der englische Dichter Percy B. Shelley lebte hier in der Villa Magni, bis er 1822 bei einem Sturm mit seinem Boot in der Bucht kenterte und ertrank. Über Lerici thront eine mächtige von den Pisanern im 13. Jh. errichtete Burg, die aber schon bald nach ihrer Fertigstellung den Genuesen in die Hände fiel. Vor einiger Zeit wurde das Bollwerk renoviert und beherbergt nun ein erstaunliches Paläontologie-Museum.

Livorno

Livorno war ein unscheinbares Fischerdorf, bis die Herzöge der Toskana hier im 16. Jh. ihren Seehafen einrichteten. Heute besitzt die moderne Stadt mit 160000 Einwohnern den größten Containerhafen Italiens, und für Fähren und Kreuzfahrtschiffe ist sie eine wichtige Anlaufstelle.

Die Bomben des 2. Weltkriegs zerstörten das Zentrum fast völlig. Überdauert haben nur die von einem Wassergraben umgebene **Fortezza Nuova** (1590) nördlich der Piazza della Repubblica und die **Fortezza Vecchia** am alten Hafen, die 1534 nach Plänen von Antonio da Sangallo entstand.

Auf der Piazza Micheli direkt am Ufer erhebt sich das Wahrzeichen der Stadt: das Denkmal Ferdinands I. (1607), wegen der vier Bronzefiguren maurischer Sklaven am Sockel **Monumento dei Quattro Mori** genannt.

Weiter südlich, entlang der Viale Italia, erinnern die Luxushotels der Belle Epoque an die Zeiten, als Livorno ein elegantes Seebad war. Es leistete auch Pionierarbeit beim Bau der Eisenbahnlinie nach Pisa und Florenz; die **Stazione Centrale** (1910) ist ein Juwel der Jugendstilarchitektur.

Östlich vom Zentrum liegt das dem Komponisten Pietro Mascagni gewidmete **Museo Mascagnano**. Seine Opern werden regelmäßig inszeniert.

Florenz

Die Bauten und Kunstwerke von Florenz im Stadtzentrum kann man zu Fuß entdecken – es ist für Autos gesperrt.

Vom Dom zu den Uffizien

Am besten beginnen Sie Ihren Besuch auf den beiden Plätzen um den **Dom**. Er ist mit weißem, grünem und rosafarbenem Marmor verkleidet und heißt offiziell Santa Maria del Fiore. Die ersten Pläne zum heutigen Duomo stammten von Arnolfo di Cambio (1296); später haben sich u. a. Giotto und Talenti mit dem Bau beschäftigt. Giotto entwarf auch den **Campanile**, den frei stehenden Glockenturm (14. Jh.).

Die 1436 errichtete **Kuppel** ist ein Meisterwerk von Filippo Brunelleschi (1377–1446), dem genialsten Baumeister seiner Zeit. Mit 48 m Durchmesser ist sie größer als die Kuppel des Pantheons und der Peterskirche in Rom. Von der Galerie bietet sich eine herrliche Rundsicht.

Das **Battistero** (Baptisterium), eine romanische Taufkapelle, wurde Anfang des 12. Jh. an der Stelle errichtet, wo früher ein Marstempel stand; noch erhaltene römische Säulen sind in den Bau integriert. Die drei herrlichen Bronzetüren spiegeln die Geschichte der Florentiner Bildhauerkunst von der Gotik bis zur Renaissance wider: Die Südtür

Der Blick von den Uffizien auf den Turm des Palazzo Vecchio.

schuf Andrea Pisano in der ersten Hälfte des 14. Jh., während die Nord- und die von Michelangelo **Porta del Paradiso** genannte Osttür von Lorenzo Ghiberti stammen und etwa 100 Jahre jünger sind.

Liegen an der Piazza del Duomo zwei der bedeutendsten Sakralbauten, so ist die **Piazza della Signoria** von mächtigen Profanbauten gesäumt. Beeindruckend sind die Festungsmauern des **Palazzo Vecchio** oder Palazzo della Signoria (zwischen 1298 und 1314 nach Plänen von Arnolfo di Cambio erbaut).

Älteste und schönste Brücke von Florenz: der Ponte Vecchio. | Zeugnisse der Florentiner Bildhauerkunst auf der Piazza della Signoria.

Einer der prächtigsten Räume im Palazzo Vecchio ist der **Salone dei Cinquecento** (Saal der Fünfhundert). Er wurde 1496 für den Großen Rat in Savonarolas kurzlebiger Republik gebaut, durch Cosimo I. in einen Thronsaal umgewandelt und von Vasari mit Fresken ausgemalt. In einer Nische steht Michelangelos Marmorgruppe *Der Sieg*. 300 Jahre später versammelte sich hier das erste Parlament des vereinigten Italien. Die Gemächer der Eleonora von Toledo (Ehefrau Cosimos I.) im 2. Stock sind mit kostbaren Möbeln und Deckengemälden ausgestattet. Besichtigen Sie die **Sala dei Gigli**, den ganz in Blau und Gold gehaltenen Liliensaal mit der florentinischen Wappenblume als Schmuckmotiv. Eine herrliche Kassettendecke ziert den mit leuchtenden Fresken von Ghirlandaio ausgestatteten Raum.

Steigen Sie auch zur Terrasse unter den Zinnen und bis zur Turmspitze hinauf. In über 90 m Höhe bietet sich ein herrlicher **Rundblick** über Florenz.

An der Südseite der Piazza della Signoria liegt die berühmte **Loggia della Signoria**, auch *Loggia dei Lanzi* genannt. In dem im 14. Jh. als Empfangshalle errichteten Arkadenbau werden Skulpturen aufbewahrt, etwa der *Perseus* von Cellini, von Giambologna der *Raub der Sabinerinnen* und *Herkules und der Zentaur* und die Kopie von Michelangelos *David* (das Original steht seit 1873 in der Accademia).

Südlich vom Palazzo Vecchio erstrecken sich bis zum Ufer des Arno die weitläufigen **Uffizi**. Der von Vasari begonnene Palast, ursprünglich Kanzlei- und Bürobau der Medici, beherbergt heute eine der größten Kunstsammlungen der Welt. In chronologischer Reihenfolge (13.–18. Jh.) kann man hier Werke der berühmtes-

Von San Lorenzo bis San Marco

Die unvollendete Ostfassade von **San Lorenzo** gleicht eher einer toskanischen Scheune als einer Kirche. Brunelleschi begann 1419 mit dem Bau an der Stelle einer früheren Kirche aus dem 4. Jh. San Lorenzo ist die erste ganz im Renaissancestil errichtete Kirche in Florenz.

Hier fanden die meisten Medici ihre letzte Ruhestätte. Unter der Kuppel markiert eine Tafel im Boden das Kryptagrab Cosimos d. Ä. In der Alten Sakristei sind das Grab der Eltern Cosimos und der prachtvolle Sarkophag aus Porphyr und Bronze, in dem seine Söhne Piero und Giovanni ruhen.

Die eigentliche Sehenswürdigkeit aber ist die **Sagrestia Nuova** (Neue Sakristei). Entwurf, Bau und Gestaltung des Innenraums mit Skulpturen stammen fast gänzlich von Michelangelo, der sein Werk aber nach 14 Jahren abbrach. Für die beiden unbedeutenderen Medici hat er herrliche Grabmäler geschaffen; auf dem Sarkophag sind allegorische Marmorfiguren von *Tag*, *Nacht*, *Morgen* und *Abend* zu sehen. Zu der von Cosimo I. gegründeten Kunstakademie kam im 18. Jh. ein Museum, die **Galleria dell'Accademia**, die nach den Uffizien als zweitwichtigste Kunststätte von Florenz gilt. Zu den Höhepunkten der Ausstellung von Kostbarkeiten aus dem 13. bis 18. Jh. gehören Werke von Ghirlandaio und Botticelli sowie Skulpturen von Michelangelo, darunter das Original des *David*.

San Marco ist eines der prächtigsten Denkmäler der Stadt. In diesem Gebäudekomplex aus Kirche, Kloster und Kreuzgang, der auch ein Museum beherbergt, lebte Fra Angelico (um 1390–1455). Viele seiner schönsten Gemälde und Fresken sind hier vereint. Vom ersten Kreuzgang aus gelangt man ins Große Refektorium mit Fresken anderer Maler und in den Kapitelsaal. Im Kleinen Refektorium sehen Sie ein Fresko von Ghirlandaio, *Das Abendmahl*. Im 1. Stock haben Fra Angelico und seine Schüler die kargen, schmalen Zellen der Mönche mit Fresken verschönt. Sein berühmtestes Fresko *Verkündigung* finden Sie in der Zelle Nummer 3. Am Ende eines der Gänge waren zwei Zellen für Cosimo d. Ä. reserviert. Gegenüber lagen die Zellen des Klosterpriors Girolamo Savonarola.

In der Via dei Servi 66 zeigt das **Museo Leonardo da Vinci** die vom Künstler entworfenen Maschinen: sie wurden entsprechend seiner Skizzen funktionstüchtig und in Originalgröße nachgebaut.

Vom Mercato Nuovo bis Santa Maria Novella

Unwiderstehlich wirken auf dem **Mercato Nuovo** (»Neuer Markt«) die Stände mit Lederwaren, Strohtaschen und Krimskrams. Hier steht auch ein bronzener Eber aus dem 17. Jh. Es heißt, wer ihm über die Nase streiche und eine Münze in den Brunnen werfe, der komme wieder nach Florenz. In der nahen Via de' Tornabuoni finden Sie den prächtigen **Palazzo Strozzi** aus dem 15. Jh.

Auf der Piazza Santa Maria Novella dokumentiert das **Museo Nazionale Alinari della Fotografia** (MNAF) die Geschichte der Fotografie von den Anfängen im Jahr 1839 bis in die heutige Zeit.

Mit dem Bau der Klosterkirche **Santa Maria Novella**, einer der größten von Florenz, wurde Mitte des 13. Jh. begonnen. Am Ende des dreischiffigen Kirchenraums von 100 m Länge kann man im Chor prächtige Fresken von Ghirlandaio sehen, die Szenen aus dem Leben Marias und Johannes' des Täufers darstellen. Zu den eindrucksvollsten Werken zählen ferner ein 5,4 m hohes Holzkruzifix von Giotto, Masaccios Fresko *Die Dreifaltigkeit* (um 1427) und die Marmorkanzel von Brunelleschi. Die zahlreichen Nebenkapellen bergen ebenfalls viele Kunstschätze.

Links von der Kirche liegen die noch erhaltenen Teile des Klosters (14. Jh.), darunter auch der »Grüne Kreuzgang«, der *Chiostro Verde*.

Zum **Palazzo Corsino al Prato** (Ende 16. Jh.) etwas weiter westlich an der Via Prato 58 gehört eine prachtvolle Gartenanlage.

Vom Bargello nach Santa Croce

Das **Museo Bargello** (Via del Proconsolo) beherbergt die größte Skulpturensammlung in Florenz. Der älteste Teil des Wehrbaus wurde um 1250 als Sitz für den damaligen Volkshauptmann begonnen und diente später als Sitz des Bürgermeisters. Vom Hof aus gelangen Sie in den Saal mit Skulpturen von Michelangelo und Florentiner Künstlern des 16. Jh. Auf jeden Fall sollten Sie sich den **Großen Saal** mit Plastiken der Frührenaissance ansehen. In der Halle kommt die Figur des *Heiligen Georg* (1416) von Donatello wunderbar zur Geltung.

Die weite Piazza vor der Kirche **Santa Croce** ist seit dem Altertum Schauplatz von Volksfesten oder politischen Veranstaltungen. Im Innern finden Sie berühmte Gräber. Vasari entwarf die letzte Ruhestätte für Michelangelo (zuvorderst im rechten Seitenschiff). Dantes Grabmal ist das nächste, es steht aber leer. (Der Dichter starb in der Verbannung in Ravenna, wo er auch begraben ist). Ferner finden Sie hier auch das Grab Machiavellis

(1469–1527). Michelangelo gegenüber ruht der Pisaner Gelehrte Galileo Galilei (1564–1642), der mutig den revolutionäre Lehre des Kopernikus vertrat, sowie Lorenzo Ghiberti, der zwei der Baptisteriumstüren schuf.

Die **Bardikapelle**, die erste rechts der Chorkapellen, wurde von Giotto mit Szenen aus dem Leben des hl. Franziskus ausgemalt (um 1320).

Im **Museum Santa Croce** ist neben Fresken und Skulpturen das mächtige bemalte Kruzifix Cimabues (13. Jh.) zu sehen.

Einkaufstipps

Carretti, Miniaturen der bunten sizilianischen Pferdewagen
Edelsteine von der Insel Elba
Fayencen aus Capodimonte
Filigranschmuck aus Ligurien
Florentinische Einlegearbeiten
Florentinische Lederkunst
Frutta di Martorana, Früchteimitationen aus Marzipan (Sizilien)
Handgeschöpftes Papier (Amalfi)
Hirtenmesser von Sardinien
Kameen aus Torre del Greco
Limoncello, Zitronenlikör (Neapel, Amalfiküste, Sizilien)
Olivenöl aus der Toskana
Panforte, Gebäck mit Mandeln und kandierten Früchten (Siena)
Presepi, Weihnachtskrippen aus Neapel
Sizilianische Marionetten
Stickarbeiten von der Insel Elba

Südlich des Arno

Schlendern Sie über die älteste Brücke von Florenz, die als einzige im letzten Krieg verschont blieb: den **Ponte Vecchio**. Die steinernen Bogen mit ihren »angeklebten« Wohnräumen und kleinen Geschäften wurden 1345 errichtet und haben sich seither kaum verändert. Die früheren Fleischer-, Fischer- und Gerberstände sind seit 1594 von Goldschmieden und Schmuckhändlern besetzt. In der Brückenmitte befindet sich eine Terrasse. Von dort aus können Sie den eleganten **Ponte Santa Trinità** bewundern.

Der über 1 km lange **Corridoio Vasariano** verbindet den Palazzo Vecchio (durch die Uffizien, den Fluss entlang und über den Ponte Vecchio) mit dem Palazzo Pitti und bietet schöne Ausblicke auf den Arno. Von Giorgio Vasari im Auftrag von Cosimo I. in nur fünf Monaten fertiggestellt, war er für den ständig um sein Leben fürchtenden Herrscher eine ideale Rückzugsmöglichkeit. Von Anfang an wurde der Korridor aber auch als Kunstgalerie genutzt. Unter den Gemälden aus dem 17. und 18. Jh. befindet sich eine Reihe schöner Selbstbildnisse.

Der **Palazzo Pitti** aus dem 15. Jh. war seit 1549 Residenz der Medici und Großherzöge der Toskana, von 1865 bis 1871 des Königs von Italien. Der Palast enthält Museen und Galerien.

In der **Galleria Palatina** hängen unzählige wertvolle Gemälde von Botticelli, Raffael, Tizian, Rubens, Velázquez und Murillo.

Hinter dem Palast erstreckt sich der weitläufige **Giardino di Boboli** mit zypressengesäumten Alleen, statuengeschmückten Lauben und Springbrunnen.

Steigen Sie für eine wunderschöne Aussicht auf Florenz und die Hügel hinauf zum **Piazzale Michelangelo** und von dort zur Kirche **San Miniato al Monte**. Der Legende nach soll der hl. Minias nach seiner Enthauptung im 3. Jh. seinen Kopf hier heraufgetragen und an der Stelle niedergelegt haben, wo später eine Kirche erbaut wurde. Die jetzige stammt aus dem 11. Jh. und ist eines der schönsten Beispiele für die Florentiner Romanik.

Pisas Schiefer Turm – bautechnisch ein Desaster, touristisch ein Triumph.

Alain Schroeder

Pisa

Die Ironie des Schicksals wollte es, dass Pisa seinen Weltruf einer bautechnischen Fehlberechnung verdankt. Seit Jahrhunderten schon pilgern die Besucher zu Pisas architektonischem Kuriosum, dem **Schiefen Turm** (Torre Pendente), dessen Säulenstockwerke wie eine zarte Elfenbeinschnitzerei wirken. Als Bonnano Pisano und Tedesco um 1172 den zylindrischen *campanile* entwarfen, waren nebst dem Erdgeschoss noch sechs Stockwerke mit offener Loggia und einem Glockenstuhl geplant. Aber bereits beim dritten Gesims merkten sie, dass der Boden nachgab. Die Arbeiten wurden eingestellt und erst ein Jahrhundert später von Giovanni di

Simone wieder aufgenommen: Er machte den Turm auf einer Seite leichter und änderte die Neigung. 1350 wurde der Glockenstuhl fertiggestellt – die Glocken aber nie betätigt, um das Ganze nicht »in Schwung« zu bringen.

Seit 1992 hat man die stetig zunehmende Schräglage – rund 5 m über die senkrechte Hauptachse hinaus – endlich in den Griff bekommen. Architekten, Ingenieure und Geologen arbeiteten eng zusammen, um die Fundamente zu verstärken. Außerdem wurden der Turmsockel und die unteren Stockwerke mit Stahlseilen festgebunden. Heute können die Besucher den Turm wieder über die schmale Wendeltreppe besteigen.

Die **Piazza del Duomo**, auch Piazza dei Miracoli genannt, ist mit dem Schiefen Turm, dem Dom und dem Baptisterium tatsächlich ein Wunder der Architektur.

Der **Duomo di Santa Maria Assunta** entstand zwischen etwa 1063 und 1118, die Bronzetüren stammen aus dem 12. Jh. Dieses ungewöhnliche Bauwerk besteht aus Marmor in allen Schattierungen und verbindet klassische, byzantinische und arabische Einflüsse mit romanischer Architektur. Die Altäre in den Seitenschiffen sind mit Gemälden von Andrea del Sarto geschmückt.

Baugebinn des **Battistero di San Giovanni** war im 12. Jh., die Arbeiten kamen im 14. Jh. zum Abschluss. Hinter diesen mächtigen Bauten liegt der **Camposanto** (13. Jh.). Einmalig an diesem Friedhof, auf dem noch heute Würdenträger begraben werden, sind die ihn umgebenden kreuzgangähnlichen Mauern mit Fresken aus dem 14. und 15. Jh.

Pisa war früher von einer Festungsmauer umgeben, von der allerdings nur noch vereinzelte Teile erhalten sind. Zahllose Kirchen, Paläste und malerische Straßen in Pisa lohnen entdeckt zu werden. Schlendern Sie die Via Roma und Via Crispi entlang zur Piazza Vittorio Emanuele II und über den Corso Italia wieder zurück zum Arno. Das **Museo Nazionale** stellt Werke von Pisaner Künstlern und alte Drucke aus.

Elba

Mit 27 km Länge und knapp 5 km Breite ist Elba die größte der toskanischen Inseln, die in einer Gruppe zwischen Italien und Korsika liegen. Ihre Nachbarinnen heißen Gorgona, Capraia, Pianosa, Giglio oder Montecristo, und man nimmt an, dass sie alle aus einer im Meer versunkenen Bergkette entstanden sind.

Portoferraio

Das mit einem modernen Hafenbecken für Fähren ausgestattete Portoferraio dient auch als Rangierhafen für das auf dem Festland gelegene Piombino. In dem

1548 von Herzog Cosimo I. de' Medici am Ende einer Landzunge gegründeten alten »Eisenhafen« gehen heute nur kleinere Schiffe und Fischerboote vor Anker. Am Westende des Hafenbeckens befindet sich neben dem Linguella-Turm das **Archäologische Museum**, das sich besonders der etruskischen und römischen Antike widmet. Die befestigte **Porta a Mare** (1637) führt in die Altstadt (centro storico), deren Kern, die Piazza della Repubblica, vom **Rathaus** und der **Pfarrkirche** flankiert wird.

Auf einer Felsnase hoch über dem Meer thront das **Forte Stella**, östlich gegenüber erhebt sich die zweite Medici-Festungsanlage, das **Forte del Falcone**.

Napoleon besaß zwei Wohnsitze auf Elba, die heute zur Stiftung *Museo nazionale delle Residenze napoleoniche* gehören. Der **Palazzina dei Mulini**, eine eher bescheidene Medici-Villa, steht zwischen den beiden Forts mit schönem Blick über das Meer. In den Räumen sind zeitgenössische Möbel und die interessante Bibliothek des Kaisers zu sehen.

In der **Chiesa della Misericordia**, etwas weiter unten, wird eine Totenmaske des Kaisers aufbewahrt. Am 5. Mai, dem Todestag Napoleons, findet hier eine Gedenkmesse statt.

Üppiger ausgestattet ist Napoleons Sommerresidenz, die **Villa San Martino** im Inselinnern südwestlich von Portoferraio. Besonders sehenswert sind der Taubensaal und der Ägyptische Saal.

Nur einen Katzensprung westlich von Portoferraio liegt im Schutz eines Kaps der Badestrand **Le Ghiaie**.

Rund um die Insel

Mit dem Bus oder Auto lässt sich die ganze Insel leicht in einem Tag erkunden. In westlicher Richtung entlang der **Bucht von Biodola** gelangt man zu schönen Sandstränden und Campingplätzen.

Über **Procchio**, einen der beliebtesten Badeorte, führt die kurvenreiche Küstenstraße nach **Marciana Marina**. Gesäumt von duftenden Magnolienbäumen und Palmen, hat dieses alte Fischerdorf bis heute seine typischen Steinhäuser bewahrt.

Durch Kastanienwälder geht es nun hinauf nach **Marciana**. Von hier bringt Sie eine Schwebebahn zum 1019 m hohen **Monte Capanne**, dem höchsten Berg der Insel, der eine herrliche Aussicht auf die Küste freigibt. Napoleon war enttäuscht, als er hinaufstieg und sah, wie klein sein neues Reich war.

Von Marciana gelangen Sie nach **Sant' Andrea** mit einzigartigen Küstenfelsen, noch unberührter Natur und reichen Fisch- und Korallengründen. Die panoramareiche Straße führt nun um den Westzipfel der Insel herum.

Fetovaia weiter südlich ist sehr beliebt bei Windsurfern, denn es liegt geschützt durch ein ins Meer hinausragendes Kap.

An einer kleinen Bucht nach **Secchetto** kommt man zum geschäftigen Fischereihafen von **Marina di Campo** und schier endlosen Sandstränden. Etwas weiter landeinwärts befindet sich der kleine Flughafen der Insel.

Richtung Osten folgen die malerischen Buchten von Lacona und Stella, die durch das lange, bewaldete Vorgebirge **Capo di Stella** getrennt werden. Dieser Landstrich zählt mit luxuriösen Villen, Jachthafen und Hotels zu den exklusivsten von Elba.

Am Fuß des Monte Calamità auf der Halbinsel östlich des Golfo di Stella liegt **Capoliveri**, ein bezauberndes Dorf mit wunderbarem Blick über die terrassierten Rebberge und das weite Meer.

Beim Fischerhafen **Porto Azzurro** an der Ostküste bauten die Spanier im 17. Jh. eine Festung (Forte San Giacomo). In der Bucht des früheren Piratenschlupfwinkels hat man Wracks aus römischer Zeit gefunden.

Vom Geschäft mit dem Eisen zeugt in **Rio Marina**, dem ehemaligen Erzverladehafen, heute nur noch ein Mineralogisches Museum (Museo dei Minerali Elbani). Es zeigt verschiedenste von der Insel stammende Steine und Mineralien. Von hier aus verkehren die Fähren nach dem rund 10 km entfernt auf dem Festland gelegenen Piombino.

Porto Azzurro, ein hübscher kleiner Urlaubsort an der Ostküste von Elba.

Auf der Rückfahrt über die Berge sind bei **Volterraio** die Ruinen einer pisanischen Festung zu sehen, und an geschichtsinteressierte finden bei **Le Grotte** in der Bucht gegenüber von Portoferraio Überreste einer römischen Villa. Wer etwas für die Gesundheit tun will, legt sich im Kurort **San Giovanni** in die salzhaltigen Schlammbäder, mit denen man Arthritis, Rheumatismus und Hauterkrankungen behandelt.

Civitavecchia

Die Stadt, in der der französische Schriftsteller Stendhal (1783–1842) 1838 seinen Roman *Die Kartause von Parma* verfasste, wurde nach den Bombardierungen des Zweiten Weltkriegs fast ganz neu aufgebaut. Am Hafen blieb die mächtige **Michelangelo-Festung** (16. Jh.) erhalten; Bramante und Sangallo begannen den Bau unter Papst Julius II., Michelangelo beendete ihn. Im Innern des Festungsgeländes liegen Ruinen einer römischen Villa. Nördlich des modernen Hafens liegt das **antike Hafenbecken** (Darsena romana), in dem heute die Fischerboote anlegen. Die Stadtmauern gehen auf die Renaissance zurück. Überreste des *centro storico*, darunter der Duomo, liegen hinter dem Corso Marconi. Sehenswert ist auch die **Chiesa dei Santissimi Martiri Giapponesi**, aus dem 19. Jh., die der im Jahr 1597 in Nagasaki gekreuzigten 26 Franziskaner gedenkt. Das Innere wurde vom japanischen Künstler Lucas Hasegawa geschmückt.

Rom und der Vatikan

Rom lässt sich gut zu Fuß erkunden – sofern man dies abschnittsweise tut und zuvor einen Routenplan erstellt. Nehmen Sie sich auch Zeit, um durch schmale Gassen zu streifen, sich in ein Straßencafé zu setzen, und das bunte Treiben zu beobachten.

Der Vatikan

In diesem winzigen, kaum 44 ha großen souveränen Staat befinden sich nicht nur die Residenz des Papstes und die berühmteste Kirche der Welt mit ihrem eindrucksvollen Platz, sondern auch viele der bedeutendsten Kunstschätze der Erde. Über den Vatikan und seine knapp 1000 Einwohner, Papst und Kardinäle eingeschlossen, wacht seit 1506 symbolisch die Schweizergarde – bis heute in der Uniform, die Michelangelo entwarf.

Der **Petersplatz** (Piazza San Pietro) wurde von Roms großem Bildhauer des Barock, Gian Lorenzo Bernini, 1655–67 erbaut. Die gewaltigen Kolonnadenarme von unvergleichlicher Symmetrie wollen die ganze Menschheit umfangen. Stellen Sie sich auf eine der beiden grünen Platten – im Brennpunkt der mächtigen Ellipse – zu Seiten des Obelisken: Die vier Säulenreihen erscheinen wie eine einzige!

Die **Peterskirche** (San Pietro in Vaticano), die größte Kirche der Welt, wurde 1626 geweiht. Ihr Bau an der Stelle, wo Konstantins Basilika stand, nahm ein Jahrhundert in Anspruch; Bramante, Raffael, Sangallo und Michelangelo wirkten daran mit. Unter ihrer kühn gewölbten Kuppel befindet sich der von Berninis Bronzebaldachin *(baldacchino)* überdachte Hochaltar, an dem nur der Papst die Messe liest. Inmitten all der Pracht aus Gold, Mosaiken, Marmor und vergoldetem Stuck ist Michelangelos *Pietà*, eine Marmorskulptur der Jungfrau Maria mit dem toten Christus, am eindrucksvollsten. Neben dem Hauptaltar steht eine Bronzestatue des Apostels Petrus von Arnolfo di Cambio aus dem 13. Jh. Millionen von Pilgern haben mit ihren Küssen den Fuß des Apostels glatt poliert.

Die **Vatikanischen Museen** sind in den für die Päpste Sixtus IV., Innozenz VII. und Julius II. erbauten Renaissancepalästen untergebracht und beherbergen eine der bedeutendsten Kunstsammlungen der Welt: acht Museen, fünf Galerien, die päpstliche Bibliothek, die Borgia- und Raffael-Gemächer und die Sixtinische Kapelle.

In der **Gemäldegalerie** (Pinacoteca Vaticana) hängen viele der berühmtesten Gemälde der Welt aus über zehn Jahrhunderten. Die Sammlung enthält u. a. Werke von Tizian, Giotto, Fra Angelico, Caravaggio, Leonardo da Vinci, Rubens und Van Dyck. *Der Streit um das Heilige Sakrament* und *Die Schule von Athen* in den Stanzen des Raffael zählen zu den bedeutendsten Kunstwerken.

Die **Sixtinische Kapelle** ist die Privatkapelle der Päpste und der Ort, an dem die Kardinäle in einem geheimen Beratungszimmer

Herrlicher Blick von der Terrasse der Domkuppel auf den Petersplatz und das umgebende Rom. | Michelangelo in höchster Vollendung in der Sixtinischen Kapelle.

den neuen Papst wählen. Der hohe, ehrfurchtgebietende Kuppelraum ist nach Papst Sixtus IV. benannt, der die Kapelle erbauen ließ. Perugino, Botticelli und Ghirlandaio bedeckten die Wände mit herrlichen Fresken, und von 1508 bis 1512 schuf Michelangelo eigenhändig das Deckengemälde; dieses größte von nur einem Künstler geschaffene Werk zeigt die Geschichte der Menschheit von der Schöpfung bis zur

Sintflut. 23 Jahre später entstand sein *Jüngstes Gericht* an der Altarwand der Sixtinischen Kapelle.

Das klassische Rom

Mehr als jeder prächtige Palast und jede Kirche ist das **Kolosseum** (Colosseo) Symbol für Roms einstige Macht. Es wurde von 20 000 Sklaven und Gefangenen erbaut, im Jahre 80 n. Chr. eingeweiht und war einst Schauplatz unsagbar grausamer Spektakel. Rund um die ellipsenförmige Arena boten Steinbänke 55 000 Zuschauern Platz. Durch die 80 Arkaden drängten sich Kaiser, Adlige, Bürger und Sklaven zu den ganztägigen Spielen, bei denen man halb verhungerte wilde Tiere – Bären, Löwen, Tiger und sogar Elefanten – gegeneinander kämpfen ließ. Gladiatoren rangen um Leben und Tod, während die Menge »Jugula!« (»Schlitz ihm die Kehle auf!«) rief.

Der 315 n. Chr. neben dem Kolosseum errichtete **Konstantinsbogen** erinnert an den Sieg Kaiser Konstantins über den Heiden Maxentius sowie an die Bekehrung der Stadt zum Christentum nach Konstantins Kreuzesvision auf dem Schlachtfeld.

Die Ruinen des **Forums** sind sprechende Zeugen der einst in Gold und Marmor erstrahlenden Paläste, Tempel und überdachten Märkte. Vom westlichen Eingang aus überblickt man die Via Sacra, den Heiligen Weg, auf dem einst Triumphzüge quer über das Forum stattfanden.

Im Süden des Forums liegt der **Palatin**, die sagenumwobene Geburtsstätte Roms. Man vermutet, dass die im November 2007 entdeckte, mit Mosaiken und Muscheln verzierte Grotte das Lupercal ist, in dem die Wölfin der Sage nach Romulus und Remus säugte.

Kaiser und reiche Adlige erbauten auf dem Hügel ihre Paläste, deren Ruinen heute zwischen Pinien liegen. Von den Terrassen der hübschen, im 16. Jh. angelegten Farnese-Gärten hat man eine wunderbare Sicht auf das ganze Forum und den **Circus Maximus**, der zur Kaiserzeit Schauplatz von Wagenrennen für 200 000 Schaulustige war, heute aber nicht mehr viel zu sehen bietet.

Nördlich des Forums steht in den ehemaligen Kaiserforen die gut erhaltene **Trajanssäule**. Die Flachreliefs auf dem 40 m hohen Turm zeigen Darstellungen aus den Dakerkriegen.

Südlich des Kolosseums stößt man auf die **Caracalla-Thermen**, einst die schönsten öffentlichen Bäder Roms mit Platz für 1500 Menschen. Die Mauern waren mit farbigem Marmor verkleidet, Statuen und Fresken schmückten die Gymnastik- und Baderäume.

Die Sehenswürdigkeiten entlang der **Via Appia Antica**, die hinter den Thermen beginnt, besuchen Sie am besten mit dem Taxi oder dem Bus. Über das heute noch sichtbare Pflaster marschierten die römischen Legionen nach Capua und Brindisi, um sich nach Nordafrika und dem Morgenland einzuschiffen. Die Straße ist gesäumt von Grabmälern römischer Patrizier aus 20 Generationen; später errichteten Christen hier ihre Katakomben. Heute liegen hinter den Mausoleen die Villen von Filmgrößen und reichen Aristokraten.

Von der Porta San Sebastiano haben Sie einen guten Blick zurück auf die alte Aurelianische Mauer, die immer noch Teile Roms umgibt. An einer Straßengabelung kennzeichnet die **Kapelle Domine Quo Vadis** die Stelle, an der dem Apostel Petrus auf seiner Flucht vor den Römern Christus begegnet sein soll.

Das Zentrum

Im Herzen Roms zieht sich die von Geschäften, Palästen und Kirchen gesäumte **Via del Corso** von der Piazza del Popolo zur Piazza Venezia. Nach Feierabend geht es hier lebhaft zu.

Die von Valadier, einem Baumeister Napoleons, entworfene **Piazza del Popolo** ist ein Meisterwerk an Symmetrie. Der Obelisk in der Mitte stammt aus der Zeit des Pharaos Ramses II.; am Eingangstor beginnt die Via Flaminia, die nach Rimini an der Adriaküste führt. Der Platz hat seinen Namen von der Kirche Santa Maria del Popolo, in der Werke großer Renaissance- und Barockkünstler und die von Raffael entworfene Chigi-Kapelle zu sehen sind.

Gehen Sie vom Corso nach rechts, kommen Sie nahe dem Augustus-Mausoleum zum **Museo dell'Ara Pacis**, das den Ara Pacis Augustae birgt. Der Friedensaltar ist ein bedeutendes römisches Kunstwerk aus der Zeit des Augustus (1. Jh. v. Chr.).

Auf einer Seitenstraße, die links vom Corso abgeht, kommen Sie zur **Spanischen Treppe**. Die wohl berühmteste Treppe der Welt führt von der Piazza di Spagna zu einer von Roms französischen Kirchen, der doppeltürmigen **Trinità dei Monti**. In der Mitte des Platzes steht der von Bernini (Vater oder Sohn) entworfene Barcaccia-Brunnen.

Durch verwinkelte Gässchen führt der Weg zur **Fontana di Trevi**. Der von Nicola Salvi 1732–51 errichtete größte Brunnen Roms versinnbildlicht das Meer mit Neptun in der Mitte, flankiert von zwei Tritonen auf Seepferden (von Bracci). Wer Rom wiedersehen möchte, wirft über die Schulter eine Münze in den Brunnen.

Kehren Sie zum Corso zurück; hier, an der **Piazza Colonna**, liegt das Regierungszentrum Italiens. Genau vor den Amtsräumen des

Ministerpräsidenten im weitläufigen Chigi-Palast ragt die 1800 Jahre alte Mark-Aurel-Säule auf. Der angrenzende Parlamentsplatz (**Piazza Montecitorio**) wird von einem Obelisken aus dem 6. Jh. v. Chr. beherrscht, und hier steht auch das Parlamentsgebäude.

Die **Piazza Venezia** am Ende der Via del Corso ist das Zentrum des modernen Roms. Das weiße Marmordenkmal Viktor Emanuels II. wurde im letzten Krieg von britischen Soldaten treffend »Hochzeitskuchen« getauft. Es wurde 1885–1911 zum Gedenken an die Einigung Italiens und seinen ersten König errichtet und birgt das Grab des Unbekannten Soldaten.

Eine Seite des Platzes nimmt der prächtige **Palazzo Venezia** aus dem 15. Jh. ein. Der Palast, heute Museum für Renaissancekunst, war nacheinander Papstsitz, Botschaft der Republik Venedig und später Mussolinis Residenz.

Auf der Cordonata-Treppe hinter dem Viktor-Emanuel-Denkmal gelangen Sie an überlebensgroßen Statuen von Kastor und Pollux vorbei zu dem von Michelangelo entworfenen **Kapitolsplatz** (Piazza del Campidoglio). Das Kapitol auf dem Hügel war eine der heiligsten Stätten des alten Rom.

In zwei Palästen zu beiden Seiten des Platzes befinden sich die **Kapitolinischen Museen**. Das Original des berühmten bronzenen Reiterstandbildes von Kaiser Mark Aurel, das früher die Mitte dieses Platzes schmückte, fand im Palazzo Nuovo eine neue Heimat. Im Palazzo dei Conservatori steht die bronzene Wölfin, Symbol der Stadt. Sie wurde von einem etruskischen Meister etwa 500 v. Chr. geschaffen. Die Zwillinge Romulus und Remus kamen erst in der Renaissance hinzu.

Eine zweite, schmalere Treppe hinauf zum Campidoglio führt zur Kirche **Santa Maria d'Aracoeli** mit ihren prachtvollen Fresken, Reliquien und einer vergoldeten Decke.

Die Altstadt

Wer die Kopfsteinpflasterstraßen um die Piazza Navona, das Pantheon und den Campo de' Fiori entlangschlendert, unternimmt einen Spaziergang in die Vergangenheit der Stadt. In diesem Viertel voller Paläste, Brunnen und Kirchen weht noch der Hauch früherer Jahrhunderte.

27 v. Chr. ließ Konsul Marcus Agrippa das **Pantheon**, »den Tempel aller Götter«, erbauen; nach einem Brand wurde es von Hadrian wieder aufgebaut, und seit dem 7. Jh. dient es als Kirche. Die mächtige Kuppel, deren Durchmesser und Höhe gleich groß sind (43 m), ist ein Meisterwerk architektonischer Harmonie.

Nicht weit davon liegt die berühmte **Piazza Navona**. Ihre Umrisse entsprechen genau der 240 x

65 m großen Grundfläche des Domitian-Stadions aus dem 1. Jh. n. Chr. Ein wunderschöner Ort, um im Freien zu essen oder sich in Ruhe die drei Brunnen anzuschauen: den Vierströmebrunnen (Nil, Ganges, Río de la Plata und Donau) von Bernini in der Platzmitte, den Neptun- und den Mohrenbrunnen von Giacomo della Porta im Norden des Platzes.

Der trutzig wirkende Rundbau am anderen Ufer des Tiber – erreichbar über eine von Bernini-Engeln flankierte Brücke – ist die **Engelsburg** (Castel Sant' Angelo), die Kaiser Hadrian im 2. Jh. n. Chr. als sein Mausoleum errichten ließ. Bald wurde es in eine Festung umgewandelt, in der Päpste über einen Wehrgang von der Peterskirche her Schutz vor Feinden suchten. 1527, als Rom das letzte Mal zerstört und geplündert wurde, harrte Papst Clemens VII. dort aus und musste hilflos zusehen, wie deutsche und spanische Meuterer die Stadt verwüsteten. Die Burg mit der bronzenen Engelsfigur erhielt ihren Namen von Papst Gregor I.: Ihm war im Jahr 590 der Erzengel Michael auf den Zinnen der Burg erschienen, der sein Schwert einsteckte – und damit das Ende der wütenden Pest verkündete.

Gehen Sie unbedingt auf den **Campo de' Fiori**, einen sehr belebten Markt, wenn Sie unverfälschtes römisches Leben beobachten

Die Fontana di Nettuno auf der Piazza Navona. | Hadrian konzipierte die Engelsburg als Mausoleum.

wollen. Die Statue des Philosophen Giordano Bruno, der hier im Jahre 1600 als Ketzer bei lebendigem Leibe verbrannt wurde, ragt aus dem Labyrinth der Obst-, Gemüse-, Fisch-, Fleisch- und Blumenstände heraus.

Noch belebter und fröhlicher ist das alte römische Viertel **Trastevere** am anderen Tiberufer mit seinem Gewirr von kopfsteingepflasterten Gassen, gemütlichen Lokalen und Läden. In seiner Mitte liegt eine der ältesten Kirchen Roms: **Santa Maria in Traste-**

vere. Papst Calixtus I. gründete sie im 3. Jh. an der Stelle, wo der Legende nach Öl aus dem Boden sprudelte, um Christi Geburt zu verkünden. In der Apsis sind Ausschnitte aus Marias Leben dargestellt. Die schönen Mosaiken der abends angestrahlten Fassade (13. Jh.) locken nicht nur Touristen, sondern sogar Roms Jetset in die Restaurants und Cafés an der Piazza.

Roms Kirchen
Auch wenn Sie sonst an Kirchen vorbeigehen, sollten Sie in Rom unbedingt eine Ausnahme machen und sich außer Sankt Peter die drei weiteren Patriarchalkirchen und andere berühmte Gotteshäuser ansehen.

Die **Basilika des hl. Paulus vor den Mauern** (San Paolo fuori le Mura) steht an der Stelle, wo angeblich Paulus hingerichtet wurde. Die Basilika – sie ist nach der Peterskirche das größte Gotteshaus in Rom – wurde 314 von Konstantin gegründet, später erweitert und nach einer verheerenden Feuersbrunst im Jahre 1823 sorgfältig wieder aufgebaut. Unter dem Hochaltar wurde ein Marmorsarg gefunden, in dem der hl. Paulus ruhen soll. Der schöne Kreuzgang ist glücklicherweise vom Feuer verschont geblieben.

Die **Lateranbasilika** (San Giovanni in Laterano) gilt als Mutterkirche der katholischen Welt. Sie ist die Bischofskirche des Papstes und wurde ebenfalls von Kaiser Konstantin erbaut. An dem Holzaltar in der Sakristei soll Petrus die Messe gelesen haben. 1000 Jahre lang residierten die Päpste im Lateranpalast. Brände, Vandalen und Erdbeben zerstörten die Kirche im Laufe der Jahrhunderte immer wieder. Die heutige Basilika, kaum 300 Jahre alt, ist mindestens die fünfte.

Im Gebäude gegenüber befindet sich die **Scala Santa**, die heilige Treppe, die Jesus im Hause des Pontius Pilatus in Jerusalem beschritten haben soll. Gläubige ersteigen die 28 Marmorstufen auf den Knien. Der ägyptische Obelisk (1449 v. Chr.) auf dem Lateranplatz ist der höchste der Welt. Er stand ursprünglich vor dem Amuntempel in Theben.

Die **Basilika Santa Maria Maggiore** ist seit ihrer Erbauung vor über 1500 Jahren auf dem Esquilinischen Hügel nahezu unverändert geblieben. In der prachtvollen Borghesekapelle steht ein mit Lapislazuli, Amethysten und Achaten verzierter Altar mit einem Gemälde der Madonna mit dem Christuskind im byzantinischen Stil. Die Decke der Basilika wurde im 16. Jh. mit dem ersten aus Amerika hergebrachten Gold ausgestattet.

Die Kirche **St. Peter in Ketten** (San Pietro in Vincoli) wurde im

5. Jh. auf Geheiß der Kaiserin Eudoxia erbaut, um die Fesseln des Petrus aufzunehmen. Sie sind in einem Bronzeschrein unter dem Hochaltar aufbewahrt. In majestätischer Haltung auf dem Grab Papst Julius' II. sitzend, findet man die **Mosesstatue** von Michelangelo, eines seiner größten Werke.

Die Mutterkirche des Jesuitenordens, **Il Gesù**, ertrinkt förmlich in glänzendem Gold, Halbedelsteinen und Mosaiken.

Neapel

Beginnen Sie Ihren Rundgang am besten in der Nähe des Hafens an der **Piazza Municipio**, einer großen Grünanlage mit einem Reiterstatue König Viktor Emanuels II.

An der Südseite des Platzes ragen die fünf wuchtigen Türme des **Castel Nuovo** auf, das von Karl I. aus dem Hause Anjou im 13. Jh. erbaut und später zur Residenz der Könige und Vizekönige umgestaltet wurde. Den Eingang bildet ein weißer Renaissance-Triumphbogen, der an den Einzug Alfons' I. von Aragonien in Neapel 1442 erinnert.

Neben dem Castel Nuovo erhebt sich der prächtige **Palazzo Reale**, das einstige königliche Schloss aus dem 17. Jh. Die lange Fassade schmücken Marmorstatuen acht neapolitanischer Herrscher, vom Normannen Roger I. bis zu Viktor Emanuel II.

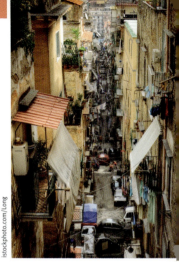

Neapel mit seinen engen Gassen und verwitterten Hausfassaden.

von Savoyen. In den dekorierten Räumen sind Möbel, Skulpturen, Gemälde und Porzellan aus der Zeit der Bourbonenkönige ausgestellt. Auch die **Nationalbibliothek** befindet sich im Palast. Zu ihren kostbaren Schätzen zählen Handschriften aus dem 15. und 16. Jh., in Herculaneum gefundene Papyrusbücher und ein Exemplar (1485) von Dantes *Göttlicher Komödie* mit Illustrationen Botticellis.

Nebenan steht das **Teatro San Carlo** (1737), UNESCO-Weltkulturerbe und mit 3300 Plätzen eines der größten wie auch das älteste noch betriebene Opernhaus Europas.

Die halbkreisförmige weite **Piazza del Plebiscito** liegt zwischen Palast und Theater und der säulengeschmückten, dem Pantheon in Rom nachgebauten Kirche **San Francesco di Paola** aus dem 19. Jh.

Die Haupteinkaufsstraße **Via Toledo** (auch Via Roma genannt) zieht sich von hier 2 km lang durch die Altstadt nach Norden bis zum **Nationalmuseum für Archäologie** (Via E. Pessina). Dieses ist eine wahre Schatzkammer mit Mosaiken, Wandgemälden und Statuen aus Herculaneum und Pompeji, aber auch Funden aus Cumae, das als älteste griechische Siedlung Italiens gilt. Zu bewundern sind hier auch die Skulpturen der **Sammlung Farnese**, darunter die größte erhaltene Marmorgruppe aus der Antike, der in den Caracalla-Thermen in Rom gefundene sogenannte *Farnesische Stier*.

Auf einem Hügel nördlich des Zentrums inmitten einer idyllischen Parkanlage der Königspalast von Karl III. aus dem 18. Jh. Darin ist das **Museo di Capodimonte** eingerichtet. Unter den Gemälden sind besonders die Werke von Giovanni Bellini, Masaccio, Mantegna, Tizian, Parmigianino, Cranach und Brueghel zu nennen sowie Meisterwerke von Simone Martini und Caravaggio. Dazu kommen wertvolles Capodimonte-Porzellan und Erzeugnisse der Manufakturen von Meißen, Sèvres und Wien.

Unterhalb des Museums gelangen Sie zu der wohl ungewöhnlichsten Sehenswürdigkeit Neapels, den **Katakomben von San Gennaro**. Das düstere Netz von Gängen auf zwei Ebenen geht auf das 2. Jh. zurück. Es war ursprünglich die Gruft einer römischen Adelsfamilie, später wurde es der christliche Hauptfriedhof der Stadt.

Gleich drei Standseilbahnen führen vom der Innenstadt zum Stadtteil **Vomero** hinauf. Unterhalb des **Castel Sant'Elmo**, einer gewaltigen Festung mit Rundblick über die gesamte Bucht, steht die **Certosa di San Martino**. Das Museum in diesem ehemaligen Kartäuserkloster vermittelt einen hervorragenden Überblick über Neapels Geschichte und besitzt eine prächtige Sammlung von Weihnachtskrippen *(presepi)*.

Nehmen Sie sich Zeit, um in den Gässchen von **Spaccanapoli**, dem Herzen der Stadt, umherzuschlendern. Dabei werden Sie an der Piazza del Gesù Nuovo die weiße **Marmorsäule Guglia dell'Immacolata** und die gotische Kirche **Santa Chiara** (14. Jh.) sehen, die nach dem Zweiten Weltkrieg wieder aufgebaut wurde. Die Pfeiler, Mauern und Bänke des Kreuzgangs sind mit Majolikakacheln aus dem 18. Jh. verziert.

Dreimal im Jahr, am Samstag vor dem ersten Maisonntag, am 19. September sowie am 16. Dezember, wartet man im **Dom** von Neapel auf ein Wunder: Oft verflüssigt sich nämlich dann vor versammelten Zuschauern das Blut des San Gennaro, was man als gutes Zeichen für die Stadt deutet. Januarius, Bischof von Benevent, starb unter Kaiser Diokletian 305 als Märtyrer. Seine Reliquien, zwei Fläschchen mit geronnenem Blut und sein Schädel, werden in der **Capella del Tesoro** aufbewahrt.

Abends geht es im verwinkelten Hafenviertel **Santa Lucia** rege zu und her. Schlendern Sie auch die Via Partenope und die Via Caracciolo entlang, die beliebteste Meerespromenade der Neapolitaner. Bewundern Sie von hier aus die untergehende Sonne, die die Mauern des **Castel dell'Ovo** im Hafen bescheint.

Herculaneum

Als der Vesuv 79 v. Chr. ausbrach, wurde das Städtchen Herculaneum unter Ascheregen und Lavaströmen verschüttet. Diese bis zu gut 30 m dicke Schicht erstarrte zu einer schützenden Kruste und »konservierte« jedes Haus mitsamt Möbeln und sogar den Nahrungsmitteln auf den Tischen – die Katastrophe ereignete sich zur Mittagszeit. Erst 1980 entdeckte man die Skelette der Stadtbewohner, die in Panik in den Kellern am Hafen Zuflucht gesucht hatten.

Nur ein geringer Teil von Herculaneum konnte freigelegt werden; auf dem Gelände steht die neue Stadt Ercolano. Dennoch kann man die ehemalige Hauptstraße, den **Corso Ercolano**, entlanggehen und mehrere Häuser mit Fresken und Mosaiken ansehen. Werfen Sie einen Blick in die **Casa dei Cervi**, in die **Forum-Thermen** mit Deckengemälden sowie in die **Vorstadt-Thermen**, wo die Badewannen, Dampfkessel und sogar Brennholzstapel noch dastehen.

Unbedingt sehenswert ist die **Villa dei Papiri**. Hier können Sie die weltweit einzige erhaltene römische Papyrus-Bibliothek besichtigen. Die im 1. Jh. v. Chr. von Julius Cäsars Schwiegervater Lucius Calpurnius Piso angelegte Sammlung mit 1800 Papyrusrollen und Kunstobjekten wurde 1752 entdeckt. Man geht davon aus, dass unter dem inzwischen erforschten Obergeschoss mindestens eine weitere Bibliothek liegt. 2007 wurde ein römischer Thron aus Holz und Elfenbein zutage gefördert, der neue Erkenntnisse brachte.

Pompeji

Seit dem drei Tage andauernden Regen von Asche und glühender Schlacke lag Pompeji bis zum 18. Jh. versteckt. Nun geben die

Ausgrabungen den Blick auf das Alltagsleben in einem Städtchen während der Glanzzeit des Römischen Reiches frei. Auf Ihrem Rundgang durch die Ruinen können Sie sich das betriebsame Leben des einstigen Pompeji gut vorstellen, das Gewimmel von Handwerkern, Trägern und Hunden; Händler, die den Karren auswichen und die Straßen bei Steinblöcken – eine Art erhöhten Fußgängerstreifen – überquerten, ohne Sandalen und Gewänder zu beschmutzen.

Der Direktor der Ausgrabungen, Giuseppe Fiorelli, hatte 1860 die Idee, in die Hohlräume, die unter der versteinerten Asche zum Vorschein kamen, Gips zu gießen. Die Abdrücke ließen Menschen und Tiere sichtbar werden, die unter dem Ascheregen erstickten.

Ischia

Diese vulkanische Insel im Golf von Neapel ist für ihre vielen Quellen und ihre subtropische Vegetation bekannt. Olivenbäume, Pinienwälder, Orangenhaine und Weingärten bedecken die schroffen Hänge, feinsandige Strände säumen die Buchten. Der größter Vulkan ist der 788 m hohe **Monte Epomeo**. Obwohl er vor bald 700 Jahren zum letzten Mal ausbrach, ist er nicht erloschen, nur untätig. Die Hauptstadt Ischia besteht aus **Ischia Porto**, dem schicken Geschäftszentrum am Hafen, und **Ischia Ponte**, das durch einen Brückendamm mit dem **Castello Aragonese** verbunden ist, einem Burgkastell in Privatbesitz auf einer Felsklippe über dem Meer. Vor 2500 Jahren hatte Hieron I. von Syrakus hier eine Festung angelegt. Alfons von Aragonien baute sie im 15. Jh. zu der heutigen Burg um und ließ den Damm aufschütten. Ein Fahrstuhl bringt Sie zum ehemaligen Klarissenkloster, nun ein Hotel.

Von Ischia Porto führt eine Straße zum Gipfel des **Montagnone**. Von dort blickt man auf die Nachbarinseln und das Festland.

Eine Rundfahrt durch Weingärten, Pinienwälder und Zitronenhaine dauert nur rund eine Stunde. Umfährt man Ischia im Gegenuhrzeigersinn, erreicht man zuerst **Casamicciola Terme** mit den berühmten Thermalquellen. **Lacco Ameno**, ein weiterer eleganter Kurort, blickt auf den seltsam geformten Felsen **Il Fungo** (»der Pilz«).

An der Westküste der Insel kann man von der Kirche **Santuario del Soccorso** aus Sonnenuntergänge erleben und den Blick über den Golf von Gaeta genießen. Das nahe **Forio**, Zentrum des hiesigen Weinanbaus, erfreut sich bei Touristen besonderer Beliebtheit. Der runde Wachtturm wurde im 16. Jh. errichtet.

Im Süden der Insel liegt **Sant' Angelo**, ein urtümliches Fischerdorf am Fuß einer jähen Felswand. Nicht weit davon erstreckt sich der schwarze Sand des **Maronti-Strandes** (Lido dei Maronti) mit seinen heißen Quellen, Fumarolen und Schlammbädern. Bei der Rückfahrt nach Ischia Porto via **Serrera Fontana** und **Barano** bieten sich prächtige Ausblicke auf die Küste.

Pontinische Inseln

Im Nordwesten Ischias liegen die winzigen Pontinischen Inseln – Ponza, Ventotene, Santo Stefano, Palmarola, Zannone und Gavi – ein beliebtes Urlaubsziel der Römer, aber im Ausland kaum bekannt. Viele Leute kommen mit der eigenen Jacht. Nur **Ponza** und **Ventotene** sind bewohnt; auf beiden Inseln fand man Reste aus römischer Zeit. Die Hauptattraktionen des friedlichen Achipels sind das klare grüne Wasser, die raue Landschaft und die hervorragende Küche. Erkunden Sie die felsigen Inseln mit dem Boot – viele Strände sind nur vom Meer her zugänglich.

Capri

Die Insel Capri ist 27 km von Neapel entfernt. Ihre von üppigen Pflanzen bewachsenen Kalksteinwände steigen am Südeingang des Golfs von Neapel steil aus dem Meer auf. Von der Hauptanlegestelle **Marina Grande** gelangen Sie mit der Standseilbahn oder in ungefähr 20 Minuten zu Fuß über Stufen ins Herz des Ortes, der genauso wie die Insel heißt.

Auf der **Piazza Umberto I.**, der »Piazzetta«, stärken sich Touristen im Café für ihren Ausflug. Über dem bunten Treiben thront majestätisch die Kuppel der Kirche **San Stefano**. Enge Gassen und Treppen schlängeln sich durch das Labyrinth der Altstadt.

Das Kartäuserkloster **Certosa di San Giacomo** am Südrand des Orts wurde wieder fast so hergerichtet, wie es im 14. Jh. aussah. Im Museum sind prächtige alte Fresken und Gemälde zu sehen. Ganz in der Nähe liegen die **Gärten des Augustus**. Von dort aus schauen Sie über die Haarnadelkurven der Via Krupp – der bekannte deutsche Industrielle gab das Geld zum Bau der Straße.

Am Hafen **Marina Piccola** an der Südküste kann man baden und hat einen guten Blick auf die sagenumwobenen **Sirenenklippen**.

Vom **Belvedere di Tragara** an der Südostspitze Capris aus geben die Faraglioni, drei Felsen, die aus dem blauen Wasser aufragen, ein stimmungsvolles Fotosujet ab.

Weiter nördlich an der Küste gelangen Sie zur **Grotta di Matromania** (oder Matermania). Nicht weit davon bietet sich erneut eine wunderbare Aussicht – diesmal durch einen natürlichen Felsbogen, den **Arco Naturale** – auf die silberfarbenen Kalksteinwände, die

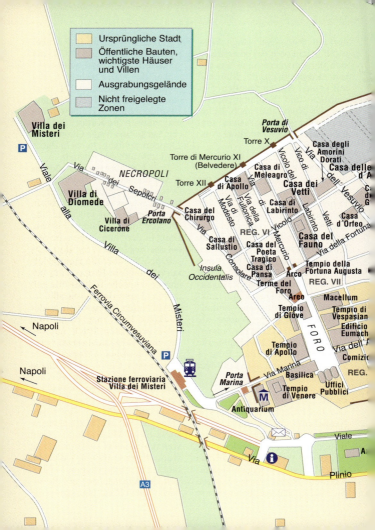

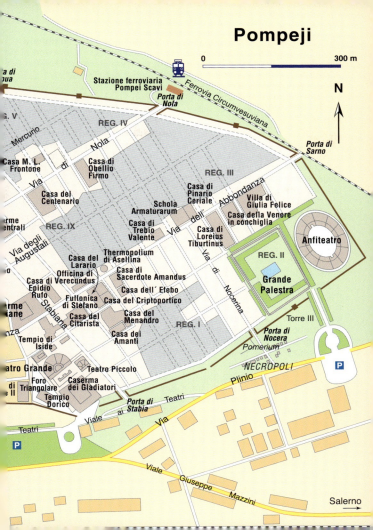

zum grünblauen Wasser hin abfallen. Schlagen Sie den Fußweg ein, der am **Hotel Punta Tragara** vorbeiführt. In dieser von Le Corbusier entworfenen Villa trafen sich Eisenhower und Churchill im Zweiten Weltkrieg. Die nahe **Villa Malaparte** diente 1964 Jean-Luc Godard als Drehort für den Film *Le Mépris*.

Auf einem Felsvorsprung im Nordosten Capris ließ Tiberius einen weiträumigen Palast errichten. Stufenförmig steigen die Ruinen der **Villa Jovis** bis auf mehr als 300 m an. Unterwegs – der Weg ist steil – kommen Sie am **Salto di Tiberio** vorbei. Von dieser berüchtigten Klippe aus soll der geistig umnachtete Kaiser seine Feinde in die Tiefe gestürzt haben.

Anacapri, die zweite Ortschaft der Insel, erreicht man mit dem Bus oder einem Taxi von Capri aus auf einer schwindelerregenden Straße, die an der Felswand zu kleben scheint. Die weißen Häuser hier wirken beinahe orientalisch. Schauen Sie sich in der Kirche **San Michele** die Majolika-Kacheln des Fußbodens aus dem 18. Jh. an, die eine Darstellung des Gartens Eden zeigen.

Von der Piazza Vittoria im Zentrum von Anacapri gelangen Sie auf einem kurzen Spaziergang zur **Villa San Michele**, die sich der schwedische Arzt und Autor Axel Munthe (1857–1949) hier errichten ließ. Im Innern seines Wohnhauses ist eine Sammlung verschiedenartiger Kunstwerke zu bewundern, doch die Hauptattraktion ist der Garten mit Laubengängen, Terrassen und wunderbarem Meeresblick.

Von der Piazza Vittoria aus trägt Sie ein Sessellift auf den **Monte Solaro**, mit 589 m die höchste Erhebung Capris. Die Aussicht reicht über die Insel, den Golf von Neapel und die Halbinsel von Sorrent.

Die Bootsfahrt zur weltbekannten **Blauen Grotte** (Grotta Azzurra) dürfen Sie keinesfalls versäumen. Der Besucherstrom reißt hier nie ab. Die unaufhörliche Brandung wusch in Urzeiten diese Höhle aus. Seit sie vom deutschen Schriftsteller und Maler August Kopisch 1826 wiederentdeckt wurde, hat sie die Insel berühmt gemacht. Darin steigen die Fluten beängstigend hoch, zuweilen weit über die halbe Höhe der Grottenwand. Durch den Eingang gelangen einzig flache Boote ins Innere und auch diese nur im Sommer bei ruhiger See. Wenn draußen die Sonne scheint, ist die Grotte von tief kobaltblauem Licht erfüllt.

Auf dem Wasserweg können auch andere Höhlen besichtigt werden, wie zum Beispiel die **Weiße Grotte** (Grotta Bianca) an der Ostküste oder die smaragdfarbene **Grüne Grotte** (Grotta Verde) im Süden.

Sorrent

Das zwischen Orangen- und Zitronengärten gelegene **Sorrent** mit Blick auf den Golf von Neapel ist ein idealer Ausgangspunkt für Ausflüge entlang der Küste. Die großartigen Sonnenuntergänge hatten es schon Goethe, Byron, Verdi und Ibsen angetan ...

Den Hauptplatz **Piazza Tasso** ziert ein Denkmal des Dichters Torquato Tasso, der 1544 in Sorrent geboren wurde. Zu den sehenswerten Bauwerken zählen die Barockkirche **San Francesco** mit einem maurischen Kreuzgang aus dem 13. Jh. und der **Duomo dei San Filippo e Giaccomo**. Am Stadtrand beherbergt das **Museo Correale di Terranova** in einem Palazzo aus dem 18. Jh. Antiquitäten, Barockmöbel und Gemälde. Von der Terrasse der **Villa Comunale** im Zentrum und dem **Belvedere** hinter dem Correale-Museum bieten sich herrliche Ausblicke über die Bucht, aber der schönste Aussichtspunkt ist die **Punta di Sorrento** 2 km außerhalb der Stadt.

Die Straße zwischen Sorrent und Amalfi gehört zu den grandiosesten europäischen Panoramastrecken. Sie windet sich entlang den Felswänden durch eine Reihe von Ferienorten mit rosa- und pfirsichfarbenen Häusern.

In **Positano**, einem Fischerort mit kubischen Häusern, tummelt sich der Jetset in Luxushotels, die sich auf den Klippen idyllisch

Sorrent: eine Terrasse mit Aussicht, in der Nase der Duft der Glyzinien.

zwischen die Palmen schmiegen. Beachtung verdient die an ihrer großen Kuppel erkennbare Kirche Santa Maria Assunta mit der schwarzen Madonna im byzantinischen Stil (13. Jh.) auf dem Hochaltar. Eine schöne Aussicht auf die Küste und den felsigen Höhenzug dahinter hat man vom Belvedere oberhalb der Stadt.

Die **Grotta Smeralda** mit grünlich schimmerndem Wasser ist wohl ebenso schön wie Capris Blaue Grotte. Man erreicht sie mit dem Aufzug von der Straße oder von Positano und Amalfi aus im Boot.

Amalfi

Amalfi, ein schöner und lebhafter Ferienort, war einst eine mächtige Rivalin der Seerepubliken Pisa, Genua und Venedig. Von den Cafés im Freien auf der Piazza del Duomo führt eine lange Treppenflucht zum Dom **Sant'Andrea** hinauf. Er wurde im 9. Jh. begonnen. Im 13. Jh. kam die Fassade hinzu, als man die Gebeine des Apostels Andreas von Konstantinopel überführte; sechs Jahrhunderte später wurde er nochmals umgebaut. Die wuchtige Bronzepforte aus dem 11. Jh. stammt aus Konstantinopel. Im **Chiostro del Paradiso** (Paradies-Kreuzgang), der im 13. Jh. mit maurischen Motiven ausgeschmückt wurde, finden im Sommer Konzerte statt.

Die Bogengänge und die überwölbte Werft des **Arsenale** aus dem 12. Jh., wo einst Amalfis Galeerenflotte vom Stapel lief, stehen noch heute in der Nähe der Piazza Flavio Gioia. Das **Stadtmuseum** zeigt stolz die *Tavole Amalfitane*, das älteste Seefahrtsgesetzbuch der Welt.

Salerno

Salerno liegt an einem harmonisch geschwungenen azurblauen Golf, der sich im Westen bis zur eindrucksvollen Amalfiküste und im Osten bis zu den grandiosen griechischen Ruinen von Paestum erstreckt. Heute ist die geschäftige Hafenstadt auch Industriezentrum und Umschlagplatz für Getreide. Im Schatten von Palmen der stattlichen Meerespromenade **Lungomare Trieste** kann man sich mit der Atmosphäre dieses Ortes vertraut machen. Gleich dahinter zieht sich das mittelalterliche Viertel den Hügel hinauf. Mit ihren Geschäften und alten Häusern zählt die **Via Mercanti** zu den malerischsten Straßen. Sie wird vom **Arechi-Bogen** überspannt, den die Langobarden im 8. Jh. errichteten. Von ihnen stammt auch das Kastell über der Stadt, das einen herrlichen Blick über die Bucht freigibt.

Der elegante normannische **Dom** wurde 1085 von Papst Gregor VII. geweiht. Er hatte aus Rom flüchten müssen, starb kurz danach hier im Exil und wurde rechterhand des Hochaltars beigesetzt. Im 18. Jh. fügte man dem Dom barocke Elemente hinzu, doch nachdem 1980 ein Erdbeben die Kirche stark beschädigt hatte, wurde sie im sizilianisch-normannischen Stil restauriert. Einziges Überbleibsel ihrer barocken Ornamente sind die polychrome Marmorverkleidung auf den Arkaden des Atriums und die reich geschmückte Krypta mit den Gebeinen des Evangelisten Matthäus. Die Bronzetüren des Hauptportals wurden im 11. Jh. in Konstantinopel gegossen. Im kleinen **Museum** neben dem Dom kann man einige wertvolle Kunstwerke aus Elfenbein bewundern. An der Via San Benedetto zeigt das **Provinzmuseum San Benedetto** weitere interessante Exponate zu Salernos Stadtgeschichte.

Paestum

Um 600 v. Chr. gründete die griechische Stadt Sybaris (Kalabrien) eine Handelskolonie namens Poseidonia im Süden des heutigen Salerno. Die Römer eroberten sie 273 v. Chr. und tauften sie in Paestum um. Die Gegend versumpfte allmählich, und schließlich wurde der malariaverseuchte Ort aufgegeben. Paestum, eine der wichtigsten archäologischen Stätten Italiens, wurde durch Zufall entdeckt, als die Bourbonen 1750 die Straße bauten, die heute das Amphitheater durchschneidet.

Auf einer Wiese zwischen sanften Hügeln entdeckt man heute unter den verstreuten Ruinen einige der schönsten und besterhaltenen dorischen Tempel der Antike. Die im 6. Jh. v. Chr. errichtete sogenannte **Basilika** – eigentlich ein dorischer Tempel – ist das älteste Bauwerk. Bei genauem Hinsehen stellt man fest, dass die 50 kannelierten Säulen etwas bauchig sind. Der großartige, rund ein Jahrhundert jüngere **Neptun-Tempel** (oder Poseidon-Tempel) trägt seinen Namen zu Unrecht, denn er war Hera, der Gattin des allmächtigen Zeus, geweiht. Und der um 500 v. Chr. errichtete **Ceres-Tempel** ist eigentlich ein Heiligtum der Athena, der Göttin der Weisheit. Noch heute besitzt er seine 34 Säulen.

Man erkennt hier auch gut den Umriss des Forums, das ein Säulengang und einstige Geschäfte abgrenzen, sowie den kleinen unterirdischen Tempel, wo früher Bronze-Vasen aufbewahrt wurden. Versäumen Sie keinesfalls das **Museum**, in dem einige der bemerkenswertesten Ausgrabungsstücke gezeigt werden.

Reggio di Calabria

Reggio ist mit über 185 000 Einwohnern die bevölkerungsreichste Stadt Kalabriens und seit 1972 Parlamentssitz. Bereits 715 v. Chr. von griechischen Händlern als Rhegion gegründet, war Reggio dank seiner Lage an der Straße von Messina und als Fährhafen nach Sizilien seit alters von Bedeutung. 1908 wurde die Stadt mitsamt den meisten bedeutenden Bauwerken von einem Erdbeben zerstört.

Zwar wurde der Dom wieder aufgebaut, und es gibt Ruinen eines mittelalterlichen Kastells, doch lohnender ist ein Bummel auf dem **Lungomare Matteotti** (der Dichter Gabriele D'Annunzio als den »schönsten Kilometer Italiens« bezeichnete); von dieser mit üppiger Vegetation bestandenen Uferpromenade reicht der Blick über die Straße von Messina nach Sizilien und zum Ätna. Bis 2014 wird die Uferzone nach einem Projekt der irakisch-britischen Architektin Zaha Hadid umgestaltet und um den futuristisch anmutenden Bau des **Museo del Mediterraneo** erweitert.

Zu Recht ist Reggio stolz auf sein vor Kurzem umgebautes **Museo Nazionale della Magna Grecia**. Seine Prunkstücke – zwei riesige Statuen griechischer Krieger aus dem 5. Jh., die »Bronzen von Riace« – können bis zur Wiedereröffnung des Museums im Palazzo Campanella besichtigt werden.

Sardinien

Das politisch autonome Sardinien bezaubert durch seinen ursprünglichen Charme und ist vielleicht die untypischste Region Italiens.

Cagliari

Sardiniens Hauptstadt hat einen lebhaften Hafen und Bauwerke, die die Geschichte der Insel von phönizischen und römischen Zeiten bis jetzt nachzeichnen.

Heute ist Cagliari, mit rund 150 000 Einwohnern, Regierungssitz der Autonomen Region Sardinien und bedeutendster Umschlagshafen der Insel, vorwiegend für Erdölprodukte aus den Raffinerieanlagen westlich der Stadt und für landwirtschaftliche Güter aus der Campidano-Ebene.

Beginnen Sie Ihren Stadtrundgang dort, wo die Cagliaritaner ihren Abendbummel, die *passeggiata*, zelebrieren – unter den Arkaden der breiten **Via Roma**. Von den Caféterrassen aus können Sie die Einheimischen beobachten und zugleich den Hafenverkehr von Dampfern, Fischerbooten und internationalen Frachtern.

Dort, wo der Largo Carlo Felice von der Via Roma abzweigt, erhebt sich, mit Blick aufs Meer, das blendend weiße, neugotische Gebäude des **Palazzo Comunale**, des Rathauses vom Ende des 19. Jh. Sehr würdig ist auch der Ratssaal, dessen Wände mit italienischen und flämischen Gobelins reich geschmückt sind.

In den Gassen zwischen Via Roma und dem Kastell befinden sich viele gute Restaurants und Pizzerien. Die Juwelierläden und Boutiquen reihen sich in der Via Manno und Via Sardegna.

Von einem breiten Felsrücken schaut das **Castello**, auf Sardisch Casteddu, auf das Hafenviertel herab. Die heutigen Mauern sind piemontesische und katalanische Erweiterungen, die nicht nur die Burg umschlossen, sondern auch die Kathedrale, Kirchen, Paläste und die Wohnhäuser der katalanischen und jüdischen Händler und Bankiers.

Die Bastion San Remy geht auf die Wende zum 20. Jh. zurück. Von der **Terrazza Umberto I** aus geht der Blick weit über die Stadt und den Golfo degli Angeli. Die nahe Universität aus dem 18. Jh. beherbergt heute die Bibliothek. Gleich dahinter stoßen Sie auf die berühmte **Torre dell'Elefante** (1307); eine Elefantenskulptur ziert die dem Meer zugewandte Turmseite.

Bei der pisano-romanisch wirkenden Fassade der **Cattedrale di Santa Maria** handelt es sich um eine Konstruktion aus dem Jahre 1933, die dem Originalbau nachempfunden ist. Die von den Pisanern im 13. Jh. begonnene Kirche war noch unvollendet, als die Katalanen die Insel eroberten. Die neuen Herren beendeten das Bauwerk im gotischen Stil und gestalteten das dreischiffige Innere später barock aus. Besonders sehenswert ist die Marmorkanzel von Guglielmo da Pisa aus dem 12. Jh., auf der das Leben Jesu in Reliefs dargestellt ist.

Die zurückhaltend moderne Architektur der **Cittadella dei Musei**, des Museenkomplexes an der Piazza Arsenale, fügt sich harmonisch in den mittelalterlichen und barocken Rahmen des Kastells ein. Das **Archäologische Museum** zeigt Gegenstände aus vorgeschichtlicher Zeit bis zum frühen Mittelalter. Die Ausstellungsstücke sind eine gute Einführung in die Nuraghenkultur. Bemerkenswert sind die Bronzestatuetten aus Brunnenheiligtümern prähistorischer Siedlungen. Daneben kann man prachtvolle phönizische und römische Skulpturen, Schmuckstücke, Keramik und Glasgegenstände sehen.

Die Via Roma in Cagliari ist von eleganten Arkadenbauten gesäumt.

In der **Pinacoteca Nazionale** sind einige Altargemälde von besonderem Interesse, die vor der Zerstörung durch die kirchenfeindliche Bewegung im späten 19. Jh. gerettet werden konnten. Die meisten Bilder stammen von katalanischen und sardischen Malern des 15. und 16. Jh.; zu einer Zeit, in der auf dem italienischen Festland bereits längst die Renaissance und später der Manierismus dominierten, blieben sie dem gotischen Stil verpflichtet.

Das **Museo d'Arte Siamese »Stefano Cardu«** birgt eine reiche Kollektion fernöstlicher Kunst – aus Thailand, China und Südostasien –, eine Schenkung eines privaten Sammlers an die Stadt.

Die Kirche **San Saturno** (auch Santissimi Cosma e Damiano), ein von der provenzalischen Romanik geprägter Bau, geht auf das 11.–12. Jh. zurück, besitzt jedoch einen alten byzantinischen Kern. San Saturno ist die älteste christliche Kirche auf Sardinien. Sie wurde im 5. Jh. über dem Grab des hl. Saturnus, der unter Diokletian den Märtyrertod erlitten hatte, errichtet. Im Hof sind noch Ausgrabungen im Gange.

Die **Galleria comunale d'Arte moderna** am Nordende der Giardini Pubblici ist in einem klassizistischen Bau eingerichtet, der als Pulvermagazin diente. Statt Schießpulver birgt es heute italienische Kunst (v. a. Malerei) von Mitte des 19. bis Ende des 20. Jh. sowie Sonderausstellungen bekannter sardischer Künstler.

Vom Nordrand der Ausgrabungsstätte am Viale Fra Ignazio haben Sie den besten Blick auf das **Anfiteatro Romano** (2. Jh. n. Chr.), dessen Sitzreihen in den gelben Kalkstein des Felshangs eingehauen wurden. Gut 15 000 Zuschauer konnten hier den Kämpfen zwischen Gladiatoren und wilden Tieren beiwohnen. Im Sommer bildet das Amphitheater den Rahmen für Schauspiel und Oper. Südlich des Amphitheaters zieht sich der **Orto Botanico** hin, in dem tropische, subtropische und mediterrane Pflanzen und Bäume wachsen. Auf der anderen Seite des Botanischen Gartens legte man drei römische Villen (1.–4. Jh. n. Chr.) frei, die unter dem Namen **Casa di Tigellio** zusammengefasst werden.

Die punischen Siedler aus Karthago schlugen ihre Gräber aus dem Felsen im Westen der Stadt (Zugang von der Via Vittorio Veneto her). Die im 5. Jh. v. Chr. begonnene Totenstadt, **Necropoli di Tuvixeddu**, wurde später auch von den Römern bis ins 1. Jh. n. Chr. benutzt.

Schon unter den Phöniziern und Römern baute man in der Gegend südwestlich von Cagliari Silber, Blei und andere Mineralien ab, im 20. Jh. auch Kohle. Heute sind die Stollen stillgelegt, doch die Küste mit ihren schönen Sandstränden und den Wäldern im Hinterland zieht immer mehr Urlauber an.

Ausflüge

Die Hafenstadt **Nora**, von den Phöniziern im 8. Jh. v. Chr. gegründet und im 3. Jh. v. Chr. von den Römern erobert, war die erste Hauptstadt der Insel. Nach ihrer Zerstörung durch Vandalen und Araber wurde sie aufgegeben. Die Stätte liegt 44 km von Ca-

Eindrucksvolle Nuraghen. Von den 7000 Nuraghen Sardiniens seien folgende genannt: der dreigeschossige Turm von **Barumini**, der mausoleumartige **Nuraghe Losa** bei Abbasanta, der Komplex von Santu Antine im Nuraghental bei **Torralba**, das malerische prähistorische Dorf **Serra Orrios** und die 50 Wohnhäuser umfassende Anlage von **Palmavera** bei Alghero.

gliari entfernt auf einer Halbinsel südlich der modernen Ortschaft Pula. Von den Ruinen des phönizischen Tanit-Heiligtums aus haben Sie den besten Überblick über die alte Stadtanlage. Gut erhalten sind die Überreste aus römischer Zeit: das Theater aus dem 1. Jh. n. Chr., sechs Säulen und der Altar eines Tempels in der Nähe des Forums, ein Säulengang der Thermen und in einem Patrizierhaus ein Mosaik in Schwarz, Weiß und Ocker, das eine auf einem Delfin reitende Nymphe darstellt.

Reste einer Brücke lassen vermuten, dass schon zur Römerzeit eine künstliche Landzunge **Sant' Antioco** mit dem Festland verband. Die jetzige Stadt steht auf den Ruinen des von den Phöniziern um 750 v. Chr. gegründeten Hafens Sulcis, von dem aus Silber und Blei verschifft wurden. Überreste der Akropolis und einer punischen Nekropole befinden sich noch auf dem Hügel, wo sich heute die Pfarrkirche und eine piemontesische Festung aus dem 18. Jh. erheben. Im Archäologischen Museum sind Schmuckstücke, Skulpturen und Urnen ausgestellt. Graburnen sind ebenfalls im Tophet zu sehen, einem Heiligtum, in dem die Phönizier angeblich Kinder vornehmer Familien opferten. Wahrscheinlicher ist, dass es sich um einen Friedhof für Kinder handelte.

Das Fischerdorf **Villasimius** hat sich zum lebhaften Urlaubsort entwickelt, umgeben von beliebten Sandstränden und ruhigeren kleinen Felsbuchten. Den wertvollsten Besitz des hiesigen Kulturzentrums stellt eine Marmorskulptur aus dem 1. Jh. n. Chr. dar, die in den Ruinen römischer Thermen gefunden wurde.

Die Nuraghensiedlung **Su Nuraxi** 60 km nördlich von Cagliari kam im Jahre 1949 nach einer

Überschwemmung zum Vorschein. In ihrem Zentrum liegt ein mächtiger dreigeschossiger Bau, vielleicht schon aus der Zeit um 1500 v. Chr., mit einem 20 m tiefen Brunnen. Nach und nach wurden ein erster Mauerring mit vier Türmen, ein äußerer Befestigungswall und schließlich ein Dorf hinzugefügt. Gräber in der Umgebung lassen vermuten, dass die Römer die Festung bis ins 1. Jh. v. Chr. benutzten.

Costa Smeralda

Die einstmals wilde Nordostküste, Heimat einiger Fischer und Schafhirten, hat sich in den letzten Jahren zu einem der begehrtesten Urlaubsgebiete am ganzen Mittelmeer entwickelt. Für die begüterte Zunft der Segler und andere, die es sich leisten können, ist die Costa Smeralda ein bezaubernder Tummelplatz.

Von **Olbia** aus, dem wichtigsten Passagierhafen Sardiniens (mit einem bedeutenden Flughafen) erreicht man schnell die Costa Smeralda und andere Ferienorte an der Nordostküste. Die Stadt ist phönizischen Ursprungs und entwickelte sich unter den Römern zum Handelszentrum. Ein Viadukt der Küstenstraße 125 spannt sich über den alten römischen Hafen nördlich des heutigen Passagierhafens. Reste einer römischen Nekropole befinden sich in der Nähe der Kirche **San Simplicio**, einem strengen Granitbau in pisanisch-romanischem Stil aus dem 11. und 12. Jh. Im Inneren wurden zum Teil Säulen und Mauerstücke von römischen und punischen Tempeln verwendet.

Der heute weltberühmte Küstenstreifen rund 30 km nördlich von Olbia wurde von Karim Aga Khan IV., dem sagenhaft reichen Unternehmer und geistlichen Oberhaupt der Ismailiten (einer schiitischen Sekte), in den 1950er-Jahren »entdeckt«. Er begeisterte sich für die Landschaft und gründete ein Konsortium zur touristischen Erschließung der »Smaragdküste«.

Der Hauptort der Costa Smeralda, **Porto Cervo** (an ihrem nördlichen Ende) bietet Marinas, Jacht- und Tennisklub, Modeboutiquen, Golfplatz, Parfüm- und Schmuckgeschäfte. Immerhin existiert die Stadt lange genug, um einen Porto Vecchio (Alten Hafen) zu besitzen; von dort verkehrt eine Fähre zur Marina auf der anderen Seite der Bucht, mit Liegeplätzen für mehr als 700 Jachten. Porto Cervos Kirche, die Stella Maris, schmücken eine neapolitanische Orgel aus dem 16. Jh., ein deutsches barockes Altarkreuz und eine El Greco zugeschriebene *Madonna Dolorosa*.

Viele der schönsten **Strände** sind nur per Schiff erreichbar – zu den erlesensten zählen die Buchten am Capo Ferro, die

Spiaggia della Rosa mit rosa Sand und das Inselchen Mortorio. Die »Perlen« der Ostküste heißen Cala di Volpe und Capo Capriccioli; beide haben weißen Sand und kleine, schattige Felsbuchten.

Porto Rotondo, ein eleganter Badeort auf der südlich der Costa Smeralda ins Meer ragenden Halbinsel, ist etwas weniger exklusiv, strahlt dafür aber eine gewisse Gemütlichkeit aus und besitzt auch schicke Geschäfte. Er hat hervorragende Sporteinrichtungen und sehr schöne Familienstrände.

Sein Jachthafen, feinsandige Strände und der Blick auf den Maddalena-Archipel haben **Baia Sardinia** zu einem der beliebtesten Ferienorte der Gegend gemacht. **Palau**, ein lebhafter kleiner Hafen, von dem die Fähren zu den Maddalena-Inseln ablegen, hat einen eigenen Strand. Hauptattraktion ist das **Capo d'Orso** (»Bärenkap«) 5 km östlich von Palau. Ein gut bezeichneter Fußweg führt Sie zu einem von Wind und Wetter geformten Granitblock hinauf – er gleicht wirklich einem Bären (italienisch *orso*), der seinen Kopf über das Felskap hinausstreckt.

Seinen romantischen Ruf verdankt der **Maddalena-Archipel** den Schurken und Helden, die hier Zuflucht fanden – politische Flüchtlinge, Piraten und der Freiheitskämpfer Giuseppe Garibaldi. Die größte der sieben Inseln, La

Kräftige Farben an der Costa Smeralda. | Sonniges Andenken.

Maddalena, hat eine Fläche von 20 km². Der Hafen und die Piazza Garibaldi sind besonders am Abend belebt. In der Kirche Santa Maria Maddalena sind zwei Kerzenständer und ein Silberkruzifix zu sehen, die Admiral Nelson der Kirche schenkte, bevor er in der Schlacht von Trafalgar die Franzosen besiegte.

Auf **Caprera**, das über einen Damm und eine Brücke mit La Maddalena verbunden ist, hielt sich Giuseppe Garibaldi nach 1849 während 26 Jahren immer wieder auf. Das in seinem Wohnhaus eingerichtete Museum (Compendio Garibaldino) zeigt Erinnerungsstücke, Skulpturen, Gemälde und Schriften. Sein schlichtes Granitgrab wird von den Gräbern seiner Söhne und seiner Frau flankiert.

Alghero

Wenn Sie vom Meer her nach Alghero kommen, wirkt die Altstadt auf der kleinen Landzunge immer noch so, als rüste sie sich zum Kampf gegen ihre Feinde. Um die gotischen Türme und barocken Kirchenkuppeln legen sich schützend die Stadtmauern mit ihren Bastionen. Das Festungswerk war eine Vorsichtsmaßnahme der katalanischen Eroberer und ersetzte die bescheideneren Bauten der 1354 aus der Stadt vertriebenen Genuesen, an deren Stelle Siedler aus Barcelona und den Balearen traten. Seither hält Alghero an Sprache und Sitten Kataloniens fest.

Spazieren Sie an den **Befestigungsanlagen** aus dem 15. und 16. Jh. entlang, benannt nach Marco Polo, Magellan und Kolumbus. Beginnen Sie im Süden bei der runden Torre dell' Esperó Reial, wo der sardische Patriot Vincenzo Sulis jahrelang schmachtete. Auf der von Bäumen gesäumten Piazza Sulis laden Cafés und Restaurants ein. In westlicher Richtung kommen Sie zu einem niedrigen achteckigen Turm, der im Volksmund Torre dels Cutxus (Hundeturm) heißt. An der Nordwestspitze der Landzunge steht die Torre de la Polveriera (Pulverturm), hinter der zerfallene Kasernen liegen.

Der **Fischerhafen** schließt östlich an die Magellan-Bastion an. Gehen Sie bis ans Ende der Mole, um den Blick vom Meer her auf die Altstadt und die Festungsmauern zu genießen. Kommen Sie dann wieder zurück, und betreten Sie durch die Porta a Mare die Altstadt. Vom Tor führt eine Passage zum mittelalterlichen Hauptplatz, der **Piazza Civica**, gesäumt von eleganten Geschäften, dem früheren Zollamt und dem einstigen Rathaus.

Der ursprünglich gotische Stil der mächtigen **Kathedrale** wurde durch die barocke Umgestaltung des Innenraums unter den Piemontesen und das Hinzufügen einer klassizistischen Fassade im 19. Jh. stark verändert. Ein Portal, die achteckige Kuppel und der ebenfalls achteckige Glockenturm besitzen jedoch noch die alte katalanische Form.

Am besten kommt der katalanisch-gotische Baustil in den **Patrizierhäusern** südlich der Kathedrale zur Wirkung. In der Via Carlo Alberto (Carrer Maior) gegenüber der Kirche San Francesco liegen zwei schön restaurierte Paläste, Palau Llorino und Palau Ross. Achten Sie auch auf den Palau Machin in der Via Principe Umberto und den Palau Guio i Doran in der Via Roma.

Die aus dem späten 17. Jh. stammende Kirche **San Michele** am Ende der Via Carlo Alberto ist wohl der prächtigste der von den Jesuiten erbauten barocken Sakralbauten Sardiniens. Dem Glanz der bunten Majolikakacheln auf dem Kuppeldach entsprechen im Innern die schönen Stuckaturen. Werfen Sie einen Blick auf die schöne Holzempore über dem Eingang, und verweilen Sie vor den Altargemälden.

Das massive Stadttor **Torre del Portal** am Ende der Via Roma, auch Porta a Terra oder Torre dels Hebreus genannt, war der einzige Zugang zur Altstadt vom Land her und erlaubte eine strenge Kontrolle aller, die von außen nach Alghero kamen. Heute steht hier ein Denkmal für Italiens Kriegsopfer.

Ausflüge
Vom Porto Darsena aus erreichen Sie nach einstündiger Bootsfahrt Capo Caccia, wo die faszinierende Tropfsteinhöhle **Grotta di Nettuno** und zwei andere, Grotta Verde und Grotta dei Ricami, besichtigt werden können. Auch die Straße zum Kap (27 km) bietet immer wieder herrliche Blicke auf Küste und Meer. Wenn Sie an einer geführten Besichtigung der Neptunshöhle teilnehmen möchten, müssen Sie die 656 Stufen der in den Fels gehauenen Escala del Cabiriol hinuntersteigen. In der Grotta Verde wurden Grabbeigaben aus der Zeit um 5000 v. Chr. entdeckt. Verbinden Sie den Besuch der Höhlen mit einem kurzen Bad in der malerischen Bucht von Porto Conte.

Nur 11 km westlich von Alghero stoßen Sie auf die **Nuraghe di Palmavera**. Etwa 50 Wohnhäuser gruppieren sich um einen Hauptturm in der Mitte, der wohl um 1000 v. Chr. entstand. Während der nächsten 300 Jahre wurde die Anlage dann vergrößert. Ganz in der Nähe zieht sich ein angenehmer Badestrand hin, die Spiaggia di Bombarde.

Das römische **Porto Torres** ist heute ein bedeutender Hafen für Erdölprodukte. Unter römischer Herrschaft war die Stadt das nördliche Ende der wichtigen Nord-Südachse – die in der Schnellstraße Carlo Felice von Porto Torres nach Cagliari weiter besteht. Aus römischer Zeit stammen Spuren des Straßenpflasters, Reste von Thermen mit mehrfarbigen Mosaiken und eine Brücke über den Mannu. Im Antiquarium Turritano sind Mosaiken und andere Funde ausgestellt, die bei der raschen Expansion der modernen Stadt zum Vorschein kamen.

Die Basilika San Gavino aus hellem Kalkstein (11. Jh.) gilt als ältestes und bedeutendstes romanisches Bauwerk auf Sardinien. Sie steht auf einem kleinen Hügel, auf dem sich vorher eine römische Nekropole befand. Die Krypta birgt drei römische Sarkophage mit den Reliquien der hl. Gavinus, Protus und Januarius, die im frühen 4. Jh. den Märtyrertod erlitten.

Sizilien
Man hat oft den Eindruck, dass viel mehr als nur die Straße von Messina Sizilien vom italienischen Festland trennt. Die Bewohner der größten Mittelmeerinsel bezeichnen sich selbst denn auch in erster Linie als Sizilianer und höchst selten als Italiener.

Palermo
Rund um die Kreuzung **Quattro Canti** (Vier Ecken) dehnt sich die großteils im 17. Jh. von den Spaniern erbaute Altstadt, wo man barocke, maurische und gotische Architektur Seite an Seite antrifft. In dem Labyrinth enger Gassen sollten sich mögliche Angreifer verirren – heute haben Touristen ihre liebe Mühe damit. Stets findet man jedoch den Weg zu den Hauptstraßen: der Via Maqueda, der Via Roma und, quer dazu, dem Corso Vittorio Emanuele.

Nahe der Kreuzung liegt die **Piazza Pretoria**, die ein monumentaler Brunnen mit nackten Nymphen schmückt – als diese 1573 von Florenz hierher gebracht wurden, lösten sie bei den prüden Zeitgenossen einen Skandal aus. Hier stehen auch das Rathaus (Municipio) und die **Kirche Santa Caterina**, die mit ihrem bunten Marmor und den Malereien einen Höhepunkt des sizilianischen Barocks darstellt.

Durch eine schmale Gasse gelangen Sie zur **Piazza Bellini** mit zwei weiteren schönen Kirchen. Die kubusförmige **Chiesa San Cataldo** (12. Jh.), die einst als Synagoge diente, hat drei kleine rote Kuppeln und ist mit arabischen Inschriften verziert. Der einzige Schmuck im Innern sind der Mosaikboden und der geschnitzte Altar. Ein Juwel normannisch-gotischer Architektur ist die **Martorana-Kirche** mit dem hübschen Glockenturm. Sie wurde 1143 für den griechisch-orthodoxen Admiral König Rogers II., Georg von Antiochien, erbaut, im 16. Jh. kamen Barockfassade und -vorhalle hinzu; seit 1937 ist sie wieder griechisch-orthodox. Die herrlichen byzantinischen Mosaiken sind mit denen der Cappella Palatina (Normannenpalast) die ältesten Siziliens.

An der Piazza Croce dei Vespri steht der **Palazzo Gangi-Valguarnera**, einer der wenigen zugänglichen Aristokratensitze. Seine Spiegelgalerie diente als Drehort für Luchino Viscontis Film *Il Gattopardo*. Gegenüber steht der Palazzo Bonet, der die **Galleria d'Arte**

Moderna birgt (sizilianische Kunst ab dem 18. Jh.).

Im Zentrum des alten arabischen Viertels La Kalsa (Via Alloro) befindet sich im Palazzo Abatellis (15. Jh.) die **Galleria Regionale della Sicilia**. Der Innenhof mit dem monumentalen Eingangstor, Arkaden, Säulen und Stabwerkfenstern ist ein Gemisch aus katalanisch-gotischer und Renaissance-Architektur. Die Ausstellungen sind der Kunst Siziliens vom Mittelalter bis ins 18. Jh. gewidmet. An der Piazza Marina bietet der **Palazzo Mirto** einen weiteren Einblick ins Leben der Aristokratie. Unweit davon beeindruckt die prächtige gotische Fassade (14. Jh.) der Kirche **San Francesco d'Assisi**.

Gleich östlich der Via Roma, zwischen Via Pannieri und Via Argenteria, liegt der lebendigste Straßenmarkt Palermos, der **Mercato Vucciria**, ursprünglich ein arabischer Basar. Hier gibt es so gut wie alles zu kaufen, und die Stände quellen über von Thun-, Schwert- und Tintenfischen.

Im westlichen Teil des Corso Vittorio Emanuele steht die **Kathedrale**. Das massive Bauwerk ist seit seiner Errichtung im Jahre 1185 mehrmals verändert worden. Wie viele Kirchen Palermos ersetzte auch diese damals eine Moschee, die ihrerseits aus einer frühchristlichen Basilika erbaut worden war, für deren Konstruktion man die Säulen eines römischen Tempels verwendet hatte. Die arabisch-normannischen geometrischen Muster an der zinnenbewehrten Apsis an der Ostseite der heutigen Kirche sind immer noch zu sehen. Das katalanischgotische Südportal wurde im 15. Jh. beigefügt, während die klassizistische Kuppel Teil des Wiederaufbaus aus dem 18. Jh. ist. Im Innern befinden sich die Gräber der normannischen und staufischen Herrscher Siziliens mit den Porphyrsarkophagen Rogers II., Heinrichs VI. und Friedrichs II.

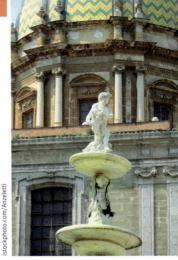

Palermos Piazza Pretoria mit ihrem berühmt-berüchtigten Brunnen.

Auf dem höchsten Punkt von Palermos Altstadt erhebt sich der **Palazzo dei Normanni**. Der Palast aus dem 12. Jh., einst ein angemessen grandioser Rahmen für das luxuriöse Hofleben unter dem normannischen König Roger II. und dem deutschen Kaiser Friedrich II., wurde von deren Nachfolgern dem Zerfall überlassen. Die spanischen Vizekönige bauten ihn im 16. und 17. Jh. wieder auf, und er dient nun als Sitz des sizilianischen Provinzparlaments. Die meisten der einstigen Königsgemächer sind nicht zugänglich, doch in der Sala di Rè Ruggero können Sie prächtige Wand- und Deckenmosaiken (1154) sehen.

Die königliche Kapelle, **Cappella Palatina** (1130), im ersten Stock ist das Schmuckstück des Palastes. Das vorwiegend romanische Innere stellt eine perfekte Verbindung europäischer und arabischer Kunstfertigkeit dar. Die bemalte Holzdecke mit verschlungenen Wabenmotiven, stalaktitartigen Gewölbebogen und kufischen Inschriften ist das Werk muslimischer Meister aus Syrien. Byzantinische Christen schufen 1143 das Mosaik in der Apsis, das Christus Pantokrator zwischen Petrus und Paulus und Stationen aus dem Leben Christi mit seiner Mutter Maria darstellt. Die biblischen Szenen mit lateinischen Inschriften im Kirchenschiff entstanden später.

In der Via dei Benedittini südlich des Normannenpalastes erblickt man hinter eisernen Toren die fünf roten Kuppeln der im 12. Jh. erbauten Kirche **San Giovanni degli Eremiti** – die Quintessenz der arabisch-normannischen Vergangenheit Palermos. Die Abteikirche steht an der Stelle einer Moschee aus dem 10. Jh.; ein Teil des muslimischen Paradiesgartens wurde zum Kreuzgang eines Benediktinerklosters, in dem noch heute exotische Pflanzen wachsen.

Weiter westlich steht der von Wilhelm II. erbaute **Palazzo della Zisa**, der früher in einem riesigen Park stand und in dem heute Keramiken und hölzerne Fenstergitter zu sehen sind.

Nördlich der Quattro Canti dehnt sich mit der Piazza Verdi und dem **Teatro Massimo** (dem drittgrößten Theater Europas) der moderne Teil Palermos aus. Im früheren Kloster Sant'Ignazio all'Olivella (17. Jh.) an der Piazza Olivella ist das wichtigste **archäologische Museum** der Insel eingerichtet. Es widmet sich der Inselgeschichte von der Steinzeit bis zum Ende des Römischen Reichs, wozu ägyptische und etruskische Exponate kommen.

Ausflüge

Das Städtchen **Monreale** 8 km südwestlich von Palermo ist ein Glanzstück Siziliens. Das Benediktinerkloster wurde 1172 von

Wilhelm II. gegründet und besitzt mit seinem Dom die wohl schönste normannische Kirche Italiens. Das Innere erstrahlt im goldenen Glanz prächtiger Mosaiken, beherrscht vom Christus Pantokrator in der Hauptapsis.

Den heute von den ausufernden Vorstädten Palermos umgebenen **Monte Pellegrino** bezeichnete Goethe als »schönstes Vorgebirge der Welt«. Viel besucht ist die Pilgerkirche Santa Rosalia (eine Schutzheilige der Stadt) aus dem 17. Jh.; das von den Wänden des Höhlen-Heiligtums tropfende Wasser soll wundertätig sein. Für den 45-Minuten-Marsch durch Pinienwälder zum Gipfel auf 606 m Höhe wird man mit einer herrlichen Aussicht belohnt.

Messina

Die Hafenstadt Messina ist strategisch günstig im Nordostzipfel Siziliens gelegen und das Tor zum italienischen Festland. Der **Duomo**, im 12. Jh. unter Normannenkönig Roger II. erbaut, 1908 durch das Erdbeben und 1943 im Krieg zerstört, wurde sorgfältig rekonstruiert und hat viel von seinem ursprünglichen Aussehen zurückgewonnen. Im frei stehenden **Campanile** sollten Sie sich die weltweit größte mechanische Uhr ansehen; sie wurde 1933 in einer Straßburger Werkstatt gefertigt. Jeden Mittag setzt ein Kanonenschuss ihre ausgeklügelte Mechanik in Betrieb. Das **Museo Regionale** am nördlichen Stadtrand ist einen Besuch wert. Es besitzt zwei eindrucksvolle Gemälde von Caravaggio, Werke von Francesco Laurana und Antonello da Messina.

Taormina

Hoch auf den Küstenfelsen zwischen Catania und Messina thront die im 4. Jh. v. Chr. von Siedlern aus Naxos gegründete Kleinstadt Taormina. Das auf den Fundamenten eines hellenistischen Vorgängerbaus von den Römern errichtete **Teatro Greco** ist das zweitgrößte Theater Siziliens und berühmt für seine Akustik sowie die wunderbare Aussicht auf den Ätna und das Meer. Taorminas beliebte Strände sind dank einer Seilbahn in wenigen Minuten zu erreichen. Die Stadt wirkt trotz ihrer griechischen und römischen Vergangenheit eher mittelalterlich. Aus dieser Epoche stammen auch viele Gebäude, wie beispielsweise der **Palazzo Corvaja** (15. Jh.). Von dort steigt die Hauptstraße, der Corso Umberto I, sanft bis zur für ihre Cafés und ihre Aussicht beliebten **Piazza IX Aprile** und weiter zum strengen, zinnenbewehrten Duomo, der seit seiner Errichtung durch die Normannen im 13. Jh. mehrmals restauriert wurde. Unterhalb des Corso führt ein Gewirr von Gassen zum schönen **Giardino pubblico**.

Der Aufstieg zum Ätna führt durch eine bizarre Mondlandschaft.

Ätna

Die ganze Nordostküste Siziliens wird vom gewaltigen Massiv des Ätna beherrscht. Der Basisdurchmesser des Vulkans beträgt rund 45 km, seine Höhe über 3300 m. Die Bergflanken sind von fruchtbarer Vulkanerde bedeckt. An den unteren Hängen gedeihen Zitrusfrüchte, Oliven, Bananen und Palmen, weiter oben wachsen Pistazien, Eichen, Pinien und Mandelbäume. Und zuoberst: fast nur Asche, erstarrte Lava und rund 250 kleine Krater, aus denen heiße Dämpfe und mitunter Lava strömen. Der Aufstieg zum Gipfel (in Begleitung eines Führers) beginnt beim Rifugio Sapienza, dem Berghaus neben der Seilbahnstation auf 1910 m Höhe. Eine Seilbahn *(funivia)* bringt Sie bis **La Montagnola** (2500 m). Von dort gelangt man mit geländegängigen Minibussen zum unteren Rand des Kraters (2900 m) und zur **Torre del Filosofo**. Falls die Bedingungen gut sind, kann man dann zu Fuß bis zum eigentlichen Gipfel weitergehen. Bedenken Sie, dass aus Sicherheitsgründen die Routen und Ausflüge jederzeit abgeändert werden können.

Catania

In Catania spielt sich das tägliche Leben und Treiben hauptsächlich um die Via Etnea ab. Diese Straße führt zur **Piazza del Duomo**, deren Barockbauten für die Architektur der Stadt typisch sind. Mitten auf der Piazza steht das Wahrzeichen der Stadt, die **Fontana dell'Elefante** (1736) mit einem schwarzen Elefanten aus Lavastein, der einen ägyptischen Granit-Obelisken auf dem Rücken trägt. Das Rathaus (18. Jh.) befindet sich an der Nordseite des Platzes, gegenüber der **Porta Uzeda** (1696), die zum farbenprächtigen **Fischmarkt** an der Piazza Curro führt. Der **Duomo**, im 11. Jh. unter Roger I. erbaut und später mehrfach erneuert, insbesondere nach dem Erdbeben von 1693, bewahrt nur noch in den Apsiden aus Vulkangestein seine ursprüngliche Form. Im Innern befindet sich die Grabstätte des aus Catania stammenden Komponisten Vincenzo Bellini (1801–35).

Die Via Vittorio Emanuele II führt an der **Via dei Crociferi**, einer schönen Straße mit Barockvillen und -kirchen, vorbei zum **Teatro Romano**, dem von den Römern auf dem Fundament eines griechischen Theaters errichteten 7000plätzigen Amphithater aus Lavagestein. Ein wenig weiter westlich steht an der Piazza Dante das ehemalige **Benediktinerkloster**, an dessen Bau Vaccarini mitbeteiligt war, und das heute zur Universität Catania gehört. Die Bibliothek beeindruckt durch ihre barocken Deckenfresken.

Südlich davon erhebt sich die Festung Friedrichs II., das **Castello Ursino** (1239). Es beherbergt das Stadtmuseum (Museo Civico), das mit lokalen Ausgrabungsfunden und einer Gemäldegalerie aufwartet.

Syrakus

Südlich von Catania liegt auf der über zwei Brücken erreichbaren Insel **Ortygia** das historische Zentrum von Syrakus (Siracusa). Auf der Piazza Pancali am südlichen Ende des Ponte Nuovo stehen die Überreste des **Tempio di Apollo**, des ersten dorischen Tempels Siziliens (565 v. Chr.), von dem allerdings nur noch zwei Säulen und einige Fragmente erhalten sind. Herz der von alten Barockpalästen gesäumten Gassen der Altstadt bildet die **Piazza Archimede**, die sich um den großen klassizistischen Artemisbrunnen in ihrer Mitte ausrichtet.

Die **Kathedrale** an der Piazza del Duomo wurde über den Überresten eines griechischen Athene-Tempels errichtet. Auf der hübsch beleuchteten Esplanade treffen sich die Einheimischen abends zur *passeggiata*.

Im **Palazzo Bellomo** befindet sich das wichtigste Kunstmuseum der Stadt, die Galleria Regionale. Der Stauferbau aus dem 13. Jh. beherbergt Ausstellungsstücke aus der byzantinischen Zeit und dem Mittelalter; großartig ist die *Verkündigung* (1474) von Antonello da Messina.

Unweit von hier liegt am Südende der Uferpromenade an der Westseite von Ortygia die **Fonte Aretusa**. Der Sage nach wurde die Nymphe Arethusa von den Göttern als Quelle verwandelt hierhin versetzt, um sie vor den Zudringlichkeiten des Flussgottes Alpheios zu schützen.

Zahlreiche antike Bauten von Syrakus kann man im **Parco Archeologico** im Stadtteil Neapolis auf dem Festland sehen. Das **Teatro Greco** zählt zu den am besten erhaltenen außerhalb Griechenlands und ist mit 15 000 Plätzen

Wie eh und je trocknet die Wäsche vor dem Haus – hier in einer Straße in Syrakus.

auch eines der größten. Östlich davon finden Sie die **Latomia del Paradiso**, einen Steinbruch mit steilen Felswänden. Caravaggio verbreitete die Legende, dass das **Orecchio di Dionisio** (Ohr des Dionysios), eine für ihre spezielle Akustik bekannte Höhle, es dem Tyrannen Dionysios ermöglichte, die Gespräche seiner Arbeitssklaven zu belauschen. Sie sehen auch das in den Fels gehauene römische **Amphitheater** mit noch erhaltenen Eingängen für Gladiatoren und Tiere.

Zehn Minuten zu Fuß entfernt liegen die **Catacombe di San Giovanni** (Katakomben des hl. Johannes) mit der Krypta des hl. Markian, eines Märtyrers aus dem 4. Jh. Nicht weit von den Katakomben entfernt lädt das **Museo Archeologico** (Viale Teocrito 66) zu einer Reise in die antike Vergangenheit des östlichen Siziliens ein. Ausgestellt sind prähistorische Skulpturen, Reliefs und Vasen aus griechischer und römischer Zeit.

In südöstlicher Richtung erhebt sich am Standort des Martyriums der heutigen Schutzpatronin der Stadt die Basilika **Santa Lucia**. Hauptanziehungspunkt der Kirche ist ein Meisterwerk Caravaggios, die *Bestattung der hl. Lucia*.

Bewacht vom Grand Hotel Villa Politi stößt man weiter nördlich auf die ehemals als Gefangenenlager benutzten spektakulären Steinbrüche **Latomie dei Cappuccini**.

Etwa 7 km nordwestlich von Syrakus gelangen Sie zu den Ruinen des **Castello Eurialo**, den antiken Befestigungsanlagen, die Dionysios der Ältere um 400 v. Chr. erbauen ließ, um Angriffe der Karthager abzuwehren. Die Festungsmauern erstreckten sich einst über 27 km.

Gela

In Gela an der Südküste, 75 km östlich von Agrigent, haben sich die Zeiten geändert. Heute zählt die petrochemische Industrie mehr als die Reste einer goldenen Vergangenheit unter den Tyrannen Hippokrates und Gelon.

Das **Museo Archeologico** am westlichen Ende des Corso Vittorio Emanuele zeigt die einst im ganzen Mittelmeerraum berühmten Skulpturen und Vasen dieser von Siedlern aus Rhodos und Kreta gegründeten Stadt. Gleich östlich des Museums steht die antike Akropolis, wo man Reste von Tempeln, Häusern und Geschäften ausgrub.

Agrigent

Das neuere und das antike Agrigent liegen auf zwei verschieden hohen Hügeln. Der historische Teil auf der niedrigeren Erhebung ist auch als »Tal der Tempel« bekannt. Obwohl die meisten Besucher direkt zu den Tempeln gehen, lohnt sich ein kurzer Abstecher in den **modernen Stadtteil**.

Vom Piazzale Aldo Moro führt die gewundene Haupteinkaufsstraße **Via Atenea** gen Westen. Sie ist von Juweliergeschäften, modischen Boutiquen und einigen Zuckerbäckereien gesäumt, die an die ferne arabische Vergangenheit erinnern. Der **Palazzo Comunale** (Rathaus) an der Piazza Pirandello befindet sich in einem Dominikanerkloster des 17. Jh. gegenüber dem Stadtmuseum.

Die Abteikirche **Santo Spirito** nördlich der Via Atenea besitzt ein fein gearbeitetes gotisches Portal aus dem 14. Jh. und Fensterrosetten, die mit den Barockstuckaturen von Giacomo Serpotta im Innern kontrastieren. Zum Kloster gehören ein schöner Kapitelsaal und ein Refektorium. Die oberen Stockwerke beherbergen das städtische Heimatmuseum.

Wie die Kathedrale von Syrakus wurde die mittelalterliche byzantinische Stadtkathedrale **Santa Maria dei Greci** auf der Struktur eines dorischen Tempels aus dem 5. Jh. gebaut. Antike Säulen und andere Tempelbestandteile sind klar sichtbar; der teils verglaste Boden gibt den Blick frei auf die darunterliegenden Katakomben.

Die auf einem Hügelzug am Meer gelegenen **antiken Tempel** sollten Sie in Ruhe besuchen, denn es gibt nicht nur die Architektur zu bewundern, sondern auch ein prächtiges Panorama zu genießen. Im Lauf des Tages wechselt das Licht auf den Monumenten von hellem Honiggelb am Morgen bis zu schimmerndem Gold am Abend.

Der **Herkules- oder Heraklestempel** (Tempio di Ercole) ist der älteste (6. Jh. v. Chr.). Er steht etwas erhöht, acht Säulen des Langbaus wurden 1924 wieder aufgerichtet, vier davon mit dorischen Kapitellen. Die Reste der übrigen 30 Säulen findet man verstreut auf den umliegenden Hügeln. Unterhalb des Heraklestempels haben

die Archäologen in der **Villa Aurea** inmitten eines prächtigen Gartens neben einer Nekropolis ihr Hauptquartier aufgeschlagen.

Der **Concordiatempel** (Tempio della Concordia) ist das schönste Bauwerk Agrigents und eines der besterhaltenen der griechischen Antike. Der dorische Tempel (430 v. Chr.) steht majestätisch über einem vierstufigen Stylobat (Grundfestung). Benannt ist er nach einer lateinischen Inschrift, die man hier fand. Vom 6. Jh. bis 1788 barg er eine christliche Kirche, deren Bogen aus den Wänden der *cella* (Hauptraum) gebrochen wurden. Um die optische Wirkung zu verfeinern, verbreiterten die griechischen Architekten die *entasis* (Basis) der 34 Säulen und neigten sie leicht einwärts. Dadurch entsteht der Eindruck perfekter Vertikalität. Stellen Sie sich das Original mit einer Holzdecke und farbigen Stuckaturfriesen vor.

Am östlichen Ende der Via Sacra steht etwas abseits der **Heratempel** (Tempio di Hera) auf einem Hügel. Der Opferaltar und 25 der ursprünglich 34 Säulen sind erhalten. Die Wände des Heiligtums tragen Spuren der Brandschatzung durch die Karthager im Jahr 406 v. Chr.

Zurück im Zentrum der archäologischen Stätte sehen Sie die Überreste des größten dorischen Tempels der Antike. Der **Tempel des Olympischen Zeus** (Tempio di Zeus Olimpico) wurde als Dank für den Sieg über die Karthager 480 v. Chr. bei Himera von Kriegsgefangenen gebaut. Noch vor Bauende fiel der Tempel einem heftigen Erdbeben zum Opfer. Der Grundriss betrug ursprünglich 113 m x 56 m. Einen Eindruck seiner kolossalen Ausmaße gibt die Kopie eines der Atlanten im Innern; das Original ist im Archäologischen Museum zu sehen. Sechs dieser Giganten trugen den massiven Gesimsaufsatz gemeinsam mit sieben gewaltigen Frontsäulen von 17 m Höhe und 4 m Durchmesser.

Im **Dioskurentempel** (Tempio dei Dioscuri) wurden Kastor und Pollux, die von Zeus mit Leda gezeugten himmlischen Zwillinge, verehrt. Seine vier Säulen wurden mit einem aus anderen Tempeln zusammengetragenen Gesimsfragment im 19. Jh. aufgerichtet.

Im nördlichen Teil der antiken Stadt steht das Zisterzienserkloster San Nicola aus dem 13. Jh., von dem noch das gotische Portal der Abteikirche erhalten ist. Auf demselben Gelände ist das **Museo Archeologico** untergebracht. Zu den herausragendsten Exponaten zählen ein Telamon und weitere Riesenköpfe aus dem Zeustempel, die Marmorstatue eines Epheben (470 v. Chr.), rot-schwarze attische Vasen aus dem 5. Jh. v. Chr. und ein Weinkelch aus Gela.

In **Caos**, dem westlichen Vorort von Agrigent, befindet sich das Geburtshaus Luigi Pirandellos, eines der größten Dramatiker des 20. Jh. Das kleine Museum zeigt seine Bibliothek, einige Manuskripte und Wandmalereien, die er als junger Mann anfertigte. Im Garten steht die Urne des Schriftstellers unter einem Pinienbaum, unten glitzert das Meer.

Eraclea Minoa
Eraclea Minoa, 30 km westlich von Agrigent, ist zwar eine antike Siedlung, doch kommen die Leute mehr wegen des weißen Sandstrandes hierher. Der Name soll kretischer Abstammung sein (durch eine legendäre Reise des Königs Minos), wahrscheinlicher ist aber, dass der verlassene phönizische Handelsposten im 6. Jh. v. Chr. von Selinunte aus wieder besiedelt wurde. Seit 1950 haben die Archäologen die Reste eines Theaters, von Befestigungsmauern und einer römischen Villa mit Mosaiken freigelegt.

Sciacca
Am pittoresken Hafen des Fischerortes Sciacca, 30 km westlich von Eraclea Minoa, laden zahlreiche Restaurants zum Kosten der fangfrischen Meerestiere. In den verschlungenen Gässchen der Oberstadt und den schattigen Innenhöfen der weiß getünchten Häuser hinter der Via Giuseppe Licata ist noch etwas von der arabischen Vergangenheit zu spüren (der Name Sciacca soll vom arabischen *xacca* – aus dem Wasser – abgeleitet sein). Ein Terrassencafé auf der Piazza Scandaliato mit Blick auf die Fischerboote ist für den Aperitif ideal. Ein Jesuitenkolleg aus dem 17. Jh. birgt hier heute das Rathaus.

Selinunt
Die Tempelruinen von Selinunt an der Südküste gehören zu den bedeutendsten archäologischen Stätten Siziliens. Hier stand die Stadt Selinus, die in der Mitte des 7. Jh. v. Chr. von griechischen Siedlern als westlichster Vorposten auf der Insel gegründet wurde. Von der höchsten Erhebung eines Hügels aus überblickte sie zwei heute verlandete Häfen. Die mächtigen dorischen Tempel stammen aus dem 6. und 5. Jh. v. Chr. Sie wurden zweimal durch die Karthager zerstört und durch ein Erdbeben beschädigt.

Die Ruinen gliedern sich in zwei Gruppen beiderseits einer Talmulde, dem Bett eines versandeten Flusses. **Tempel E** in der Ostgruppe ist ein dorischer, 1958 rekonstruierter Bau; einige seiner mit prachtvollen Reliefs verzierten Metopen sind im Archäologischen Museum von Palermo ausgestellt. **Tempel F** liegt in Trümmern. Der vermutlich Apollo geweihte **Tempel G** blieb unvollendet.

Er war mit einer Länge von über 100 m einer der größten der Antike – doppelt so groß wie der Parthenon. Eine seiner gewaltigen Säulen wurde wieder aufgerichtet, um eine Vorstellung von ihren Ausmaßen zu geben: Jede der Trommeln wiegt rund 100 t. Auf der westlichen Seite der Flusssenke steht die von einer Stadtmauer umgebene Akropolis, überragt von **Tempel C**, dem größten und ältesten dieser Ruinengruppe. Er wurde 1926 zum Teil neu aufgebaut; drei seiner Metopen sind ebenfalls im Museum von Palermo. Andere Tempel liegen eingestürzt am Boden; ihre Steine leuchten bei Sonnenuntergang in warmem Gold. Ringsum wächst wilder Sellerie – griechisch *selinon*, daher der Name der Stadt.

Speisekarte
Bistecca alla fiorentina – auf Holzkohle gegrilltes Rindersteak
Braciolone napoletano – Schweineroulade mit Tomatensauce
Cappon magro – Salatplatte mit Fisch, Meeresfrüchten und Gemüsen (Ligurien)
Carciofi fritti – knusprig gebackene Artischocken
Cacciucco – Eintopf mit Fisch und Meeresfrüchten, Tomaten und Weißwein
Cima genovese – gefüllte Kalbsbrust (Ligurien)
Coniglio in agrodolce – in süßsaurer Sauce geschmortes Kaninchen (Sizilien)
Fagioli all'uccelletto – weiße Bohnen mit Salbei (Toskana)
Pasta con le sarde – Nudeln mit Sardinen, Rosinen und Pinienkernen (Sizilien)
Porcheddu – am Spieß gegrilltes Spanferkel (Sardinien)
Risotto nero – mit kleinen Tintenfischen zubereiteter Reis
Saltimbocca alla romana – Kalbsschnitzel mit Rohschinken und Salbei
Torta pasqualina – mit Eiern, Gemüse und Käse gefüllte Blätterteigtorte
Trenette al pesto – Nudeln mit einer Würzpaste auf Basilikumbasis (Ligurien)
Zerri marinati – eingelegte »Zerri«, kleine Fische (Elba)
Zimino di ceci – ligurische Kichererbsensuppe

Marsala

Zwischen Selinunt und Trapani liegt an der Westspitze Siziliens die Hafenstadt Marsala, die weltbekannt ist für ihren Dessertwein. Lassen Sie sich die Gelegenheit zu einer Kostprobe in einer der Kellereien nicht entgehen. Das historische Zentrum Marsalas ist von Gebäuden im Renaissance- und Barockstil geprägt. Im **Archäologischen Museum** sind die einzigartigen Überreste eines karthagischen Schiffes aus dem 3. Jh. v. Chr. zu sehen.

Trapani

Die **Torre di Ligny**, ein Festungsturm (17. Jh.) an der Spitze des Felssporns, beherbergt heute ein Museum zur Frühzeit und zur Geschichte der Seefahrt von Trapani. Südlich davon liegt die kleine **Isola Colombaia**, von der aus die Römer 241 v. Chr. Trapani belagerten. Zwischen dem Turm und dem bezaubernden Park der **Villa Margherita** erstreckt sich das *centro storico* mit dem **Corso Vittorio Emanuele**, der von den Spaniern im 13. Jh. angelegten Hauptgeschäftsstraße. Von ihrem einstigen Glanz zeugen die vielen kunstvollen Barockfassaden und mit gotischem Maßwerk überzogenen Fensterrosen, die Kirchen und andere Gebäude schmücken.

Der Dom **San Lorenzo** mit einer eleganten säulenverzierten Barockfassade stammt aus dem 17. Jh. Beachtenswert ist die **Chiesa del Collegio dei Gesuiti** mit ihrer reich verzierten Fassade, biblischen Stuckszenen im Innern und einem Marmorrelief der *Immacolata Concezione* von Ignazio Marabitti (Apsis).

Die **Chiesa del Purgatorio** zeichnet sich durch eine schöne Kuppel aus; hier sind die *misteri* untergebracht, lebensgroße Holzfiguren aus dem 18. Jh., die jedes Jahr am Karfreitag in feierlicher Prozession durch die Stadt getragen werden. Trapani besitzt auch ein **Marionettentheater**, in dem die typisch sizilianischen *opere dei pupi* aufgeführt werden.

Weiter südöstlich steht an der Piazzetta Saturnino mit einem Brunnen (16. Jh.) die wieder aufgebaute Templerkirche **Sant' Agostino** mit reizvollem gotischem Portal und Fensterrose (14. Jh.). Im modernen Viertel San Pietro befindet sich die Kirche **Santa Maria di Gesù** (frühes 16. Jh.); in ihr ist einer der Schätze Trapanis untergebracht: die *Madonna degli Angeli* von Andrea della Robbia, eine glasierte Terrakottaplastik.

Im ehemaligen Judenviertel am Ostrand der Altstadt sollten Sie den prachtvollen **Palazzo della Giudecca** beachten. Turm und Fenster des Palastes zeugen vom spanischen Platereskenstil.

Die wichtigste Sehenswürdigkeit Trapanis ist die Wallfahrtskirche **Santuario dell'Annunziata** in der Via Conte Pepoli im Osten der Neustadt. Die 1315–32 entstandene und in der Barockzeit umgestaltete Kirche hat noch ihre Fensterrose und das Portal der ursprünglichen normannisch-gotischen Fassade bewahrt. Die bekannteste ihrer Kapellen – reich mit Exvoten bestückt – ist die Capella della Madonna hinter dem Hochaltar mit der *Madonna di Trapani*, die aus der Werkstatt des Toskaners Nino Pisano (14. Jh.) stammen soll.

In dem zur Kirche gehörenden ehemaligen Karmeliterkloster wurde das 1908 gegründete **Museo Pepoli** eingerichtet. Darin sind zahlreiche interessante archäologische Funde, einheimisches Kunsthandwerk, Gemälde und Skulpturen ausgestellt. Zu den Prunkstücken gehören eine *Pietà* von Roberto d'Oderisio (1380), eine bezaubernde *Madonna mit dem Kind* eines anonymen Meisters aus Trapani (14. Jh.) und der *Heilige Franziskus* von Tizian.

Rainer Hackenberg

In einsamer Pracht erhebt sich auf einer Hügelkuppe am Rande eines Tals der Tempel von Segesta.

Erice
Auf dem Gipfel eines einsamen Bergkegels hoch über Trapani thront das zauberhafte Städtchen Erice. Im Altertum – die Stadt hieß damals Eryx – stand dort ein weithin sichtbarer Tempel der Aphrodite (Venus), der den vorbeifahrenden Seeleuten als Orientierungspunkt diente. An seiner Stelle errichteten die Normannen später ein Kastell. Der Blick von hier oben ist grandios. Mit der mächtigen Stadtmauer, den engen, kunstvoll gepflasterten Gassen, der Chiesa Matrice und dem frei stehenden Glockenturm wirkt Erice noch ganz mittelalterlich.

Segesta
Laut dem griechischen Historiker Thukydides wurde Segesta, so wie Erice, von einem Volk gegründet, das aus der Begegnung der sizilianischen Sikaner und trojanischer Flüchtlinge entstanden war. Die einst mächtige Stadt rund 35 km östlich von Trapani wurde in Kämpfen mit ihrer Erzrivalin Selinunt und anderen griechischen Kolonien geplündert und schließlich von Vandalen und Sarazenen geschleift. Von Weitem sichtbar steht der prachtvolle dorische Tempel (um 420 v. Chr.) einsam auf einer Hügelkuppe am Rand einer Schlucht. Vom

griechischen Theater auf dem Nachbarhügel bietet sich ein großartiger Blick weit über die grüne Ebene nach Norden bis zum Golf von Castellammare.

Ägadische Inseln

Von Trapanis Hafen aus sind die Ägadischen Inseln in einer kurzen Fahrt mit dem Schiff oder Tragflügelboot erreichbar. Diese felsigen Inselchen scheinen noch genau dort zu liegen, wo sie auftrafen, als die Zyklopen sie dem fliehenden Odysseus nachwarfen.

Favignana liegt am nächsten bei Trapani, sie ist auch die beliebteste der Gruppe mit einer Fülle von Bars und *trattorie* und einem Sandstrand bei Cala Burrone an der Südküste.

Auf dem kleinen **Levanzo**, der kleinsten der drei Hauptinseln des Archipels, weiden Schafe und Ziegen. Sehenswert sind die prähistorischen Felsbilder (6000–10 000 Jahre alt) in der Grotta del Genovese an der Nordwestküste.

Naturliebhaber ziehen **Marettimo** wegen seiner einsamen Strände, der Meeresgrotten und der Pinienwälder vor. Unterwegs kann man römische Ruinen, eine byzantinische Kirche und Reste einer Festung besichtigen.

Liparische Inseln

Dieser Archipel vor der Nordostküste Siziliens (ebenfalls als Äolische Inseln bekannt) eignet sich sowohl für Tagesausflüge mit dem Tragflügelboot von Palermo, Cefalù, Messina oder Milazzo aus als auch für einen geruhsamen längeren Aufenthalt. Im Herbst und Winter macht Äolus, der griechische Gott der Winde, seinem Namen auf der nach ihm benannten Inselgruppe alle Ehre. Den Rest des Jahres aber scheint hier die Sonne, wobei manchmal ein Vulkanausbruch die sommerliche Hitze noch verstärkt. Alle sieben Inseln sind vulkanischen Ursprungs mit Bimssteinablagerungen und (zum Teil) schwarzen Stränden. Doch nur Vulcano und Stromboli haben noch aktive Vulkane, die allerdings selten bedrohlich werden.

Lipari

Die größte Insel der Gruppe ist auch die lebhafteste, geprägt von Kiesel- und schwarzen Sandstränden und mediterraner Landschaft. Dunkelgrüne Macchia (Buschwerk), farbenprächtige Bougainvilleen, wilde Geranien und Feigenkakteen dominieren das Bild. An der Nordküste wurde vor Kurzem die Bimsstein-Industrie wieder aktiviert – für Kosmetika, Pharmazeutika und erdbebensicheres Baumaterial.

Die Altstadt an der Stelle der einstigen Akropolis wird überragt vom Castello, dessen massive Mauern die Geschichte des Ortes erzählen. So sind Spuren aus der

Bronzezeit, von Griechen und Römern, aus dem Mittelalter und dem 18. Jh. auszumachen – all dies wird im ausgezeichneten Archäologischen Museum veranschaulicht. Die von den Normannen errichtete **Kathedrale** präsentiert sich heute als Barockbau. Die silberne Statue aus dem 18. Jh. im Innern stellt Bartholomäus, den Inselschutzheiligen, dar und wird besonders verehrt.

Die Jahrtausende umspannende Geschichte der Liparischen Inseln findet man in konzentrierter Form im faszinierenden **Museo Eoliano**, das im ehemaligen Bischofspalast und in mehreren Gebäuden rund um die Kathedrale untergebracht ist.

Mit dem Bus können Sie bequem die Insel erkunden. Erster Halt ist der bescheidene Kiesstrand bei **Canneto**, dann folgt die beliebtere **Spiaggia Bianca**, deren Sand allerdings nicht so weiß ist, wie der Name verspricht. Weiter nördlich gelangt man zu den Bimssteinwerken (Cave di Pomice) bei **Campobianco**. Rund um **Fossa delle Rocche Rosse** gibt es den einst so begehrten Obsidian.

Von **Acquacalda** und besonders von **Puntazze** an der Nordküste aus haben Sie eine großartige Sicht auf die andern Inseln, angefangen mit Stromboli im Osten bis zur kleinen Alicudi im Westen. Ein kurzer Ausflug von Lipari Richtung Westen bringt Sie zu den

Boote liegen am steinigen Strand, eingetaucht in das rosige Licht der untergehenden Sonne.

Quattrocchi (Vier Augen), einem Aussichtspunkt, wo zwei Augen absolut genügen für die wunderbare Sicht über die *faraglioni* (Klippen) und das Meer bis nach Vulcano.

Vulcano

Die am nächsten bei Sizilien gelegene Insel ist die erste Anlaufstelle der Tragflügelboote von Milazzo. Im Hafen werden Sie zunächst den beißenden Schwefelgeruch wahrnehmen, der vom Vulkan herweht. Dies und die weiße Dampffahne sind die einzigen Lebenszeichen des Hauptkraters, der 1890 zum letzten Mal ausgebrochen ist. Dennoch prägt der Berg die Insellandschaft mit seinen leuchtenden Farben: grellorange, zinnoberrot und gelb.

Der Inselhauptort **Porto di Levante** ist kaum mehr als eine Ansammlung von Bars, Restaurants, Läden und Ferienhäusern. Die

Hauptattraktion sind die **Fanghi** (Schlammbäder) am Fuß einer gezackten Klippe. Der gelbe, leicht radioaktive Schwefelschlamm soll gut sein gegen Arthritis und Hautleiden.

15 Minuten Fußmarsch Richtung Westen bringen Sie zum kleinen Hafen **Porto di Ponente** mit seinem wunderbaren Strand aus schwarzem Vulkansand, angenehmen Cafés und einer schönen Aussicht auf Lipari.

Begeben Sie sich am späten Nachmittag zur Halbinsel **Vulcanello**, die erst 183 v. Chr. durch einen Unterwasserausbruch aus der See auftauchte. Der Anblick des Sonnenuntergangs vom **Valle dei Mostri** (Tal der Monster) durch die grotesken Lavaformationen und über das Meer ist einmalig schön und unheimlich zugleich.

Der einstündige Aufstieg zum Hauptvulkan **Gran Cratere** auf dem gut markierten Weg lohnt sich. Da und dort weicht der schwarze Sand eisenhaltiger roter Erde oder gelbem Schwefel, und der Geruch wird immer beißender. Auf dem Gipfel ziehen weiße Dampfschwaden aus dem Krater, aber rundherum sind das Meer und der Himmel beruhigend blau.

Stromboli

Das nächtliche Schauspiel purpurroter Funken und glühender Gesteinsbrocken, die der Vulkan regelmäßig ausspuckt, machen aus der nördlichsten der Liparischen Inseln etwas Besonderes

Die Ortschaft **Stromboli** an der Nordostküste besteht aus drei Weilern zwischen der Küste und dem Fuß des Vulkans. Vom Scari-Hafen aus führt die Straße Richtung Norden zu den schwarzen Sandstränden bei **Ficograndе**.

In **San Vincenzo** im Inselinnern steht in der Nähe der Kirche das rote Haus, in dem Ingrid Bergman während der Dreharbeiten zum Film *Stromboli* wohnte. Die Küste entlang nach Westen gelangt man nach **Piscita** mit einem schönen Vulkanasche-Strand.

Man kann alleine oder in einer geführten Tour zum 924 m hohen **Krater** aufsteigen. Der Marsch dauert drei bis vier Stunden, eine bleibt man oben, zwei braucht es für den Abstieg (nehmen Sie genügend Trinkwasser mit!). An den unteren Hängen wachsen Feigenkakteen und Reben, weiter oben typische Mittelmeerbüsche und schließlich gelber, purpurner und weißer Ginster. Dann wird die Landschaft karg, nur ab und zu vom Glühen des Kraters erhellt.

Von Scari aus wird eine dreistündige Bootsrundfahrt angeboten. Sie führt am **Strombolicchio** vorbei, einem 49 m hohen Basaltkegel, der rotbraun, blau und weiß gestreift ist. Die Tour macht auch Halt im Dorf Ginostra mit seinen weiß getünchten Häusern.

PRAKTISCHE HINWEISE

Geld. Zahlungseinheit ist der Euro (EUR oder €), unterteilt in 100 *centesimi*. Internationale Kreditkarten werden fast überall angenommen. Mit Reiseschecks kann man ebenfalls bezahlen, doch Banken und Wechselstuben (*cambio*) geben beim Einlösen einen besseren Kurs.

Klima. Abhängig von der geografischen Breite und der Entfernung von der Küste oder vom Gebirge variiert das Wetter in Italien beträchtlich, doch der mäßigende Einfluss des Meeres und die geschützte Lage durch die alpine Gebirgsgrenze sorgen für ein weitgehend mildes Klima; selbst an der ligurischen Küste sind die Winter daher außerordentlich angenehm. Südlich von Rom ist das Klima mediterran, die Sommer auf Sizilien sind heiß und trocken. Die meisten Niederschläge fallen in Italien während der Herbst- und Wintermonate.

Kleidung. Vermeiden Sie es, beim Besuch von Kirchen Miniröcke, Shorts und schulterfreie Tops zu tragen.

Öffnungszeiten. *Banken* sind im Allgemeinen Montag bis Freitag 8.30–13 und 13.30 Uhr geöffnet; einige öffnen zusätzlich nachmittags für eine Stunde, von 15–16 Uhr oder von 16–17 Uhr. Die meisten *Geschäfte* sind Montag bis Samstag 8.30–13 Uhr und 16–20 Uhr offen, einige bleiben Montagmorgen oder -nachmittag geschlossen. *Postämter* öffnen Montag bis Freitag 8.30–14 Uhr, Samstag bis 12 Uhr. *Museen* und *historische Stätten* haben je nach Ort und Jahreszeit unterschiedliche Öffnungszeiten. Die meisten sind nachmittags sowie montags geschlossen.

Notfälle. Carabinieri 112; Polizei 113; Feuerwehr 115; Erste Hilfe 118.

Sicherheit. Von den Machenschaften der sizilianischen Cosa Nostra und der neapolitanischen Camorra bleiben die Touristen in der Regel verschont. Nehmen Sie sich jedoch in größeren Menschenmengen in der Stadt und am Strand vor Taschendieben in Acht. Tragen Sie Ihre Handtasche gut verschlossen und der Straßenseite abgewendet, und führen Sie eine Taschendieb nicht mit einem Geldbeutel in der Gesäßtasche in Versuchung. Wertsachen lässt man am besten im Hotelsafe.

Tabakläden. Halten Sie Ausschau nach den Schildern mit dem großen »T«: Hier erhält man u. a. Briefmarken, Metro-Fahrkarten, Süßigkeiten …

Trinkgeld. Im Restaurant sind das Gedeck (*coperto*) und die Bedienung gewöhnlich inbegriffen, aber es ist üblich, 5–10 % Trinkgeld zu geben. Taxifahrer erhalten rund 10 % des Fahrpreises.

Allgegenwärtige Frömmigkeit

LANDGÄNGE

Malta

101 Valletta
104 Die Drei Städte
105 Prähistorische Stätten
105 Mdina

Extras

103 Speisekarte
105 Einkaufstipps
107 Praktische Hinweise

Stadtpläne

252 Valletta

Freuden des Wassersports

7000 Jahre Geschichte

Tapferes Völklein

Britisches Erbe

MALTA

Der kleine maltesische Archipel hat aufgrund seiner strategischen Lage zwischen Sizilien und Nordafrika eine turbulente Geschichte. Viele Völker und Machthaber lösten sich ab und hinterließen Spuren ihrer Anwesenheit. Jedes seefahrende Volk war an Malta als Stützpunkt und als Handelsniederlassung interessiert. Heute besitzt Malta eine einmalige Sprache und Reste zweier Hochkulturen: der steinzeitlichen Megalith- und der Ritterorden-Kultur.

Valletta

Valletta, die 1980 ins UNESCO-Welterbe aufgenommene Stadt des Johanniterordens, hat jedem Besucher etwas zu bieten: Befestigungsanlagen, Barockpaläste, Kirchen, Museen und Terrassencafés und anderes mehr. Die nach dem Großmeister Jean de la Valette benannte Stadt wurde 1565 nach Maltas Sieg über die Türken erbaut. Sie erstreckt sich festungsartig zwischen den Naturhäfen Marsamxett und Grand Harbour. Den schachbrettartig angelegten Stadtplan entwarf der von Papst Pius IV. entsandte Baumeister Francesco Laparelli.

Man betritt die winzige Hauptstadt (5600 Einwohner) über einen tiefen Festungsgraben durch das moderne City Gate, das das alte Tor mit Zugbrücke ersetzt. In den ehrwürdigen Mauern der historischen Stadt pulsiert heute modernes Leben. Der Palazzo zu Ihrer Linken im venezianischen Renaissancestil stammt aus dem 19. Jh. Bei der Ruine gegenüber handelt es sich um das 1866 erbaute und 1942 durch Bomben zerstörte Opernhaus.

Die **Auberge de Castille et Léon** ist die prunkvollste Herberge der aus Spanien und Portugal stammenden Ordensritter. Heute residiert hier der Premierminister.

Die audiovisuelle Show **Sacred Island** (Dar l-Emigrant, Castile Place) gibt Einblick in Maltas kulturelles Erbe. Hier können Sie die Inselgeschichte von dem Megalithzeitalter bis zum Besuch von Papst Johannes Paul II. 2001 verfolgen.

Von den nahen **Upper Barracca Gardens** hat man einen herrlichen Blick auf den Grand Harbour und

Bernard Joliat

Kopflose prähistorische Fruchtbarkeitsgöttin. | **In der Auberge de Castille et Léon hat heute der Premierminister seinen Amtssitz.**

die »Drei Städte«. Genießen Sie im reizvollen kleinen Park die angenehme Stille.

Vallettas sehr belebte Hauptstraße heißt **Republic Street**. Sie verläuft schnurgerade auf dem Hügelrücken bis hinunter zum Fort St. Elmo an der Spitze der Halbinsel.

Romantischer ist es jedoch, durch die schmalen verkehrsfreien Gässchen zu schlendern, in denen bunte Wäsche flattert. Sie entdecken dabei kunstvoll geschnitzte Haustüren, schöne Türklopfer und pittoreske Erker.

In der prachtvollen Auberge de Provence an der Hauptstraße ist das **National Museum of Archaeology** untergebracht. Hier erhalten Sie eine ausgezeichnete Einführung in die Megalithkultur. Übersichtliche Zeittafeln stellen interessante Bezüge zu den ägyptischen Pyramiden, dem Heiligtum von Stonehenge in England und der minoischen Kultur Kretas her. Zu sehen sind auch viele archäologische Fundstücke.

Ein stattlicher Palast aus dem 16. Jh., der im 18. Jh. neu gebaut wurde, beherbergt das **Museum of Fine Arts** (Kunstmuseum). Von 1821 bis zur maltesischen Unabhängigkeit residierte hier der Oberbefehlshaber der britischen Mittelmeerflotte. Heute werden hier bedeutende Werke europäischer und einheimischer Künstler aus dem 14.–20. Jh. ausgestellt.

Die **St. John's Co-Cathedral** war die Konventskirche des Ordens und dem hl. Johannes dem Täufer geweiht. Sie ruht im wahrsten Sinne des Wortes auf den Gebeinen der Malteserritter: Hunderte von ihnen liegen unter den mit meisterhaften Intarsien verzierten Marmorplatten begraben. Das von Gerolamo Cassar entworfene Äußere der Johanneskathedrale ist sehr schlicht, umso prächtiger präsentiert sich dafür das barocke Innere. Mit einer Eintrittskarte zum Oratorium können Sie Caravaggios eindrucksvolles Gemälde *Die Enthauptung Johannes' des Täufers* (1608) bewundern, das nach zweijähriger Restaurierung in Italien wieder hier ist. Im Museum sind kostbare Gobelins und Messgewänder ausgestellt.

Der **Republic Square** lädt mit seinen Terrassencafés zur Rast ein. Die Statue der Königin Viktoria erhebt sich vor der klassizistischen Fassade der Nationalbibliothek, in der die Lehensurkunde Karls V. für den Orden aus dem Jahre 1530 und Handschriften aufbewahrt werden.

Die interaktive Führung »The Great Siege of Malta and The Knights of St. John« bringt Ihnen auf unterhaltsame Weise die Zeit der Kreuzzüge und der Belagerung von Malta näher. Sie wird in mehreren Sprachen angeboten und dauert 45 Minuten.

Großmeister Antonio Manoel de Vilhena aus Portugal ließ 1731 zur »sittsamen Unterhaltung« der Malteser das prachtvolle **Manoel Theatre** erbauen; es wurde 1960 renoviert.

Der 1571 fertiggestellte und im 18. Jh. umgebaute **Grand Master's Palace** (Großmeisterpalast) dient heute als Sitz des Parlaments und des Staatspräsidenten. Nur wenige Räume sind öffentlich zugänglich, darunter die Prunkräume und die Waffenkammer. In den stillen Innenhöfen stehen eine Bronzestatue Neptuns, ein Brunnen und eine Turmuhr (18. Jh.).

Zur ursprünglichen Ordenspflicht der Johanniter gehörte es, Kranke und Verwundete zu pflegen. So ließen sie nahe dem Fort St. Elmo an der Spitze der Halbinsel ein Hospital, die **Sacra Infermeria**, erbauen. Der größte Krankensaal war 155 m lang, 11 m breit und ebenso hoch. Die Ritter nahmen Patienten aller Glaubensrichtungen auf und behandelten sie voller Respekt als *seigneurs malades* (»kranke Herren«). Medizinische Betreuung und Hygiene hatten ein hohes Niveau, und Mahlzeiten wurden auf Sil-

Speisekarte
Bragjoli – Rindsrouladen, in Rotwein gedünstet
Cerna – Seebarsch
Dentici – Seebrasse
Fenek – Kaninchen
Lampuki – Maltas »Hausfisch«, eine Makrelenart
Minestra – dicke Suppe mit Gemüse und Teigwaren
Pixxispada – Schwertfisch
Timpana – Auflauf aus Hackfleisch, Makkaroni, Tomaten, Eiern

bergeschirr serviert. Heute ist das Ordenshospital ein internationales Kongresszentrum – ein guter Ort für Konzerte und Tagungen. In einem Teil der einstigen Infermeria wird »The Malta Experience« gezeigt, eine audiovisuelle Show zur Geschichte Maltas (Kommentare in zwölf Sprachen).

Während der Großen Belagerung von 1565 hielt **Fort St. Elmo** an der Spitze der Halbinsel einen Monat lang den Angriffen stand, bevor es den Türken in die Hände fiel. Doch drei Monate später mussten die Osmanen abziehen, und die Ritter gründeten die Stadt Valletta. Im 2. Weltkrieg war das sternförmige Fort eines der ersten Angriffsziele der italienischen Luftwaffe. Heute werden ein Teil der Räumlichkeiten von der maltesischen Polizei genutzt, in einem anderen ist das **National War Museum** (Kriegsmuseum) eingerichtet. Das ganze Jahr hindurch vergegenwärtigen Schauspieler an bestimmten Sonntagen in historischen Kostümen in den beiden Vorführungen »Alarme« und »In Guardia« Ereignisse aus der Vergangenheit Maltas.

Die Drei Städte

Nach ihrer Ankunft auf Malta ließ sich das Ritterheer mit seinen Galeeren zunächst gegenüber dem heutigen Valletta, im Fischerdorf Birgu am Grand Harbour, nieder, erweiterte die Festungsanlagen und errichtete Kirchen, Paläste und ein Hospital. Nach dem Sieg über die Türken wurde Birgu in Vittoriosa (die »Siegreiche«) umbenannt. Die parallel verlaufende Halbinsel L'Isla erhielt den Namen Senglea, und aus Bormla wurde Cospicua.

Zum Schutz der Drei Städte (*Three Cities*) wurden im 17. Jh. Mauerringe – die Margherita Lines und die Cottonera Lines – angelegt, die noch heute beeindruckend wirken.

Vittoriosa wird seit mehr als tausend Jahren vom **Fort St. Angelo** an der Spitze der Halbinsel verteidigt, das sich selbst während der schlimmsten Türkenangriffe nicht ergab und auch im 2. Weltkrieg als militärisches Hauptquartier siegreich seine Stellung halten konnte.

Die Geschichte der **St. Lawrence Church** über dem Hafen reicht bis ins 11. Jh. zurück; sie soll Maltas älteste Pfarrkirche sein.

In der **St. Joseph's Chapel** (18. Jh.) ist ein Museum mit maltesischen Erinnerungstücken untergebracht. Es werden hier die Amtsroben und -siegel der Inquisitoren aufbewahrt. Schauerlich mutet eine Vorrichtung in der Länge eines Priesterarms an, mit der man während Choleraepidemien den Gläubigen die Hostie darreichte.

Nach Abzug der Royal Navy wandelte Malta seine Hafenbä-

Einkaufstipps
Glasarbeiten aus Mdina
Honig, Olivenöl, Likör, Wein
Keramik und Töpferwaren
Kleine Schiffsmodelle aus Holz
Klöppelspitzen
Reproduktionen antiker Statuen und archäologischer Funde
Ritterfiguren in Rüstung
Schmuck und kleine Gegenstände aus Gold und Silber
Strick- und Häkelwaren

ckerei aus dem 19. Jh., die einst die gesamte Mittelmeerflotte versorgt hatte, in das **Maritime Museum** (Seefahrtsmuseum) um. Die Ausstellungsstücke reichen von römischen Ankern bis zum Essgeschirr einer britischen Offiziersmesse.

Prähistorische Stätten

Maltas vorgeschichtliche Funde geben den Archäologen noch immer Rätsel auf, und auch Laien werden angesichts der monumentalen Tempelanlagen aus der Jungsteinzeit in ehrfurchtsvolles Staunen versetzt.

Mitten in Vallettas Vorort Paola liegt die am besten erhaltene Kultanlage Maltas, die Tempel von **Tarxien**. Die drei wichtigsten Sakralbauten des Komplexes stammen aus der Zeit von 3000–2500 v.Chr. und wurden erst kurz vor dem 1. Weltkrieg entdeckt. Sie bestehen aus beeindruckend genau zugeschnittenen riesigen Steinblöcken und weisen prächtige, mit Reliefs verzierte Kultnischen auf. Auch die Innenwände schmücken Reliefs, auf welchen Opfertiere dargestellt sind. Es handelt sich allerdings um Kopien; die Originale befinden sich im Archäologischen Museum in Valletta.

Nur einige Hundert Meter neben dieser Anlage liegt eine weitere bedeutende archäologische Stätte: das **Hypogäum**, ein 1902 entdecktes unterirdisches Heiligtum, das ebenfalls aus der Zeit um 3000 v. Chr. stammt. Tausende von Menschen wurden in diesem dreistöckigen Höhlenlabyrinth mit kostbaren Grabbeigaben (Schmuck und Keramik) bestattet. Das durch Kohlendioxid (den Atem der Besucher) und Sickerwasser beschädigte Heiligtum musste in den 1990er-Jahren geschlossen werden, und heute ist die täglich zugelassene Anzahl an Besuchern auf 80 beschränkt. Reservieren Sie möglichst frühzeitig (mindestens 5 Wochen im Voraus) über folgende Adresse: http://booking.heritagemalta.org.

Mdina

Einen der erhebendsten Anblicke auf Malta bildet zweifellos das im westlichen Zentrum der Insel gelegene, hoch über der Ebene

Die majestätische St. Paul's Cathedral von Mdina bildet das Herz der befestigten Stadt.

aufragende alte Mdina (arabisch für »von Mauern umgeben«) mit seinen Festungsmauern und Kuppeln. Mdinas Geschichte reicht angeblich 4000 Jahre zurück. Zu seiner Vormachtstellung gelangte es in römischer Zeit, während der es die Inselhauptstadt war; es verlor seine historische Bedeutung, als die Johanniter Valletta zur Kapitale Maltas erklärten.

Heute ist Mdina – das nur rund 250 Einwohner zählt – als »stille Stadt« bekannt: geheimnisvoll, erhaben und reserviert.

Die **St. Paul's Cathedral** ist wohl Maltas majestätischstes Gotteshaus und datiert ursprünglich aus dem 11. Jh., wurde 1693 aber durch ein Erdbeben zerstört und danach wieder aufgebaut. Der Legende nach soll der Apostel Paulus an dieser Stelle den römischen Statthalter Publius zum Christentum bekehrt haben. Von außen unsichtbar, von innen dagegen überwältigend ist die riesige Kuppel, durch die Licht in die Kathedrale strömt – ein architektonisches Meisterwerk.

Einen Besuch lohnt auch das **Cathedral Museum**. Es besitzt zahlreiche Kunstschätze wie Kupferstiche von Alfred Dürer. Auch die Archive der Inquisition sind hier untergebracht.

Außerhalb der Stadtmauern erstreckt sich der Vorort **Rabat**, der in römischer Zeit noch innerhalb der Mauern lag und erst von den Arabern im 9. Jh. abgetrennt wurde. Am Rande der Parkanlagen zwischen den beiden Städten befinden sich die Reste der **Römischen Villa** (Domus Romana) aus dem 2. Jh. v. Chr. Bemerkenswert ist der Innenhof mit Säulengang und einem schönen Mosaikboden. Rund um die Stadtvilla hat man das Museum für Römische Antiquitäten errichtet.

Die St.-Paul-Straße führt zur gleichnamigen Kirche (17. Jh.), wo man von der Kapelle aus in eine Krypta gelangt, die als **St. Paul's Grotto** bekannt ist. Hier soll der Apostel Paulus nach seinem Schiffbruch drei Monate verbracht haben.

Südwestlich der Kirche liegen die weit verzweigten **St.-Paulus-Katakomben** (vermutlich aus dem 4.–6. Jh. n. Chr.), die wie Bienenwaben auf mehreren Ebenen unter Rabat angelegt sind.

PRAKTISCHE HINWEISE

Klima. Von Mitte Juni bis Mitte September beträgt die durchschnittliche Höchsttemperatur über 30 °C, doch kühle Brisen vom Meer lindern die Hitze. Die regenreichsten Monate sind Oktober bis Januar.

Kreditkarten werden in den meisten Hotels, Restaurants und Geschäften als Zahlungsmittel angenommen.

Notfälle. Für Polizei, Feuerwehr und Krankenwagen wählt man die Nummer 112.

Öffentliche Verkehrsmittel. Das Busnetz ist sehr gut ausgebaut, und Busse sind das preisgünstigste Verkehrmittel sowohl in die Dörfer als auch zu den Sehenswürdigkeiten. Den zentralen Busbahnhof finden Sie beim Tritonen-Brunnen vor dem City Gate. Für die Fahrkarte brauchen Sie Kleingeld.

Öffnungszeiten. *Banken:* im Winter im Allgemeinen Montag bis Donnerstag 8.30–14 Uhr, Freitag 8.30–16.30 Uhr und Samstag 8.30–12.15 Uhr. Im Sommer öffnen die Banken eine halbe Stunde früher. *Geschäfte:* Montag bis Samstag 9–13 und 16–19 Uhr.

Postämter. Vallettas Hauptpostamt am Castille Place ist Montag bis Freitag 8.15–15.45 Uhr und Samstag 8.15–12.30 Uhr geöffnet.

Sprache. Die offiziellen Sprachen sind Malti (oder Maltesisch), eine semitische Sprache mit lateinischer Schrift, und Englisch, das praktisch alle beherrschen. Italienisch ist weit verbreitet, und in größeren Hotels spricht man zunehmend auch Deutsch.

Stromspannung. 240 Volt (50 Hz) Wechselstrom, mehrheitlich dreipolige Stecker und Steckdosen englischer Art.

Taxis. Alle Wagen sind mit Zähluhren ausgerüstet, die aber nicht immer funktionieren. Am besten vereinbart man den Fahrpreis im Voraus; dabei ist es üblich, etwas zu feilschen.

Toiletten. Öffentliche Toiletten sind sauber und deutlich beschriftet. (Es kann jedoch nützlich sein, Papiertaschentücher bei sich zu haben.)

Trinkgelder. In Restaurants ist die Bedienung meist inbegriffen, ein Trinkgeld von 5–10 % ist dennoch üblich. Dem Taxifahrer gibt man 10 %, und auch Gepäckträger und Toilettenpersonal schätzen ein kleines Extra.

Währung. Währungseinheit ist der Euro (EUR, €), unterteilt in 100 Cent.

Zeit. Auf Malta gilt die Mitteleuropäische Zeit (MEZ).

LANDGÄNGE

Pikante Küche

Tunesien
- **109** Tunis
- **111** Karthago
- **114** Sidi Bou Said
- **115** Cap Bon
- **118** Sousse
- **119** Monastir
- **120** Kairouan
- **121** Djerba

Extras
- **115** Einkaufstipps
- **123** Speisekarte
- **125** Praktische Hinweise

Archäologische Stätte
- **112** Karthago

Stadtplan
- **253** Tunis

Verspielte Architektur

Kunstvolle Keramik

Wilde Spektakel

Mysterien der Wüste

TUNESIEN

In der Hauptstadt Tunis mit ihrer lebhaften Medina lebt etwa ein Fünftel der Landesbevölkerung. Nur rund 20 km vom Zentrum liegt das antike Karthago. Die Halbinsel Cap Bon lockt mit herrlichen Stränden. Die Städte Sousse und Monastir am Golf von Hammamet gehen auf phönizische Zeit zurück. Kairouan im Landesinnern zählt zu den heiligsten Stätten des Islam, während die Insel Djerba sich zu einem beliebten Touristenziel entwickelt hat.

Tunis

Unter dem Französischen Protektorat nahm die Neustadt von Tunis stattliche Formen an – eine sich stolz vom Eingang zur Medina bis zum Hafen erstreckende Promenade, ein imposantes Viertel für die Kolonialmächte und ein Netz von Einkaufsstraßen, das an einen Provinzort irgendwo in Südfrankreich denken lässt.

Der zentrale Boulevard beginnt an der Avenue de France, wo die palastartige französische Botschaft der doppeltürmigen römisch-katholischen Kathedrale gegenübersteht.

Die 1882 erbaute **Kathedrale Saint-Vincent-de-Paul** weist eine Mischung verschiedener architektonischer Stilelemente auf: maurische, gotische, byzantinische, neuromanische und andere mehr.

Niemand kommt um die angenehm schattige **Avenue Habib Bourguiba** herum, wo man bummeln, sich ein Eis oder eine Zeitung kaufen oder einfach von einer Bank aus die Passanten bestaunen kann – eine Welt für sich: Frauen in weißen *haiks*, die sie bis zur Nasenspitze einhüllen, und andere, die nach der letzten Pariser Mode ausstaffiert sind; Männer in Burnussen oder in gut sitzenden Sportsakkos und Krawatte. Zu beiden Seiten der Prachtstraße reihen sich moderne Läden, Hotels, Reisebüros und Cafés aneinander, und eine ganze »Front« von Schuhputzern ist unter den Arkaden auf der Südseite emsig tätig.

Das weit ausfächernde moderne Tunis lässt manchen Besucher kalt, doch in der **Medina**, auf der UNESCO-Weltkultur-

erbeliste, schlägt sein warmes Herz. Von Osten her betritt man die Altstadt durch die Porte de France, die ursprünglich Bab el Bahr oder Meerestor hieß.

Sogleich umfängt Sie der unverkennbare Duft der Medina, eine Mischung aus unzähligen Gewürzen, Leder, Wolle und beißendem Tabakrauch; vielleicht bietet Ihnen ein junger Händler ein Sträußchen Jasmin an. Die Werber und Händler sind nicht allzu aufdringlich, selbst wenn es nicht ohne einladendes »Pas cher« und »Guten Tag« abgeht, je nachdem, welcher Sprachgruppe man Sie zuordnet. Handwerker lassen sich gerne bei der Arbeit zusehen. Im Gewirr der Souks warten zahllose Versuchungen auf den Touristen, von Teppichen und Schmuck bis zum üblichen Schnickschnack.

Die Rue Djama ez Zitouna führt geradewegs von der Porte de France an zahllosen Souvenirläden vorbei zur **Großen Moschee** (auch als »Ölbaum-Moschee« bekannt). Diese überraschend geräumige Moschee ist bereits über 1000 Jahre alt. Touristen werden jeden Morgen außer am Freitag eingelassen, wenn die Gläubigen

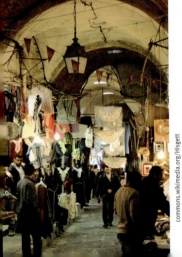

Das spanisch-maurische Minarett der Großen Moschee von Tunis. | **Tauchen Sie ein in die faszinierenden und verwirrenden gedeckten Souks.**

sich in der Moschee drängen; Nicht-Muslime dürfen nur die Arkade über dem großen Innenhof betreten.

Ein fein verziertes achteckiges Minarett schmückt die **Moschee des Hammouda Pascha** aus dem 17. Jh. Der Vater des Paschas war zum Islam übergetreten, und die Moschee unterscheidet sich von anderen Gebäuden der gleichen Epoche durch einen eher italienischen Einschlag.

In der Medina versteckt liegt abseits der Rue des Teinturiers (Färberstraße) der herrliche Palast Dar Ben Abdallah (18. Jh.) mit seinem marmornen Innenhof. Er beherbergt das **Museum für Volkskunst und -traditionen** (*Musée des Arts et traditions populaires*). In vielen Räumen sind die ausgekügelten Kleidungsstücke der Oberschicht im Tunis des 19. Jh. ausgestellt. In einer Abteilung kann man die Verhandlungen und Vorbereitungen nachvollziehen, die zur Hochzeit einer Tochter des Hauses nötig waren. Anderswo erhält man Einblick in Familienleben und Kinderpflege.

Die **Rue Tourbet El Bey**, eine der wichtigsten Durchgangsstraßen in der Altstadt, verdankt ihren Namen dem Tourbet (Mausoleum) in der Nummer 62, das im verschwenderischen Stil des 18. Jh. erbaut wurde. Hier erhalten Sie einen Intensivkurs in Grabarchitektur. Die Gräber der hussenitischen Fürsten sind durch einen gemeißelten Turban oder Fes gekennzeichnet. Frauengräber tragen keine Kopfbedeckungen, sondern nur Marmorplatten an beiden Enden. Jung verstorbene Mitglieder des Königshauses sind hinter einer verzierten Trennwand bestattet.

Das **Musée National du Bardo**, in einem Palast aus dem 19. Jh. im Westen von Tunis, hat sich die »Leckerbissen« aus der jahrhundertealten Landeskultur angeeignet. Die unvergleichliche Sammlung füllt zahllose Räume im wahrlich königlichen Palais des letzten Bey. (Montags geschlossen.)

Karthago

Die antike punische Hauptstadt war viele Jahrhunderte lang umkämpft. Nachdem sie von den Römern erobert, völlig zerstört und später wieder aufgebaut wurde, fiel sie an die Vandalen und schließlich an die Araber, die sie von neuem verwüsteten. Heute liegen die Ruinen Karthagos inmitten von hübschen Vorstadtvillen und sind UNESCO-Weltkulturerbe.

Das – täglich geöffnete – moderne **Nationalmuseum von Karthago** auf dem Byrsa-Hügel über der Stadt entzündet die Fantasie dank einer nicht überladenen Auswahl erstklassiger Ausstellungsgegenstände aus dem Leben

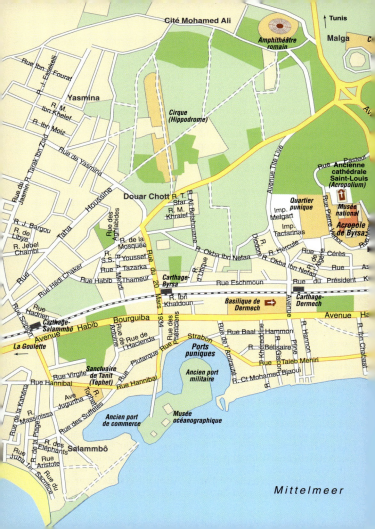

und der Kunst der antiken Kolonie. Das in einem geschmackvollen Gebäude untergebrachte Museum hat von gefühlsbeladenen Grabskulpturen zu lustig aussehenden Porträts auf punischen Glasamuletten alles zu bieten.

Gleich neben dem Museum steht die nun »ausrangierte« extravagante **Kathedrale Saint-Louis**; sie ist dem später heilig gesprochenen französischen König Ludwig IX. geweiht, der hier 1270 im letzten Kreuzzug starb.

Vom **Byrsa-Hügel** sieht man auf den ehemaligen Handels- und den Militärhafen von Karthago hinunter. Archäologen haben in der Militärwerft ein ausgeklügeltes befestigtes Hafenbecken entdeckt; auch heutzutage ließe sich die Anlage als U-Bootbunker oder Anlegeplatz für Fähren verwenden. In der Nähe liegt ein meereskundliches Museum.

Der südlich gelegene Opferplatz oder **Tophet** war den punischen Gottheiten Tanit und Baal Hammon geweiht. Die Stätte gleicht einem überfüllten Friedhof, doch ist die Wahrheit noch viel trauriger. Hier zelebrierten Karthagos Priester die Opferzeremonien, bei denen Kinder zur Besänftigung der Götter verbrannt wurden. Bei Ausgrabungen stieß man auf viele Schichten von Särgen mit der Asche von Kindern.

Die eindrucksvollsten Überreste des römischen Karthago befinden sich an der Küste in der Nähe des Präsidentenpalastes. Unter der Herrschaft des Antoninus Pius wurde der ausgedehnte Bäderkomplex der **Thermen des Antoninus** – der größte der Provinz Africa – im 2. Jh. n. Chr. eröffnet.

Da nur das Untergeschoss erhalten blieb, ist der Rest ganz Ihrer Vorstellung überlassen. Rund um die Thermen liegt ein archäologisches Feld.

Sidi Bou Said

Nördlich von Karthago führt die TGM-Schnellbahn nach Sidi Bou Said, einem hoch über dem Mittelmeer gelegenen Bilderbuchort mit strahlend weißen Häusern mit blauen Türen und verschnörkelten Fenstergittern. Zwischen den Gebäuden, die sich in den engen Gassen drängen, leuchten rot die Bougainvilleen. Von oben bieten sich atemraubende Blicke auf den herrlichen, weit ausschweifenden Golf von Tunis. Auf der friedlichen, autofreien Hauptstraße kommt man sich fast wie ein Eindringling vor, selbst wenn es hier meist von Touristen, Andenkenverkäufern und Fremdenführern wimmelt. Die strenge Abstimmung der Farben Weiß und Blau, das Gütesiegel der Stadt, wurde von Baron Erlanger festgelegt, dessen Wohnhaus, Nejma Ezzahra, nun als **Museum der Musik** dient (es hat allerdings eine senffarbene Tür).

Im Zentrum befinden sich die Moschee und die *zaouia* (Heiligtum) von Abu Said Kalafa, einem Sufi des 13. Jh. 22 steile Stufen führen hinauf zum Café des Nattes, wo köstlicher Pfefferminztee serviert wird.

Cap Bon

1952 machten Archäologen auf einem Steilufer über dem Mittelmeer eine verblüffende Entdeckung: eine über 2000 Jahre lang verlassene große karthagische Ansiedlung. Im Gegensatz zur punischen Hauptstadt Karthago wurde **Kerkouane** nicht aus seinem Dornröschenschlaf geweckt; kein Eroberer verwendete seine Gemäuer für Neubauten. Archäologen ließen die Wände kniehoch oder niedriger stehen; doch auch so wurde reichlich mit Zement »geflickt«. Das Straßennetz ist sichtbar, ebenso der Grundriss der Häuser, die sich durch Wasserleitungen und flache Bäder auszeichnen. (Während die Römer gerne in Gesellschaft badeten, scheinen die Karthager in dieser Beziehung eher Individualisten gewesen zu sein.) Zwischen der Ausgrabungsstätte und dem blendenden weißen Museum liegt ein Blumen- und Kräutergarten.

Eine erlesene Auswahl von Schmuck, Skulpturen und Töpferei ist im **Museum** ausgestellt. Auffallend sind unter anderem ein Rasiermesser aus Bronze mit Schwanenkopfgriff und eine frühe Ausgabe von Spielwürfeln, die beide auf das 4. bis 3. Jh. v. Chr. zurückgehen. Natürlich fehlen auch nicht die typischen punischen Köpfe mit ihren Glotzaugen und

Einkaufstipps
Fayencen mit Kalligrafien
Kelims (Webteppiche), Knüpfteppiche und Decken aus Wolle
Nargilehs (Wasserpfeifen)
Schalen und Besteck aus Olivenholz
Silberschmuck
Ziselierte Teller und Gefäße aus Kupfer oder Messing

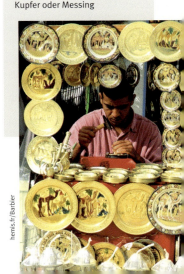
hemis.fr/Barbier

lockigen Bärten nicht. (Die Ausgrabungsstätte und das Museum sind montags geschlossen.)

Schon aus weiter Ferne hebt sich der Umriss der **Festung von Kelibia** wie der kurz geschorene Kopf eines urweltlichen Kolosses von der Küste ab. Eine steile Straße führt zum Eingang der Burg hinauf, die noch von einigen Soldaten und Zivilisten bewohnt wird, aber Besuchern offen steht.

Die archäologischen Nachforschungen befinden sich hier noch im Anfangsstadium, abgesehen von der völlig restaurierten byzantinischen Festungsmauer. Interessante, aufs Geratewohl angeordnete Überreste zeugen von der Vergangenheit vom antiken Rom bis zum Zweiten Weltkrieg. Kanonen lugen durch Schießscharten in der Mauer.

Da das Fort über der Küste thront, bietet sich von den Festungsmauern ein guter Ausblick auf die Feriengebiete der Umgebung.

Korbous war schon seit römischen Tagen, als es noch Aquae Calidae Carpitanae hieß, ein Heilbad. Es liegt in einem schmalen Tal von Cap Bon am Golf von Tunis. Sieben verschiedene Quellen, von denen jede ihre besonderen Eigenschaften hat, regen die Kurgäste zum Trinken und Baden an. Angeblich wird hier von Rheumatismus über Nerven- zu Zahnbeschwerden alles Mögliche geheilt; doch sind auch gesunde Leute willkommen.

Die Mineralquelle von Ain Oktor einige Kilometer weiter südlich spendet kühles Wasser, das *curistes* in großen Mengen trinken, um mit Nierensteinen (und ähnlichen Leiden) fertig zu werden. Über den Geschmack des Mineralwassers lässt sich allerdings streiten...

Mitten auf der wichtigsten Kreuzung weist eine Araukarie (ein Affenschwanzbaum) im Topf auf die Berufung von **Nabeul** hin: die Töpferei. Eigentlich wurde das fröhlich verzierte riesige Gefäß geschickt um den Baum herum gebaut, doch ist der Eindruck verblüffend. Da der einheimische Lehm von hoher Qualität ist, wurde Keramik zur Grundlage der lokalen Handwerksindustrie. Und Nabeul entwickelte sich zum unumgänglichen Ziel für Andenkenjäger!

Nabeul ist die Verwaltungshauptstadt von Cap Bon und ein hübscher Ort zum Bummeln, der mit vielen Versuchungen aufwartet. Außer Töpferwaren gibt es nämlich einheimische Spezialitäten wie Stickerei, Spitzen und hausgemachtes Parfüm. Stark beeinflusst wurde die Keramik von Nabeul von muslimischen Flüchtlingen aus Andalusien, die nach der christlichen Wiedereroberung Spaniens hierher kamen und aus der Heimat ihre Kunstfertigkeit und ausgeklügelte Verzierungen für Azulejos, bemalte Kacheln, mitbrachten.

Eine weitere Fundgrube für Käufer und ein interessantes Schauspiel bietet jeden Freitag der Markt von Nabeul, wo es von ausgetragenen Kleidern bis zu ausgewachsenen Kamelen an nichts fehlt.

Schön gepflegte Gärten mit Geranien, Hibisken und Rosen leuchten im Hof vor Nabeuls **Archäologischem Museum**. Wie in anderen Museen Tunesiens sind auch hier die antiken Mosaiken von erlesenster Qualität; einige behandeln pikante Themen. Außerdem sind punische Skulpturen, Amulette und Geräte sowie römische Keramik sehenswert. (Das Museum ist montags geschlossen.) Bei Ausgrabungen in der Römerstadt Neapolis südwestlich von Nabeul wurde ein Quartier von mit Mosaiken geschmückten Villen freigelegt.

Touristen aus aller Welt scharen sich im beliebten Badeort **Hammamet**, der mit Stränden, Hotels, Golfplätzen und anderen Attraktionen lockt. Man sollte meinen, der weite Golf von Hammamet habe schon seit Römerzeiten Immobilienhändler angezogen, doch wurde er erst nach 1920 »entdeckt«. Ein rumänischer Millionär namens Georges Sebastian baute sich damals eine

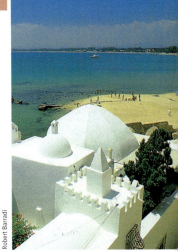

Hammamet hat nicht nur prächtige Strände, sondern auch eine schöne befestigte Medina.

prunkvolle Villa und brachte damit auch andere Ausländer auf eine gute Idee. Seit vielen Jahren sucht hier niemand mehr Frieden und Ruhe, so wie in früheren Zeiten Persönlichkeiten wie Gustave Flaubert, André Gide, Paul Klee, August Macke und Oscar Wilde. Sebastians Wohnpalast wurde in das **Internationale Kulturzentrum** umgewandelt, wo jeweils im Juli und August ein Festival stattfindet.

Hammamets alte befestigte Stadt reicht bis zum Meer, wo

Fischerboote zwischen den Ausfahrten auf dem Strand ruhen. Die Touristenbasare innerhalb der Mauern quellen vor Andenken über, doch abseits des Trubels hat sich in alten Häusern an engen Gassen ein Hauch des echten, traditionellen Hammamet bewahrt. Der Souk umfasst nur eine einzige schmale Straße, in der Gewürze und Parfüms, Töpferwaren, Teppiche, Schmuck und Lederartikel feilgehalten werden. Die Aussicht von den gut restaurierten Mauern der Kasbah wartet mit einer Überraschungen auf – schöne Ausblicke auf weiße Traumhäuser mit Dachgärten, auf Strand und See.

Auch wenn Ihnen der Touristenrummel zu bunt wird, sollten Sie bis Donnerstag durchhalten. Der Wochenmarkt, der sich auf Straßen und Feldern einige Kilometer nordöstlich des Stadtzentrums ausbreitet, ist einmalig. Die in der Sonne ausgebreiteten, Früchte und Gemüse werden Sie bestimmt reizen, doch seien Sie bei den roten Pfefferschoten (*piments*) vorsichtig! Zwischen allerlei Töpfen und Kochgeschirr, Plastikutensilien und gebrauchten Schuhen sitzen auch Bettler, die um Almosen bitten.

Sousse

In der Medina (Altstadt) von Sousse, einem lebhaften Kunterbunt aus Geschichte, Handel und

> **Sonntag in Sousse.** Von weit her strömen Besucher auf den bunten Sonntagsmarkt von Sousse, der sich beidseits der Straße nach Sfax fast grenzenlos ausbreitet. Sie können hier ein Maultier, die letztjährige Mode oder ein gebrauchtes Ersatzteil für Ihren Wagen erstehen. In einem Gehege, das früher wohl dem Viehhandel diente, werden heute Motorräder verkauft.

Frömmigkeit, sind Zehntausende von Einwohnern zu Hause. Die Befestigungsmauern sind imposant, nur eine Lücke gegenüber dem Hafen erinnert an die Bombardierung der Alliierten im Zweiten Weltkrieg. Die Altstadt erstreckt sich vom Hafenviertel bis zur Kasbah (Burg) auf dem Hügel, wo sich hoch über den Mauern und den Minaretten der 859 erbaute Khalef-Turm erhebt (heute ein Leuchtturm). Unten in der Medina ist die Verlockung zum Einkaufen inmitten der verführerischen Geräusche und Gerüche der zum Teil überdachten Souks unwiderstehlich.

Der Innenhof der 850 erbauten Großen Moschee (*Grande Mosquée*) ist Besuchern außer während des Freitagsgebets täglich von 8–14 Uhr zugänglich. Der Zutritt zum kühlen, dunklen Gebetsraum ist Muslimen vorbehalten. Ein Säulengang mit maurischen Bogen umrahmt den Hof, der mit hellem Marmor ausgelegt ist. Wohltätigkeit gilt im Islam als eine der wichtigsten religiösen Pflichten, und deshalb dürfen Arme und Behinderte am Tor der Moschee um Almosen bitten.

Der **Ribat** nebenan ist ein Wehrkloster aus dem 8. Jh. Die Zellen und die Säle, in denen die islamischen Mönchsritter sich übten und beteten, können besichtigt werden. Besteigen Sie über eine steile Wendeltreppe den Wachturm, wo Sie ein großartiger Blick auf die Medina erwartet.

Nahe dem Khalef-Turm, in der Südwestecke der Altstadt, befindet sich das **Archäologie-Museum** *(Musée Archéologique)* mit einer beeindruckenden Sammlung römischer Mosaiken. Die Kunstwerke aus dem 1.–6. Jh. n. Chr. behandeln religiöse, mythologische und andere Themen und kommen in einer schönen Umgebung mit üppigem Garten gut zur Geltung. Empfangen werden Besucher von einem riesigen Medusenhaupt mit acht Schlangen als Kopfhaar. Das Museum bleibt für mehrere Jahre wegen umfassenden Umbauarbeiten geschlossen.

Bei einem Bummel durch die Hauptstraße von Sousse, die Avenue Habib Bourguiba, erhält man einen Eindruck von der modernen Seite der Stadt.

Das imposante Bourguiba-Mausoleum aus den 1970er-Jahren.

Monastir

Das erstaunlichste Bauwerk dieser Stadt 20 km südöstlich von Sousse ist das **Bourguiba-Mausoleum**, ein überwältigender doppeltürmiger Gedenkkomplex mit goldener Kuppel, der selbst einem Kaiser verschwenderisch erschiene. Es wurde bereits in den 1970er-Jahren fertiggestellt. Nicht weit davon entfernt steht zu Ehren des Staatsgründers die vergoldete Staue eines ernsten Jünglings.

Die **Bourguiba-Moschee** am Rande der Altstadt ist eine moderne

Bunte Zierfliesen schmücken die Zaouia des Sidi Sahab in Kairouan.

Luxusfassung verschiedener islamischer Stilrichtungen. Die **Medina** selbst ist gar nicht typisch für Tunesien: Ihre Straßen sind gitterförmig angelegt, mit Arkaden, die Andenkenkäufern Schatten bieten.

Der furchteinflößende **Ribat** von Monastir, mit dessen Bau im 8. Jh. begonnen wurde, thront über dem Meer. Hier versammelten sich die islamischen Mönchsritter zum Gebet, verteidigten die Stadt und rüsteten zu Feldzügen gegen die Ungläubigen jenseits des Mittelmeeres. Obschon das Wehrkloster restauriert wurde, wirkt es so authentisch alt und echt arabisch, dass ausländische Filmgesellschaften es mit Vorliebe als Drehort für »Bibeldramen« verwenden. Der ursprüngliche Gebetssaal dient nun als **Museum für Islamische Kunst**, in dem Kalligrafien, Handschriften, Stickereien, Glaswaren und Holzarbeiten ausgestellt sind.

Kairouan

Die unbestreitbare Würde, von der die **Große Moschee** durchdrungen ist, macht auf jeden Besucher – ungeachtet seiner religiösen Einstellung – tiefen Eindruck. Ungeachtet der Menschenmassen herrscht Ruhe in dem weiten, mit Marmorplatten ausgelegten Innenhof, der von einem überaus prachtvollen Kreuzgang umgeben ist. Die Säulen, Zeugen noch älterer Kulturen, stützen maurische Bogen.

»Ungläubige« haben zum Gebetsraum keinen Zutritt, dürfen aber durch die Fenster einen Blick auf die Kacheln, Schriftzüge und Kronleuchter werfen.

An dieser Stelle erhob sich die erste Moschee Nordafrikas; mit dem Bau der heutigen Anlage wurde im 9. Jh. begonnen. Der untere Teil des mächtigen dreistöckigen Minaretts soll noch älter sein.

Ihre Eintrittskarte zur Großen Moschee ist ebenfalls gültig für die **Zaouia des Sidi Sahab**, auch Barbiermoschee genannt, in der sich das Grab des Abu Zama el Belaoui befindet. Dieser Gefährte und Schüler Mohammeds trug immer drei Barthaare des Propheten mit sich – daher der Name der Moschee. Sie ist ein wichtiger Wallfahrtsort; der Hof spendet erfrischende Kühle und Erholung vom draußen herrschenden bunten Treiben.

Die **Aghlabiden-Bassins** gleich neben dem Fremdenverkehrsbüro sind ein bewunderungswürdiges 1000-jähriges Projekt, um das trockene, staubige Kairouan mit Wasser zu versorgen. Durch einen 35 km langen Aquädukt gelangte das Lebenselixier von den Bergen in dieses Reservoir. Ebenfalls der Wasserversorgung dient der Schöpfbrunnen **Bir Barouta** mitten in der Altstadt. Der Legende nach soll sein Wasser heilig sein.

Die **Medina** von Kairouan, ein buntes Labyrinth, wird Sie nicht enttäuschen. Je weiter Sie sich von den Andenkenverkäufern am Haupteingang entfernen, desto spannender wird es. Kairouan ist für seine Teppichherstellung berühmt, die einen ansehnlichen Teil der Bevölkerung beschäftigt; in manchen Höfen können Sie beim Knüpfen zusehen.

Eine kulinarische Spezialität ist *maqroudh*, ein rautenförmiges Konfekt aus Grieß, in Honigsirup getränkt und mit Dattelpaste gefüllt. Diese klebrige Süßigkeit wird den ganzen Tag in den Souks hergestellt und zu einem Spottpreis verkauft.

Djerba

Bergsteiger sind wohl die einzigen, die auf Djerba nicht auf ihre Kosten kommen – die höchste Erhebung erreicht 54 m. Doch nahezu alle anderen Besucher sind von der Insel begeistert. Schon bei den Griechen des Altertums war das so.

In der Inselhauptstadt **Houmt Souk** mit gegen 70 000 Einwohnern geht es gemächlich zu, aber immerhin ist sie so groß, dass man sich darin verlaufen kann. Andererseits verliert man sich gern auf dem städtischen Markt, dem Souk, der früher die Inselbewohner mit Lebensmitteln und anderem versorgte. Mit dem aufkommenden Fremdenverkehr hat sich das Bild gewandelt, und heute ist er die wohl größte »Andenkenmesse« Tunesiens. Im Herzen des Souks findet man neben Obst- und Gemüseständen den Markt, auf dem Fische versteigert werden. Der Fang wird im **Hafen** von Houmt Souk an Land gebracht, wo Fischer zwischen den Ausfahrten ihre Netze flicken oder auf Tintenfischjagd gehen (zu diesem Zweck werden große Steinkrüge ins seichte Wasser hinabgelassen).

Rund um Djerba zieht sich ein langer Streifen blütenweißen Sandes.

Die Festung **Borj el Kebir** östlich vom Hafen hat eine lange und blutige Geschichte. Ursprünglich scheint sie ein römisches Bollwerk gewesen zu sein, das vom 13. bis 16. Jh. ausgebaut wurde. 1560 wurden die spanischen Verteidiger des Forts zwei Monate lang vom legendären Freibeuter Dragut belagert, der in Diensten des Osmanischen Reiches stand. Als er dann die Zinnen überwand, kannte er keinen Pardon. Jahrhundertelang erhob sich eine Pyramide aus angeblich 5000 Schädeln in der Nähe, bis sie der Bei von Tunis durch einen weniger gruseligen Obelisken ersetzen ließ.

Houmt Souk hat auch seinen Anteil an den etwa 300 religiösen Bauten der Insel. Kennzeichnend für die alten Zeiten ist die **Zaouia des Sidi Ibrahim Jomni** mit ihren festungsähnlichen Mauern. (Als *zaouia* bezeichnet man ein Heiligtum für Gebet und Studium.) Freundlicher wirkt die völlig weiße **Moschee der Fremden** mit ihren Kuppeln und dem fein gestalteten Minarett auf der anderen Straßenseite. Nichtmuslime dürfen die Andachtsorte nicht betreten.

Eine auch für Nichtmuslime zugängliche Zaouia aus dem 18. Jh. beherbergt heute das **Museum für Volkskunst und -traditionen**; hier erfährt man viel über Bräuche, Kleidung, Handwerk und den Alltag auf Djerba. Das Gebäude an sich ist faszinierend, vor allem das prächtig ausgeschmückte Innere der Hauptkuppel.

Die Strände

Die weißen, feinen Strände auf Djerba, die ganz sanft abfallen, brauchen einen weltweiten Vergleich nicht zu scheuen, und das Mittelmeer zeigt sich hier in besonders eindrucksvollen Farben – von Aquamarin bis zu tiefem Blau.

Die *Zone touristique* beginnt ungefähr 10 km östlich von

Houmt Souk und erstreckt sich ohne Unterbrechung bis zum Dorf Aghir. Und wenn man so zwischen Palmen und Segelbooten im Sand faulenzt, sorgen bisweilen am Wasser entlangschreitende Kamele für eine angenehme Überraschung.

Das Inselinnere
Im zweitgrößten Ort der Insel, **Midoun**, lebt eine bemerkenswert große Anzahl von Nachkommen der Sklaven, die auf Karawanen durch die Sahara hierher gelangten. Der Sklavenhandel gehörte bis zu seiner Abschaffung Mitte des 19. Jh. zu den wirtschaftlichen Grundlagen der Insel.

Midoun besucht man am besten an einem Freitag, wenn sich der Wochenmarkt in der Stadt ausbreitet. Verkäufer von Bratpfannen, Schraubenziehern und Nagelknipsern hocken oder liegen in der sengenden Sonne und warten geduldig auf Kunden. Händler, Käufer und Bettler gewähren einen authentischen Einblick in das Leben auf Djerba.

Der **Parc Djerba Explore** am Fuß des Leuchtturms Taguermess östlich von Midoun besteht aus mehreren Teilen: einem traditionellen Dorf, dem Lalla Hadria Museum mit einer schönen Sammlung tunesischer und arabischer Kunst, dem Djerba Heri-

Speisekarte
Brik – in Öl gebackene Teigtasche, gefüllt mit Ei und Thunfisch oder Gemüse
Chorba – scharf gewürzte, dicke Suppe mit Lammfleisch, Nudeln und Gemüse
Couscous – Weizengrieß, Lammfleisch, Huhn oder Fisch und Gemüse
Doulma – mit Hackfleisch gefüllte Zucchini
Harissa – scharfe Paste aus Chilischoten und Olivenöl
Méchouia – Salat aus gegrillten Tomaten, Pfefferschoten und Zwiebeln, dekoriert mit Thunfisch, Ei, Oliven und Kapern
Tajine – Eierauflauf mit Fleisch und Gemüse

tage, das Einblick in Alltag und Baukunst der Insel gibt, und der Farm Crocod'iles, wo 400 Nilkrokodile leben.

La Ghriba

Barfüßige Gläubige in der **Synagoge** La Ghriba lesen pausenlos in eintönigem Singsang die Worte der Thora, ihrer heiligen Schrift. Das war schon vor Tausenden von Jahren so. Nach der Überlieferung soll die Andachtsstätte 586 v. Chr. von Juden gegründet worden sein, die Nebukadnezar entkommen konnten. La Ghriba ist eine bedeutende jüdische Stätte. Das heutige Gebäude aus dem frühen 20. Jh. ist mit maurischen Bogen, bemalten Kacheln und einer kunstvollen Decke verziert. Trotz starker Abwanderung in den letzten Jahren ist die jüdische Gemeinde noch aktiv, es finden Gottesdienste statt, und jedes Jahr nach Ostern ziehen Pilger aus der ganzen Welt zur ältesten Synagoge auf dem afrikanischen Kontinent, um an einem zweitägigen Fest teilzunehmen. Besucher aller Glaubensrichtungen sind hier willkommen. Gegenüber der Synagoge liegt eine *fondouk* oder Herberge für Pilger.

Guellala

An der kurzen Hauptstraße des Dorfs Guellala an der Südküste der Insel reiht sich ein Keramikladen an den andern; manche fertigen ihre Erzeugnisse an Ort und Stelle an. Wenn Besuch kommt, lassen die Handwerker meist alles stehen und liegen, um ihre Kunstfertigkeit vorzuführen. Mit etwas Glück bekommen Sie vielleicht sogar die alten unterirdischen Brennöfen zu sehen. Guellala ist eines der führenden Töpfereizentren in Tunesien (ein anderes liegt in Nabeul auf dem Festland). Im Großen und Ganzen sind die Tonwaren eher derb und für den täglichen Gebrauch bestimmt, wie zu den Zeiten, als man große Terrakotta-Amphoren zur Aufbewahrung von Öl und zur Speicherung von Wasser in zahlreiche Länder ausführte.

Ausflug

Die Halbinsel Zarzis ist mit Djerba durch einen Damm verbunden, den man auch die Römerstraße nennt; andere wiederum behaupten, Karthager hätten ihn angelegt. Wie dem auch sei, bis in neuere Zeit fand diese technische Glanzleistung kaum noch Verwendung. Die Stadt **Zarzis** ist eine an drei Seiten von Oliven- und Palmenhainen umgebene Oase am Meer. Mit weitläufigen Plätzen und Kreisverkehrsinseln aus der Epoche des französischen Protektorats hat der Ort noch etwas aus Kolonialzeiten bewahrt. An den Stränden nördlich des Zentrums reihen sich die Badehotels aneinander.

PRAKTISCHE HINWEISE

Klima. Im größten Teil des Landes herrscht ein mildes Mittelmeerklima. Die Küstengebiete sonnen sich in recht warmen Wintern und trockenen heißen Sommern. Der Durchschnitt liegt im Januar um angenehme 10 °C und im Juli bei 26 °C. Von Mai bis September fällt kaum Regen. Je weiter Sie sich in südlicher Richtung bewegen, umso heißer und trockener wird es. Landeinwärts, in Richtung Sahara, steigt das Thermometer im Sommer bis über 40 °C. Die niedrige Luftfeuchtigkeit ist eine Wohltat.

Kreditkarten und Reiseschecks. Die gebräuchlichsten Kreditkarten werden überall dort angenommen, wo viele Touristen verkehren, so z. B. in führenden Restaurants und Hotels. In Banken und Hotels können Sie Reiseschecks eintauschen. Heben Sie die Quittung auf; Sie brauchen sie, um vor der Ausreise die nicht verwendeten Dinar zurückzutauschen. (Die zulässige Höchstsumme für den Rücktausch beträgt 100 Dinar.) An manchen Orten werden Euro als Zahlungsmittel akzeptiert.

Notfälle. Krankenwagen 190; Polizei 197; Feuerwehr 198.

Öffnungszeiten. *Banken*: Im Sommer (Juli bis Mitte September) Montag bis Freitag 8–11.30 Uhr; im Winter zusätzlich auch am Nachmittag (meist 14–16 Uhr). Während des Ramadan sind die Zeiten 8–11.30 und 13–14.30 Uhr. In Touristengebieten hat zumindest eine Bank auch am Samstagmorgen offen. *Geschäfte*: Unterschiedliche Öffnungszeiten, in der Regel Montag bis Samstag 8 oder 9–12 Uhr und 14, 15 oder 16–18, 19 oder 20 Uhr. *Postämter*: Im Sommer Montag bis Freitag 8–13 Uhr, im Winter Montag bis Freitag 8–12 Uhr und 15–18 Uhr sowie Samstag 8–12 Uhr.

Sprache. Amtssprache ist Arabisch; fast überall wird außerdem fließend Französisch gesprochen. Vielerorts spricht man Englisch, und in Touristengebieten immer mehr auch Deutsch.

Stromspannung. In der Regel 220 V/50 Hz, in alten Gebäuden teils 110 V.

Trinkgeld. Taxifahrer, Kellner und Hotelpersonal sind immer für ein Trinkgeld dankbar – etwa 10 % in Restaurants und etwas mehr beim Friseur.

Währung. Tunesiens Währungseinheit ist der *dinar* (abgekürzt TND, D, DT), der in 1000 *millimes* unterteilt ist. Als Tourist werden Sie kaum kleineren Münzen als 50 oder 100 Millimes begegnen; die größeren Einheiten sind $1/2$, 1 und 5 Dinar. An Banknoten gibt es vor allem 10, 20, 30 und 50 Dinar; 5-Dinar-Scheine existieren, sind jedoch selten.

Zeit. Es gilt ganzjährig die Mitteleuropäische Zeit (MEZ).

Feines Kunsthandwerk

LANDGÄNGE

Algerien

- 127 Algier
- 129 Tipasa
- 130 Bejaia
- 131 Skikda
- 132 Constantine
- 136 Annaba
- 137 Hippo Regius
- 138 Guelma
- 138 Souk-Ahras

Extras
- 131 Einkaufstipps
- 137 Speisekarte
- 139 Praktische Hinweise

Stadtplan
- 254 Algier – Zentrum

Islamische Architektur

Wüstenbewohner

Moderne Gedenkstätten

8 الحدود الجزائرية
FRONTIERE ALGERIENNE

ALGERIEN

Entdecken Sie Algier und seine faszinierende Kasbah (Altstadt mit Zitadelle); die Kabylei östlich der Hauptstadt – eine raue, gebirgige Region; die in einzigartiger Lage errichtete Stadt Constantine hoch über dem Tal des Rhumel und schließlich die auf römische Zeit zurückgehenden Orte Hippo Regius, Guelma und Souk-Ahras.

Algier

Die schönste Aussicht auf Algier hat man von der Oberstadt, wo sich neben Wohnvierteln, Parks und Gärten, Hotels und diplomatischen Vertretungen auch viele Sehenswürdigkeiten befinden.

Drei stilisierte Palmblätter aus Beton bilden das weithin sichtbare **Märtyrerdenkmal** (*Mémorial du Martyr*, 1982) auf einem Hügel 3 km südöstlich des Zentrums. Über dem so gebildeten 92 m hohen Dreifuß erhebt sich der Fernsehturm. Am Fuß des Denkmals stehen Soldaten Wache.

Weiter unten, im **Musée national du Moudjahid**, wie der Befreiungskampf gegen die Franzosen von 1830 bis 1962 genannt wird, dokumentieren Karten, Modelle, Schriftstücke und Fotos die zahlreichen Kämpfe und Aufstände im 19. Jh. und im Krieg 1954–62. Eine Marmorgruft unter dem Museum ehrt das Andenken der Gefallenen. Der Siegespark, der sich neben der Gedenkstätte ausbreitet, ist ein beliebter Treffpunkt der Jugendlichen.

Eine Drahtseilbahn führt zum **Kunstmuseum** (*Musée national des Beaux-Arts*), das eine großartige Sammlung französischer Gemälde des 19. und 20. Jh. geerbt hat, darunter viele Werke der »Orientalisten«, die Algerien in der frühen Kolonialzeit besuchten. Das Museum besitzt auch Skulpturen von Rodin, Maillol und Bourdelle. Nach der Unabhängigkeit kamen markante Werke algerischer Künstler dazu.

Näher beim Zentrum, aber immer noch auf der Anhöhe, steht das im 19. Jh. in maurischem Stil erbaute **Hotel El-Djazaïr**, einst ein Lieblingsort britischer Besucher, die hier im warmen Klima des Südens überwinterten.

Das **Bardo-Museum** (*Musée national du Bardo*) im Norden, am Ende der Rue Didouche Mourad, ist das größte Museum der Stadt.

Es befindet sich in einer palastartigen Villa des 18. Jh. mit einem eleganten Innenhof, einem Brunnen und Tausenden von Keramikfliesen. Seine ethnografischen und prähistorischen Sammlungen sind für das Verständnis der Vergangenheit Algeriens wichtig. Faszinierend sind Nachbildungen von Felszeichnungen und Gravuren aus der südlichen Sahara.

Den Hügel hinauf gelangen Sie nun zum **Antikenmuseum** (*Musée national des Antiquités*). Es besitzt herrliche Glasgefäße, Mosaiken und Bronzen aus der Römerzeit und islamische Kunstschätze wie etwa aus Holz geschnitzte Minbars (Kanzeln), Keramik und Textilien.

Der älteste Stadtteil am nordwestlichen Hafenende konzentriert sich um den weiträumigen Märtyrerplatz. Die Moschee **Djemaa el-Djedid** an seiner Südseite heißt wegen ihrer Nähe zum Fischmarkt auch »Fischermoschee«. Sie wurde um 1660 im türkischen Stil erbaut und besitzt eine leicht zugespitzte Kuppel, eine lange Gebetshalle sowie ein viereckiges Minarett in Weiß und Ocker, eines der Wahrzeichen von Algier.

Blick zurück in alte Zeiten in der Rue Houcine in Algier. | Die Ruinen des antiken Tipasa: eine ausgedehnte Ausgrabungsstätte.

Nördlich vom Märtyrerplatz gelangt man an der klassizistischen Handelskammer vorbei zur viel älteren **Großen Moschee** (Djemaa el-Kebir), einem Bau im schlichten Stil des 11. Jh. mit einer rechteckigen Halle, die durch gewölbte weiße Kolonnaden in Gänge unterteilt ist.

Vom Märtyrerplatz landeinwärts liegt die **Kasbah** (Altstadt mit Zitadelle), ein Gewirr von engen, verwinkelten Gassen, Durchgängen und Treppen, die bis 130 m über den Hafen hinaufreichen. Jahrzehnte der Verwahrlosung gingen an der Kasbah zwar nicht spurlos vorbei, doch sind die ehrgeizigen Sanierungspläne der UNESCO sowie die Restaurierung der historischen Bauten gut vorangekommen.

In Begleitung eines Führers können einige Gebäude in der Nähe des Märtyrerplatzes besichtigt werden. Bis zu Beginn des 19. Jh. und der französischen Besetzung befanden sich in dieser Gegend die Paläste und Häuser des Dey (Herrschers) von Algier. Der Dar Aziza (Palast der Prinzessin) aus dem 16. Jh. und die von den Franzosen in eine Kathedrale umgewandelte Ketchaoua-Moschee blieben erhalten.

Im **Volkskunstmuseum** (*Musée national des arts et des traditions populaires*) sind Trachten, Teppiche, Schmuck und anderes Kunsthandwerk ausgestellt.

Tipasa

Das heutige Tipasa an der Küste 68 km westlich von Algier ist eine Kleinstadt mit Fischerhafen, Parks und Gärten. Im Osten und Westen ist sie von neueren Urlaubszentren umgeben; Tipasa-Plage (im Westen) ist im Stil einer mittelalterlichen arabischen Stadtfestung gebaut. Dazwischen befindet sich die archäologische Fundstätte mit den Überresten des römischen Tipasa.

Die Phönizier gründeten hier im 5. Jh. v. Chr. eine Handelsniederlassung. Die karthagische Hafenstadt wurde später von den Römern übernommen. Nach dem Übertritt des römischen Reichs zum Christentum litt sie unter dem Schisma zwischen der römischen Kirche und den abtrünnigen Donatisten.

Die wichtigsten Spuren der Römerstadt, Tempelruinen und ein Amphitheater, stehen zwischen Bäumen und Gärten in einer Parkanlage mit einem gut erhaltenen Abschnitt der alten Römerstraße.

In der Nähe des Eingangs stehen die Reste der riesigen öffentlichen **Bäder** und das **Museum** mit Steinsarkophagen, Statuen und Mosaikböden aus den Tempeln, Villen und Thermen der Stadt.

Im Norden des Parks befindet sich hinter dem Amphitheater das mit den Original-Steinplatten besetzte und von den Fundamenten verschiedener Gebäude eingefasste römische Forum. Auf einer Klippe über dem Meer sind westlich der großen christlichen **Basilika** weitere Spuren von Villen und Badehäusern zu sehen. Daneben ist die einstige Stadtmauer erkennbar, dahinter die Nekropole aus dem 5. Jh.

Bejaia

Der heutige Standort von Bejaia, das durch das Massiv des Djebel Gouraya vor den Westwinden geschützt ist, war bereits den Phöniziern bekannt, die ihn mit dem Namen Vaga (»Brombeergestrüpp«) bezeichneten – was vermutlich auf die Vegetation anspielte, die damals die felsigen Gebirgsausläufer bedeckte. Die Römer gründeten hier die Kolonie Saldae, und im 11. Jh. n. Chr. erlebte die Stadt ihre bedeutendste Entwicklung. Zu jener Zeit zog die Hammaditen-Dynastie aus der Gebirgsregion von M'Sila hinunter an die einladende Küste, die auch für den Handel günstigere Bedingungen bot.

Im Jahr 1067 gab En-Nasser, ein Herrscher der Hammaditen-Dynastie, seinen Namen der Stadt, die 25 Jahre später zur politischen und kulturellen Hauptstadt des Königreichs werden sollte. Seit jener Zeit blühte En-Nassria als Schiffsbauzentrum auf und entwickelte sich von einer in Terrassen vom Meer zum Gebirge ansteigenden Siedlung zu einer Stadt, die um die Mitte des 12. Jh. von den Almohaden und später von den tunesischen Hafsiden eingenommen wurde. Im 16. Jh. eroberten die Spanier, im Bestreben, den westlichen Mittelmeerraum zu beherrschen, En-Nassria (Naciria) und besetzten es ein halbes Jahrhundert lang, bevor sie den Osmanen anfangs des 17. Jh. ihre Position abtraten.

1833 nahmen französische Truppen die Stadt ein, deren arabischen Namen Bejaia sie längst in Bougie (»Kerze«) verballhornt hatten. So bezeichnete man später die kleinen Bienenwachskerzen, die seit dem 16. Jh. im Bergland der **Kabylei** hergestellt und exportiert wurden. Inzwischen trägt Bejaia wieder seinen arabischen Namen und ist ein bedeutendes Erdölzentrum, das sich rund um den Endpunkt der Pipeline von Soummam entwickelt hat; diese führt von den Bohrfeldern von Hassi Messaoud bis hierher.

In dem auf den Ruinen der antiken Stadt erbauten Bejaia zeugen nur wenige Überreste von der Vergangenheit. Sie können jedoch im Foyer des Rathauses ein römisches **Mosaik** bewundern; ebenso blieben Teile der Wallmauer, der Zisternen und einiger antiker Gräber erhalten. Die Place Guedon liegt hoch über dem Hafen. Zwei Tore aus der Hammaditen-Zeit – **Bab el-Bahr** (»Meerestor«, auch Sarazenentor genannt), im 11. Jh. erbaut, und das mit Türmchen bestückte **Bab el-Bounoud** (Bab el-Fouka) im Westen der Stadt erinnern noch an die Festungsmauern, die das arabische En-Nassria und seinen Palast (von dem keine Spur übrig ist) schützten.

Die **Kasbah** schmiegt sich an die steilen Hänge und breitet sich rund um einen über Treppen erreichbaren, aufs Meer blickenden kleinen Platz aus; hier sind noch einige Überreste aus der Almohadenzeit zu sehen.

Auf der Place du 1er-Novembre sind im **Musée Bordj Moussa** frühgeschichtliche Objekte zu bewundern, die besonders in der Ali-Bacha-Grotte gefunden wurden. Außerdem besitzt das Museum bedeutende Sammlungen afrikanischer Insekten und Vögel. Rund 40 Gemälde von Emile Aubry (1880 in Sétif geboren, 1964 verstorben), die kabylische Landschaften und Menschen aus der Region zu Beginn des 20. Jh. darstellen, wurden nach der Auflösung des Aubry gewidmeten Museums hier untergebracht. Zeitgenössische Maler wie Tabekouch und Farés sind ebenfalls vertreten.

Das im 16. Jh. während der spanischen Besetzung von Pedro de Navarro errichtete **Fort Moussa** thront über der Bucht östlich von Bejaia.

Skikda

Das phönizische Russicada (Rusicade für die Römer) war ein geschäftiger Hafen, wo die aus der Region stammenden Produkte verschifft wurden. Nach 1838 übernahm die Stadt den Transport der Produkte aus bzw. nach Constantine und erhielt zu Ehren des damaligen französischen Königs Louis-Philippe den Namen Philippeville. Die heute Skikda

Einkaufstipps
CDs mit kabylischer Musik
Glas-, Leder- und Töpferwaren
Silberschmuck der kabylischen Berber
Teppiche mit geometrischen Motiven

Corbis/Franken

genannte Hafenstadt ist noch auf den Handel ausgerichtet und besitzt Gas- und Petrochemie-Installationen, neben Industriekomplexen, die die Rohstoffe in der Region abbauen. Vom antiken Rusicade sind kaum Überreste geblieben, außer den Ruinen des großen Theaters, die man auf dem Gelände des Gymnasiums – zwischen Rathaus und gedecktem Markt – besichtigen kann.

Im Zentrum befindet sich die Geschäftsstraße Didouche-Mourad; hier steht der Bahnhof, der seit seiner Erbauung 1936 als Musterbeispiel für die auf ein öffentliches Bauwerk angewendete moderne Kunst gilt. Ein Brunnen stellt einen Riesen und eine Pythonschlange dar, um die Bronzelöwen gruppiert sind.

Constantine

Das 90 km südlich von Skikda und etwa 350 km südöstlich von Algier gelegene Constantine genießt eine hervorragende Lage, wegen der es in zahllose Schlachten verwickelt wurde – angeblich soll es 82 Belagerungen durchgemacht haben! Zu der Zeit, als der zentrale Felsen von Constantine mit dem von Sidi M'Cid noch verwachsen war, verlief der Fluss Rhumel westlich des Zentrums noch an der Oberfläche. Da er dabei jedoch ständig an die südliche Klippe stieß, grub er mit der Zeit eine unterirdische Passage. Die dabei entstandene Galerie stürzte im Lauf der Jahrtausende ein; es blieben nur einige jetzt noch sichtbare Steinbogen stehen. Heute erstreckt sich die Schlucht – östlich des 650 m hohen zentralen Felsens – über eine Länge von 1,8 km und ist 135 bis 200 m tief.

Die Stätte war bereits vor dem Paläolithikum besiedelt. Um das 4. Jh. v. Chr. lebten die Numidier hier und nannten die Stadt Sarim Batim und später Kirtha.

Das seit dem 2. Jh. v. Chr. römische Cirta wendete sich 311 n. Chr. gegen Rom, wofür es hart bestraft wurde. Im 5. Jh. fiel es an die Vandalen und später an die Byzantiner, die bis zur Ankunft der Araber in der Region (im 7. Jh.) herrschten. Vom 10. bis 12. Jh. gehörte der Stadt zum Fatimiden-Reich, später zum Hammaditen-Reich von Bejaia. Im 16. Jh. erkoren die Osmanen Qasentina (heute Constantine) zum Sitz des Beys. Am Ende des 18. Jh. verwandelte Salah Bey es in eine würdige Hauptstadt und erbaute die Medresen (Koranschulen) Sidi El-Kettani, El-Kettania und Sidi Lakhdar.

1830 beschlossen die Bewohner, den Franzosen, die in Sidi-Fredj gelandet waren, Widerstand zu leisten; dies gelang ihnen bis 1837. Durch einen Erlass vom Juni 1844 wurde Constantine aufgeteilt: Im europäischen Teil im

Westen entstanden lauter Neubauten; der muslimische Stadtteil befand sich in der Nähe der Kasbah und des jüdischen Viertels.

Zu Beginn des 20. Jh. wurden große Bauarbeiten in Angriff genommen, darunter die Brücken Sidi Rached und Sidi M'Cid und die Fahrstühle, die Verbreiterung der Straßen im europäischen Viertel und die Schaffung des Boulevard de l'Abîme. Zudem entstanden die Plätze Panis und El-Kantara sowie öffentliche Bauten, die das Antlitz des wie ein Adlernest hoch oben thronenden Zentrums nachhaltig veränderten. Nach dem Zweiten Weltkrieg begann im Gebiet von Constantine der algerische Aufstand; am 8. Mai 1945 kam es in Sétif und Guelma zu Krawallen.

1961 wurde der beliebte Musiker Raymond Leyris auf offener Straße ermordet, als er auf dem Souk einkaufte. Der gewaltsame Tod des Virtuosen des *oud* (Laute) und Meisters des *malouf* (arabisch-andalusische Musikrichtung) veranlasste die Juden der Stadt dazu, auszuwandern.

Während Constantine früher nur den zentralen Kalksteinblock einnahm, hat sich die Stadt später sehr ausgedehnt, besonders, als zu Beginn des 20. Jh. der Koudiat Aty, der Hügel südwestlich des Zentrums, abgetragen wurde und europäische Wohnviertel und Verwaltungsgebäude entstanden.

Die meisten bedeutenden Bauten der **Altstadt** – außer der **Großen Moschee** (Djemaa el-Kebir) aus dem 12. Jh. im hafsidischen Stil – stammen aus osmanischer Zeit. Am besten erlebt man die Atmosphäre des Viertels am Morgen, wenn die Constantinois sich an den Markständen des **Souks** drängen. Trotz seines baufälligen Aussehens gibt es hier schöne Häuser aus dem 16. und 17. Jh.

Am Rand der Altstadt steht in der Nähe der schmalen Brücke Mellah Slimane die zur Universität gehörende **Medersa** des Boulevards Larbi Ben M'Hidi; sie lohnt wegen ihrer bunten Keramikfliesen einen Umweg. Die Kasbah ganz oben kann nicht besichtigt werden, da sie dem Militär vorbehalten ist.

Hadj Ahmed, einer der Helden des Widerstands gegen das Kolonialregime, ließ 1826–1835 das **Palais Ahmed Bey** erbauen, das 2010 nach umfassender Restaurierung wieder eröffnet wurde. Man betritt es über einen Gang, der in einen Innenhof mündet; dieser wird von den Kolonnaden der den Frauen vorbehaltenen Galerien begrenzt und führt weiter zu mehreren Höfen und inneren Gärten. Besonders sehenswert sind die Gemälde, die Mittelmeerhäfen zur Zeit der Osmanenherrschaft darstellen; eines davon zeigt die Niederlage Karls V. vor Algier (1541). Um den 5610 m² großen Palast zu bauen, verwendeten Künstler und Handwerker oft Materialien, die sie in alten Villen oder römischen Ruinen der Umgebung fanden.

Die Moschee und Medrese **Sidi el-Kettani**, die Salah Bey im 18. Jh. unweit der Kasbah erstellen ließ, dienten bis 1962 als Residenz des französischen Gouverneurs. Die 1703 unter der Herrschaft von Bey Hussein Bou Koumia begonnene und 1730 vollendete Moschee Souk el-Ghezel wurde seit 1838 unter dem Namen **Notre-Dame des Sept Douleurs** als katholisches Gotteshaus verwendet.

Unweit der Place des Martyrs zeigt das **Musée de Cirta** eine Sammlung orientalischer Gemälde des 19. Jh. sowie numidische und römische Funde aus Constantine und Umgebung (so eine bronzene *Victoire de Cirta*).

Am Rand des Steilhangs am rechten Ufer bietet sich jenseits der Brücke Sidi M'Cid eine hervorragende Aussicht, wenn Sie über Treppen zum **Monument aux Morts**, einem französischen Kriegerdenkmal aus dem frühen 20. Jh., hinaufsteigen, über dem eine Replik der im Cirta-Museum gezeigten *Victoire* thront.

Über der **Neustadt** erheben sich der 22-stöckige Turm der Universität der Gebrüder Mentouri (1971 eingeweiht und nach Plänen des Architekten Oscar Niemeyer erbaut) und die beiden gigantischen Minarette der **Moschee Emir Abdelkader**, die zur islamischen Universität für Wissenschaften gehört, die zu Beginn der 1980er-Jahre dank saudi-arabischer Gelder errichtet wurde.

Die **Schlucht des Rhumel** überspannen mehrere Brücken, einige davon Hängebrücken, von denen aus man in die schwindelerregende Tiefe blicken kann... Beginnen Sie im Süden mit der Sidi-Rached-Brücke, und folgen Sie dem Fluss bis zur Hängebrücke Sidi M'Cid.

Flussaufwärts von den anderen Brücken und über dem Ort, wo einst das Haus von Pierre Louÿs stand, befindet sich der Pont d'Arcole, der den Bardo mit der Baumschule verband. Diese Eisenbrücke ist heute geschlossen. Der **Pont du Diable** (»Teufelsbrücke«) direkt am Eingang zur Schlucht verdient seinen Namen – sei es nun wegen des teuflischen Lärms, den das Wasser hier macht, oder wegen des Brauchs, die Widersacher des Beys vom Platz über den Grotten des Kef-Chkara (Rocher des Martyrs) in die Tiefe zu werfen. Heute ist der 65 m hohe Übergang Fußgängern vorbehalten; er dient auch als Ausgangspunkt des Touristenwegs, der entlang der Schlucht bis zur letzten Brücke führt.

Die im April 1912 – am selben Tag wie die Hängebrücke Sidi M'Cid – eingeweihte **Sidi-Rached-**

Brücke war zu jener Zeit die höchste Steinbrücke der Welt. Sie besteht aus 27 Bogen, die entlang einer Linie von 450 m zwischen dem Zentrum und dem Bahnhofsviertel verlaufen – bis zur Straße nach Batna. Diese Brücke überspannt die Schlucht in einer Höhe von 105 m. Die 125 m lange **Passerelle Mellah Slimane** ist eine »Miniaturausgabe« der Sidi M'Cid-Brücke. Dieser Übergang (nur für Fußgänger) verbindet ebenfalls Bahnhof und Zentrum.

Eine der ältesten Brücken ist die **El-Kantara-Brücke**. Sie war ursprünglich ein römischer Aquädukt, über den die Wasser des Djebel El-Ouach in die Ziternen der Altstadt gelangten – und lange die einzige Verbindung zwischen dem Felsen von Constantine und der übrigen Welt. Der Aquädukt wurde mehrmals beschädigt und mit Baumaterial aus dem römischen Amphitheater »repariert«. Ihr heutiges Antlitz erhielt die Brücke 1863. Der in 125 m Höhe über dem Rhumel gespannte Übergang ist 128 m lang. Blickt man hinunter, so entdeckt man den El-Kantara-Platz, der etwas verlassen wirkt.

175 m hoch über dem Rhumel schwebt die 164 m lange **Hängebrücke Sidi M'Cid** zwischen Gymnasium und Spital. Sie wurde oberhalb des natürlichen Bogens errichtet, der vom Boulevard de l'Abîme zum Spital führt, das

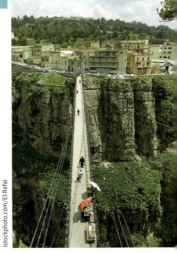

Um ins Zentrum von Constantine zu gelangen, muss man auf einer der vielen Brücken die tiefe Schlucht des Rhumel überqueren.

vormals nur über einen Umweg über die El-Kantara-Brücke erreichbar war. Von dieser im Jahr 2000 erneuerten Brücke hat man einen fantastischen Blick auf die Schlucht, die Stadt und das Hamma-Tal.

Der **Pont des Chutes** bildet den letzten Übergang über den Fluss, an der Stelle, wo der Rhumel die Schlucht verlässt, um sich – nach einer Reihe atemraubender Wasserfälle (daher der Name) in die Hamma-Ebene zu ergießen.

Annaba

Die Stadt Annaba liegt in der gleichnamigen Bucht an einer landschaftlich reizvollen Küste. Westlich davon verläuft das Edough-Massiv; hier befindet sich auch das Mündungsgebiet des Oued Seybouse. Annaba, dessen Einwohnerzahl sich auf über 200 000 beläuft, ist dank seines Hafens zu Algeriens bedeutendsten Städten. Trotz großer Industriezonen wie El-Hadjar ist Annaba eine angenehme Stadt am Meeresufer. Die Ebene südlich und östlich Annabas ist durch Obst- und Gemüsekulturen geprägt, die früher sehr nahe ans Zentrum heranreichten.

Seit dem 11. Jh. v. Chr. verfügten die Phönizier in Hippo (»Festung«) über eine Handelsniederlassung. Unter den Numidern hieß die Stadt Hippo Regius, war Hauptstadt des Königs Gaïa und Verbündete Karthagos – bis zu dessen Zerstörung durch die Römer (146 v. Chr.) und der Niederlage Jugurthas. Unter dem Namen Hippona wurde es der römischen Provinz Africa Nova angegliedert. Die Stadt und ihr Hafen erlebten eine Blütezeit, und Annaba wurde zu einem Zentrum des Christentums. 430 n. Chr. starb der heilige Augustinus, der Bischof der Stadt, während der Belagerung Hippos durch die Vandalen unter Geiserich. Die Vandalen blieben rund 100 Jahre hier, bevor sie von den Byzantinern verdrängt wurden.

Die Araber erbauten auf dem Hügel Sidi Marwan, 2 km vom verfallenen Zentrum des antiken Hippona, eine Stadt, der sie den Namen Bonna el-Hadelsa (»neues Hippona«) oder Bled el-Anneb gaben – woraus Annaba entstand. Am 26. Juli 1830, kurze Zeit nach der Eroberung Algiers, befahl General de Bourmont, eine Expedition nach Annaba zu unternehmen. Die französischen Truppen brauchten zwei Jahre, bis sie die Stadt einnehmen konnten – die sie in Bône umtauften.

Von dem hinter Palisaden versteckten Hafen aus ist die Stadt rund um den **Cours de la Révolution** angelegt, einen 500 m langen Platz zwischen Bahnhof (im Süden) und Fuß des Kasbah-Hügels (im Norden). Der mit riesigen Feigenbäumen und Palmen bestandene, blumengeschmückte Platz wird besonders an den langen Sommerabenden zum beliebten Treffpunkt; die Terrassen der Cafés und Restaurants reihen sich hier dicht aneinander.

Westlich des Platzes brodelt rings um den **gedeckten Markt** das Geschäftsviertel. Östlich davon zieht sich die Altstadt an den Hängen des Djebel Aded hinauf, ein Hügel am Meeresufer, auf dem sich die Reste einer Kasbah erheben (auf 105 m Höhe), die ein 13 ha großer Park umgibt.

Auf der Place du 19-Août steht die Moschee des Bey (16. Jh.).

Die Moschee Sidi Bou Mérouane höher oben wurde im 11. Jh. mit Säulen erbaut, die aus den Ruinen von Hippo Regius stammten. Neben der Moschee Sidi Boumedienne in Tlemcen und der von Sidi-Okba in der Nähe von Biskra ist dies eine von Algeriens bemerkenswertesten Moscheen.

Hippo Regius

Etwa 3 km südwestlich vom Zentrum Annabas (N16 in Richtung Guelma und Constantine) steht das alte römische Hippo Regius, das im Osten an die Bucht von Annaba und den Oued Seybouse und im Westen an die Ausläufer des Edough-Massivs grenzt.

Im Innern eines Vierecks schlummern die bisher zutage geförderten Ruinen zwischen dem Hügel des hl. Augustinus im Westen und dem Hügel Gharf el-Artran im Osten. Inmitten von wucherndem Unkraut und Feigenbäumen – die sich stets einen Weg zwischen altem Gemäuer zu bahnen wissen – erkennt man mühelos die Reste eines Wohnviertels, dessen Häuser mit Mosaiken und Becken geschmückt waren, das christliche Viertel rund um die Friedensbasilika St. Augustin, die großen Thermen, aus denen die meisten der im Museum gezeigten Statuen stammen, die Zisternen des Hadrian, das Theater und das Forum.

Links vom Eingang erwartet Sie oben auf dem kleinen Hügel Gharf el-Artran oberhalb der Ruinen das Museum, das in einer ehemaligen Kaserne (die später als Gefängnis diente) untergebracht ist. Im Innenhof sind Statuen und Stelen zu sehen, in den Sälen gibt es prachtvolle, sehr gut erhaltene Mosaiken zu bewundern. Eines dieser fein gearbeiteten Kunstwerke zeigt einen interessanten Plan von Hippo Regius in römischer Zeit. Außerdem stellt das Museum Alltagsgegenstände wie Lampen, Glas- und Töpferwaren aus.

Author's images

Speisekarte
Baghrir – Pfannkuchen aus Grieß
Berkoukes – Grieß (*couscous*) mit Gemüse und Fleisch
Bourek – Blätterteigrollen, mit Hackfleisch gefüllt
Chakchouka – Salat aus Pfefferschoten
Chakhchoukha – Gericht aus Kichererbsen, anderem Gemüse, Lammfleisch und Grießnudeln
Chorba – Suppe aus Hammelfleisch und Gemüse
Lham lahlou – Hammelfleisch mit Dörrpflaumen

2,5 km westlich von Annaba steht oberhalb der Ruinen die **Basilika des hl. Augustinus**, die ab 1881 am Standort eines dem von den Numidern verehrten Gott Baal Hammon geweihten Tempels errichtet wurde. Für den Bau – nach romanischem Grundriss in neubyzantinischem Stil – wurde Marmor aus Guelma, rosa Granit aus dem Edough-Massiv und Onyx aus Aïn Smara verwendet, z. B. für die Säulen und die Kanzel. Die Decke ist aus bemaltem Holz. Die Apsis der Basilika birgt ein Grabmal, das eine schöne Darstellung des heiligen Augustinus auf seinem Totenbett zeigt. Beim Altar handelt es sich eigentlich um eine 300 Jahre alte Berbertruhe. Im Museum von Hippo Regius sind phönizische Votivstelen zu sehen, die beim Bau der Basilika zum Vorschein kamen.

Guelma

Guelma liegt auf fast 300 m Höhe am Abhang eines Hügels an der Straße Constantine–Annaba. Die einstige Numiderstadt fiel im 1. Jh. v. Chr. nach dem Sieg Cäsars über Juba I. an die Römer und erhielt den Namen Calama. Heute sind die wichtigsten Einkommensquellen die Viehzucht und der Getreideanbau; daneben gibt es Porzellanfabriken, in denen Kaolin vom Djebel Debagh verarbeitet wird. Zahlreiche Überreste zeugen von Guelmas Blüte in römischer Zeit, darunter ein **Theater**, dessen anfangs des 20. Jh. völlig restauriertes Bühnenhaus sehr gut erhalten ist. Die Statuen von Äskulap und Neptun beeindrucken heute noch.

Das **Museum** zeigt interessante Funde, die bei Ausgrabungen in der Umgebung von Guelma und Souk-Ahras gefunden wurden.

Ein paar Kilometer nördlich von Guelma befindet sich das für seine Oliven- und Orangenhaine bekannte **Héliopolis**. Das runde Becken **Hammam Berda** aus römischer Zeit wird noch genutzt.

Souk-Ahras

In Souk-Ahras, dem antiken Thagaste, kam 354 Augustinus zur Welt. Der spätere Philosoph und Bischof von Hippo Regius besuchte hier die höhere Schule und wirkte eine Zeit lang als Lehrer. Das moderne Souk-Ahras hat viel von seiner großen Vergangenheit bewahrt. Neben **archäologischen Funden** (Mausoleen, römische Ruinen, christliche Basilika, Thermen, Theater und byzantinisches Fort) besichtigt man das **Museum des hl. Augustinus** in der Krypta der Kirche, das neben Marmorstatuen auch Votivstelen mit libyschen und lateinischen Inschriften birgt. Ein weiteres **Museum im Theater** zeigt Fundgegenstände, Skulpturen und Mosaiken aus Madaure, Khemissa, Announa und Guelma.

PRAKTISCHE HINWEISE

Einreise. Neben einem mindestens 6 Monate über das Einreisedatum hinaus gültigen Reisepass müssen Sie auch ein Visum vorweisen. Man erhält ein für Aufenthalte von höchstens 90 Tagen gültiges Visum bei der Botschaft bzw. dem Konsulat.

Klima. Im Sommer herrscht heißes und feuchtes Wetter; es fällt wenig Regen. Die Monate April bis Juni und Oktober bis November sind angenehm warm mit gelegentlichen Schauern. Der Winter ist im Allgemeinen mild, mit längeren Regenperioden.

Kreditkarten und Reiseschecks. Die wichtigsten Karten werden nur in wenigen großen Hotels und Geschäften als Zahlungsmittel akzeptiert. Reiseschecks können in Geldwechselbüros eingetauscht werden.

Notfälle. Rettungsdienst 16; Polizei: 17; Feuerwehr: 14.

Öffnungszeiten. *Banken:* Gewöhnlich Sonntag bis Donnerstag 8–16.30 oder 17 Uhr. Wechselbüros in Hotels und anderswo haben längere Öffnungszeiten. *Geschäfte* sind im Allgemeinen Sonntag bis Donnerstag 8–12 Uhr und 14–19 Uhr geöffnet; manche sind auch freitags offen. *Postämter:* In der Regel Sonntag bis Mittwoch 8–17 Uhr, am Donnerstag 8–12 Uhr.

Sprache. Amtssprache ist Arabisch, daneben spielt Französisch eine wichtige Rolle als Verkehrs- und Handelssprache. Als Landessprache anerkannt ist auch das von 30 % der Bevölkerung gesprochene Berberisch.

Stromspannung. Gewöhnlich 220 V, teils auch 110 V (50 Hz) Wechselstrom, die Mitnahme eines Adapters wird empfohlen.

Trinkgeld. Fahrer, Hotelportiers, Träger, Reiseleiter und sonstiges Dienstpersonal erwarten ein Trinkgeld (üblich sind 10 %).

Währung. Algeriens Währungseinheit ist der *dinar* (DA oder DZD). Am häufigsten begegnet man Münzen von 1 bis 100 DA und Scheinen von 100 bis 2000 DA. Die früheren *centimes* sind praktisch gar nicht mehr im Umlauf.

Wasser. Da die Trinkwasserversorgung in den Städten nicht immer ausreichend gewährleistet und das Wasser häufig stark gechlort ist, halten Sie sich am besten an Mineralwasser in Flaschen (achten Sie darauf, dass die Flasche versiegelt ist).

Zeit. Es gilt ganzjährig die Mitteleuropäische Zeit (MEZ); es wird nicht auf Sommerzeit umgestellt.

Dekoratives Kunsthandwerk

LANDGÄNGE

Marokko

141 Tanger
143 Casablanca
144 Rabat
145 Safi
146 Essaouira
147 Marrakesch
150 Agadir

»Säulen des Islams«

Extras
149 Einkaufstipps
150 Speisekarte
151 Praktische Hinweise

Stadtpläne
255 Tanger
256 Marrakesch
258 Agadir

Herzliche Gastfreundschaft

Kulinarische Tradition

Leben in der Wüste

MAROKKO

Marokko ist ein Land, in dem Märchenhaftes und Modernes Hand in Hand gehen: die Pracht eines maurischen Palastes, die Zufriedenheit eines einfachen Flickschusters, der Duft der Orangenblüten im Frühling, eindrucksvolle Festungen inmitten der Wüste, die fremdartigen Eindrücke und Gerüche der *souks*, der Märkte. Afrikanisch, arabisch und europäisch zugleich, schöpft Marokko aus vielen Kulturen. Die Berber sind seit Menschengedenken in Nordafrika angesiedelt und bewahren noch immer ihre Sitten und Sprache.

Tanger

Zwei traditionelle Mittelpunkte des Lebens in Tanger heißen Grand Socco und Petit Socco – der große und der kleine Markt. Diese Verschmelzung von französischen, spanischen und arabischen Wörtern ist typisch für die Stadt und ihre Bewohner.

Der **Grand Socco**, der große Souk, nimmt unmittelbar vor den Stadtmauern einen weiten Platz ein, amtlich die Place du 9 Avril 1947. Von hier gelangen Sie durch ein Tor in die **Medina**, die sich als ein Gewirr von belebten Sträßchen und Durchgängen den Hügel hinaufzieht. Jedes Gewerbe hat da sein eigenes kleines Viertel – in einer Gasse die Tischler, in einer anderen die Goldschmiede. Die Luft ist erfüllt vom Aroma scharfer Gewürze, dem betörenden Duft von Blumen und dem Geruch von auf Holzkohle brutzelnden Fleischspießchen.

Der **Petit Socco**, der kleine Markt, ist ein freier Platz mit mehreren Cafés im Herzen der Medina. Dies war der Treffpunkt aller Ränkeschmiede, die am »Tor zu Afrika« zusammenkamen. Und noch heute zieht ganz Tanger hier vorbei: Geschäftsleute in gestreiften Djellabas, Frauen im Kaftan oder nach Pariser Mode gekleidet und Scharen von ausgelassenen Kindern.

Die **Kasbah** (Zitadelle) auf dem Hügel über der Medina scheint von der Land- wie von der Seeseite her uneinnehmbar zu sein. Sultan Mulai Ismail beschloss im 17. Jh., im Schutz der Kanonenbatterie seinen Palast zu errichten. Heute sind zwei Museen in dem prachtvollen Bau untergebracht.

In den Cafés im Petit Socco in Tanger wird stets lebhaft diskutiert.

Durch ein unauffälliges Tor in der Rue Riad Sultan gelangt man in den duftenden **Sultansgarten**, der zum Eingang des eigentlichen Palastes, des **Dar el-Makhzen**, führt.

Der von wuchtigen Marmorsäulen eingerahmte Innenhof befindet sich heute im Zentrum des **Museums für marokkanische Volkskunst**. Zu den ausgestellten Schätzen gehören illuminierte Ausgaben des Korans, Metallarbeiten und Holzschnitzereien, Berberteppiche, edle Stoffe und eine Keramiksammlung. Im angrenzenden **Archäologischen Museum** sind Funde aus der Steinzeit und römische Mosaiken zu sehen. Die beiden reich dekorierten Innenhöfe machen den Palast selbst zum Kunstwerk. Sie können den Palast durch das elegante Schatzhaus **Bit el-Mal** verlassen, in dem mehrere Räume mit Balkon den *méchouar* überblicken, den Paradeplatz, auf dem sich das Volk versammelte, um dem Sultan oder dem Statthalter zu huldigen. Nördlich davon bietet ein über dem Felsen gelegener Aussichtspunkt den besten Rundblick über Bucht und Meerenge.

Etwas östlich des Petit Socco befindet sich die **Große Moschee**, die Tanger ebenfalls Sultan Mulai Ismail verdankt. Er ließ sie an der Stelle einer alten Moschee errichten, die die Portugiesen im 15. Jh. zur Kathedrale des Heiligen Geistes umgebaut hatten.

Vom Grand Socco führt die Rue de la Liberté in südlicher Richtung mitten ins moderne Zentrum von Tanger, zur Place de France und dem Boulevard Pasteur. In ein paar Straßen rings um den Platz finden Sie Cafés, Restaurants, Reisebüros und Buchhandlungen, und von der Terrasse bietet sich ein schöner Blick auf den Hafen und über die Straße von Gibraltar nach Spanien.

An einem heißen Sommertag ist es eine Wohltat, nach **La Montagne** zu fahren, dem Wohnviertel am »Berg« westlich der Stadt, wo reiche Geschäftsleute und Ausländer ihre Villen haben. Auch die königliche Familie besitzt hier eine Sommerresidenz. An der Küste hinter La Montagne bringen erfrischende Meeresbrisen etwas Abkühlung.

Am **Cap Spartel**, einige Kilometer westlich von Tanger, wacht ein Leuchtturm über die Supertanker, die zwischen Atlantik und Mittelmeer verkehren. Steigen Sie die Wendeltreppe zur Plattform hinauf, und genießen Sie die Aussicht vom nordwestlichsten Punkt Afrikas aus auf die Wogen von Atlantik und Mittelmeer. Der endlose Robinson-Strand wirkt einladend, doch wegen der gefährlichen Strömungen sollte man hier lieber nicht schwimmen.

Ein Stück weiter die Küste entlang kann man die **Herkulesgrotten** besuchen, die in prähistorischer Zeit als Steinbruch dienten. Der Sagenheld Herkules ist in der Gegend von Tanger eine viel zitierte Gestalt (er soll auch am Ursprung der Entstehung der Straße von Gibraltar stehen).

Casablanca

Seit die Portugiesen im 16. Jh. Casablanca (»Weißes Haus«) besetzten, ist es die europäischste Stadt Marokkos. Mit mehr als 3 Millionen Einwohnern ist es nicht nur der größte Ort, sondern auch das Handels- und Industriezentrum und der wichtigste Hafen.

Die **Place Mohammed V** ist der Mittelpunkt des modernen Casablanca; hier gibt es Geschäfte, Kinos, Cafés, Reisebüros und schaulustige Menschenmengen.

An der nahen **Place des Nations-Unies** stehen Verwaltungsgebäude, die Präfektur, das Postamt und das Fremdenverkehrsbüro. In diesem Gebäudekomplex sind europäische und arabische Bauelemente zum »maurischen« Stil verbunden. Dem Rathaus mit seinen Arkaden hat man sogar eine Art Bahnhofsuhrturm aufgesetzt.

Haben Sie die **Alte Medina** erreicht, bedarf es keiner weiteren Erläuterung. Die ummauerte Altstadt ist so klein, dass Sie sich kaum verlaufen können. Die Straßen sind ziemlich breit und die Kaufleute kaum weniger aufdringlich als ein Schwarm von Kraken. Soll es nicht unbedingt eine alte Uhr oder ein Teppich sein, begeben Sie sich am besten sogleich zu den verlockenden Lebensmittelständen.

Nicht zu verfehlen ist die 1993 geweihte **Moschee Hassans II.**, der »neue Leuchtturm des Islam« an der Küste von Casablanca. Das 210 m aufragende Minarett ist das höchste Gebäude Marokkos; es beherrscht das Stadtbild, ob Sie vom Land oder vom Wasser her kommen, auch bei Nacht, wenn der Turm beleuchtet ist und von seiner Spitze ein Laserstrahl nach Mekka weist. Die Gebetshalle ist

Orientalische Ornamentik filtert das Licht, das in den Gebetsraum der Moschee Hassans II. fällt.

so groß wie vier Fußballfelder, weitere 80 000 Gläubige finden auf der Esplanade draußen Platz.

Rabat

Es ist das Verdienst der Franzosen, Rabat zu einer ansehnlichen Hauptstadt gemacht zu haben; aber es war schon zur Zeit der Römer ein beachtlicher Ort an der Stelle, wo der Fluss Bou Regreg in den Atlantik mündet. Unter den Almohaden im 12. und 13. Jh. kam die Stadt, die aus einer im 10. Jh. gegründeten *ribat* (Klosterburg) entstanden war, zu großer Bedeutung. Das »Protektorat« richtete hier 1912 den Amtssitz des Generalresidenten ein, und als Marokko seine Unabhängigkeit wiedererlangte, wurde Rabat die Verwaltungshauptstadt des Königreichs.

Hauptader des modernen Rabat ist die **Avenue Mohammed V.**, auf deren beiden Seiten die Fußgänger unter schattigen Arkaden mit Geschäften und verträumten Cafés einherspazieren.

Doch zu einer Reise nach Rabat gehört unbedingt ein Besuch im **Mausoleum Mohammeds V.**, in dem heute der erste König der Nation und sein Sohn Hassan II. ruhen. Das Grabmal und die Gebäude ringsum spiegeln die üppige Pracht traditionellen marokkanischen Baustils wider – ein Überfluss an Kacheln, Marmor, Edelsteinen und kunstvoll bearbeitetem Messing. Berittene Soldaten in schmucken Uniformen halten am Eingang Wache. Selbst Nichtmuslime dürfen ins Innere treten und auf die weißen Onyx-Sarkophage hinunterschauen.

Neben dem Mausoleum stehen Reste der im 12. Jh. geplanten Hassan-Moschee: Ein Wald von 400 Säulenstümpfen verdeutlicht die Ausmaße des ehrgeizigen Bauprojektes. Erhalten blieb der weithin sichtbare, unvollendete **Hassan-Turm**; er gehört zu den schönsten Minaretten, die es gibt, und stammt aus derselben Epoche wie die Giralda in Sevilla und das Koutoubia-Minarett in Marrakesch.

In der **Medina** von Rabat geht es ruhiger als in den alten Vierteln der meisten marokkanischen Städte zu; in den geraden, gitterartig angelegten Straßen findet man sich leicht zurecht; und die Händler üben Zurückhaltung. Dennoch fehlt es nicht an Lokalkolorit. Am Eingangstor sitzen öffentliche Schreiber mit ihren »Tippmaschinen«, ein wenig weiter langweilen sich auf eine Beschäftigung wartende Handwerker mit ihrem Arbeitsgerät. Zum Kauf angeboten werden Seidenstickereien, Schmuck, Teppiche in leuchtenden Farben, Kaftane und Djellabas, Kupferwaren und Leder.

Gleich oberhalb der Medina lohnt das heutige Wohnviertel **Kasbah des Oudaias** mit seinen von Schießscharten durchsetzten Mauern, seiner noch schussbereiten Kanone und seiner besonderen Atmosphäre einen Spaziergang. Der Haupteingang zu dieser Enklave ist das **Bab al-Kasbah**, auch Oudaia-Tor genannt – ein hervorragendes Beispiel dekorativer almohadischer Steinmetzarbeit vom Ende des 12. Jh.

Die Hauptstraße der Kasbah führt an der ältesten Moschee Rabats vorbei zu der mit Kanone und Signalmast bestückten Terrasse, von der man einen herrlichen Blick auf den Ozean, den Fluss und die Stadt Salé gegenüber hat. Nicht weit davon befindet sich in einem Palast aus dem 17. Jh. das **Museum für marokkanisches Kunsthandwerk**.

Chella, die befestigte Nekropole der Meriniden-Dynastie, wurde im 14. Jh. an der Stätte der römischen Stadt Sala erbaut. Bei Ausgrabungsarbeiten innerhalb der alten Mauern kamen die Reste eines Forums, eines Tempels, von Läden und Bädern zutage. Doch abgesehen von Ruinen und Heiligengräbern findet man hier auch in einem Park einen kleinen Bananen- und Bambushain sowie die Überreste einer Moschee und ihres eingestürzten Minaretts.

Safi

Eine Stadt mit 300 000 Einwohnern, rauchenden Fabrikschloten, Tanklagern und einer Fischverarbeitungsindustrie ist für Touristen nicht besonders anziehend. Schon seit über zwei Jahrtausenden ist der Hafen von Bedeutung. Und die Geschichte hat einige andere interessante Spuren hinterlassen. Die Medina in der Nähe des Hafens wurde von den Portugiesen befestigt. Eine Burg aus dem 16. Jh. beherbergt heute das **Nationalmuseum für Keramik**. Dort finden sich vor allem Stücke aus Töpfereien der Stadt, die noch heute charakteristische blaue Glasuren herstellen.

Blick auf die Altstadt von Essaouira von den Mauern der Befestigungsanlage Skala aus.

Essaouira

Mogador, wie Essaouira vor der marokkanischen Unabhängigkeit hieß, existierte schon in phönizischen und römischen Zeiten. Die sichtbarsten Spuren haben jedoch die Portugiesen hinterlassen: aus dem 16. Jh. stammt die Skala, eine klassische Befestigungsanlage, die auf glorreiche Tage zurückblickt. Eher zur neueren Geschichte gehört, dass sich Orson Welles längere Zeit hier aufhielt, um seinen Film *Othello* zu drehen. Heute strömen Scharen von Windsurfern hierher: Essaouiras endlos langer und schon frühmorgens belebter Strand genießt Weltruf, obwohl die Wasserqualität kaum zum Baden einlädt.

Folgen Sie den Möwen, so gelangen Sie gleich hinter den Befestigungsanlagen zum **Fischerhafen**, in dem pausenlos gearbeitet wird. Wenn die schweren Trawler einlaufen, werfen Arbeiterbrigaden die Fische körbeweise aus dem Laderaum an Land, wo sie in Kisten verteilt und mit Eis gekühlt werden. Träger in wasserdichten Anzügen und gepolsterten Hüten tragen die tropfenden Kisten auf dem Kopf zu wartenden Lastautos. In der Zwischenzeit machen die Bootsmannschaften die Schiffe und Schleppnetze flott. Am Rand des Hafens können hungrige Einheimische und Touristen frisch zubereitete Fische und Meeresfrüchte kosten oder der Versteigerung der Fische zusehen.

Steigen Sie hinauf zur **Skala**, wo noch Kanonen aus dem 18. und 19. Jh. stehen. Von hier ist das hektische Treiben im Hafen von oben zu überblicken. Schaut man auf den Atlantik hinaus, fallen zwei Felsinseln vor der Küste auf, die nun Vogelreservate sind.

Ein französischer Architekt, ein Gefangener des Sultans, entwarf die ungewöhnliche, von Mauern umgebene **Medina**. Da sie nach festen Plänen erbaut wurde, erscheint sie weniger geheimnisvoll als in anderen Städten. Dennoch kann man sich in den Seitengassen mit vielen hübschen Souvenirläden verirren.

Marrakesch

Allein schon der Klang des Namens verleitet zum Träumen: Marrakesch… Und die Stadt erweist sich in der Realität ebenso faszinierend, wie ihr Ruf es verheißt. Marrakesch gleicht einem farbigen Kaleidoskop: palmengesäumte Boulevards in der Neustadt, ockerfarbene Mauern aus Lehm, Steinen und Stroh in der Altstadt, Paläste, Gärten, Moscheen, ein einzigartiger Marktplatz und im Hintergrund die schneebedeckten Berge des Hohen Atlas. Die bedeutendste Siedlung im Landesinneren und viertgrößte Stadt Marokkos bezaubert jeden Besucher.

Genießen Sie zuerst Nordafrikas farbigsten Marktplatz. Auf dem **Djemaa el-Fna** geht es wie im Zirkus zu: Es gibt Akrobaten, Jongleure, Märchenerzähler, Feuerschlucker, Musiker, Schlangenbeschwörer, Wahrsager, tanzende Derwische und Verkäufer von Zaubertränken zur Erhaltung von Jugend und Gesundheit. Hier können Sie einkaufen, essen oder Ihr Haar schneiden lassen. Man fühlt sich wie im Freilufttheater, und obwohl der Platz Touristen anzieht, sind sie in der Minderzahl, denn ganz Marrakesch trifft sich hier – bei Tag und bei Nacht.

Wenn Sie nördlich des Djemaa el-Fna ins Labyrinth der **Souks** eindringen, können Sie Kunsthandwerkern bei der Arbeit zusehen. Sie werden es aber vor allem mit den Händlern zu tun bekommen. Alles Mögliche wird im Gewirr der überdeckten Gassen angeboten: Töpferwaren, Lederartikel, Schmiedeeisernes, Kleider, Kosmetika und die seltsamsten »Heilmittel«. Wie üblich gibt es für jede Spezialität ein eigenes Viertel, so dass man weit zu gehen hat, um die Preise für einen Kaftan oder Teppich zu vergleichen. Bei den Schustern werden Ihnen die weichen Lederpantoffeln (*babouches*) auffallen, die einfach an- und abzustreifen sind. Um allzu große Menschenansammlungen zu vermeiden, besucht man die Souks am Morgen oder am frühen Nachmittag.

Eine Sehenswürdigkeit im Zentrum der mittelalterlichen Medina ist die **Medersa Ben Jussef**, eine Koranschule aus dem 14. Jh., die zwei Jahrhunderte später in andalusischem Stil umgestaltet wurde. Der großartige Innenhof wird an zwei Seiten von Bogengängen begrenzt. Im ersten Stock befinden sich die früheren Wohnzellen der Studenten, von denen manche mönchisch einfach und klein sind, andere dagegen recht geräumig mit schöner Aussicht.

Marrakesch ist so flach, dass man fast von überall das Wahrzeichen der Stadt sehen kann: das Minarett der **Koutoubia-Moschee**, eines der drei schönsten der Almohaden-Zeit (die beiden anderen befinden sich in Rabat und Sevilla). Seine Vollendung verdanken wir Jakub el-Mansur, dem Sultan, der Nordafrika und große Teile Spaniens unter seine Herrschaft brachte. Der elegante Turm ist renoviert worden. Ihren Namen verdankt die Moschee dem im 16. Jh. hier abgehaltenen Souk der Buchhändler (*kutubiyyin*).

Ein selbstherrlicher Großwesir ließ den **Bahia-Palast**, eine von einem üppigen Garten umgebene Residenz, gegen Ende des 19. Jh. erbauen und sparte dabei nicht an traditionellen Ornamenten. Führer weisen gerne auf den Harem mit den Wohngemächern der vier legalen und zahlreichen Nebenfrauen des Großwesirs hin, zu dem nur blinde Musikanten und Eunuchen Zugang hatten.

Der kühle Palast **Dar Si Said** in der Nähe des Bahia-Palastes wurde von einem Halbbruder des Großwesirs erbaut und birgt heute ein Museum für marokkanische Volkskunst. Zu den Ausstellungsstücken gehören alte und neue Berbererzeugnisse aus Marokkos Süden: Schmuck, Kostüme, Töpferwaren, Teppiche, Möbel, Spielzeug, Waffen. Wer sich für Geschichte interessiert, kann hier einen Überblick über die wichtigsten Bauwerke verschiedener Dynastien gewinnen. Sehr schön sind auch die mit Berberschmuck verzierten Hochzeitsgewänder.

An der Südseite der Kasba-Moschee befindet sich der Eingang zu den **Sadier-Gräbern**, die man über einen schmalen Durchgang erreicht. Diese königliche Nekropole, die auf das 16. Jh. zurückgeht, wurde erst 1917 wieder entdeckt, da die Nachfolger der Sadier sie zumauern ließen. Die Anlage, deren Auftraggeber Ahmed el-Mansur war, umfasst zwei Mausoleen. Das prunkvollere der beiden – mit dem Grab von Ahmed el-Mansur selbst – besteht aus drei Sälen. Über dem Grabmal prangt eine Kuppel aus vergoldetem Zedernholz. Carrara-Marmor, den man zu jener Zeit gegen marokkanischen Zucker tauschte, wurde reichlich verwendet, ebenso wie Stuck, Fayencen und Zedernholz. Die Mutter von Ahmed el-Mansur ruht im zweiten Mausoleum, neben den Ehefrauen und Konkubinen des Sultans. In dem kleinen, von Palmen bestandenen Garten stehen verstreut weitere schlichte Gräber von Dienern und Soldaten.

Die im 12. Jh. begonnenen und von den Sadiern erweiterten **Agdal-Gärten** dehnen sich über 400 ha aus. Hinter kilometerlangen Mauern verbergen sich Zitruspflanzungen und Olivenhaine, für die ein Kanalsystem Wasser aus dem Atlasgebirge herleitet. Ein riesiger Teich in der Mitte der Bewässerungsanlage diente den Sultanen für Bootsausflüge.

Die westlich vom Agdal gelegenen **Menara-Gärten** sind für ihre knorrigen Olivenbäume bekannt. Ein altes rechteckiges Wasserbecken wird mit Bergwasser gespeist. Der geheimnisvolle Pavillon aus dem 19. Jh. bietet einen Blick über die gesamte Anlage. Auf der Wasserfläche werden abends Tonlichtaufführungen veranstaltet, die die Geschichte von Marrakesch erzählen.

Ein weiterer Park befindet sich im Nordwesten der Medina: der **Jardin Majorelle**. In dem botanischen Garten zeigt ein Museum die Sammlung islamischer Kunst des französischen Malers Jacques Majorelle. Überall erblickt man das berühmte »Majorelle-Blau«; in den Blumenkästen wechselt diese intensive Farbe ab mit hellblau, wassergrün und zitronengelb. Der Künstler hatte die Gärten noch zu seinen Lebzeiten dem Publikum zugänglich gemacht; dann gerieten sie eine Weile in Vergessenheit, bevor sie dank einer von Yves Saint-Laurent gegründeten Stiftung erworben und restauriert werden konnten. Die Asche des 2008 verstorbenen Saint-Laurent wurde auf diesem Anwesen verstreut.

Einkaufstipps
Arganöl, Gewürze und Kräuter
Berberschmuck aus Silber
Geknüpfte Teppiche
Kaftane und Djellabas
Lampen und Laternen aus Kupfer oder Messing
Lederwaren: Taschen, Sitzkissen, *babouches* (Pantoffeln)
Tabletts und Kästchen aus Thujaholz (Essaouira)
Teekannen aus Silber oder Zinn
Tönerne, teils glasierte und bemalte *tajines* (Schmortöpfe)

Auf einer Rundfahrt entdecken Sie die Reste des riesigen **Palmenhains** (*palmeraie*), der sich einmal im Nordwesten der Stadt ausdehnte. Ein Teil der einst 100 000 stolzen Bäume wurde dem Bau von großen Touristenhotels und Golfplätzen geopfert, aber größere Bereiche der Anlage blieben erhalten. Die Palmeraie ist deshalb einen Besuch wert – vor allem für Reisende, die keine Möglichkeit haben, die Oasen im Süden des Landes zu besichtigen.

Agadir

Agadir ist ein sonniger Zufluchtsort für alle, die dem Alltag entfliehen wollen. Hier können Sie sich im warmen goldenen Sand des 10 km langen Strandes entspannen, einen Kamelritt unternehmen, Wassersport treiben oder Gleitschirmsegeln. Am Abend hat man die Qual der Wahl zwischen einer Reihe von Geschäften, Restaurants, Cafés und Diskotheken.

Das Zentrum des neuen Agadir charakterisieren Betongebäude, Geschäfte, Lärm und viel Verkehr, doch gibt es auch Fußgängerzonen, Parks und ein großes Vogelgehege, das **»Tal der Vögel«**.

Das **Städtische Museum** zeigt kunsthandwerkliche Erzeugnisse insbesondere Südmarokkos.

Im Anschluss an das Geschäftszentrum entstanden Industriegebiete und Wohnviertel. Die erlesensten Grundstücke entlang der Bucht wurden als **Hotelzone** reserviert, wo ein Hotel größer und luxuriöser als das andere ist. Die touristischen Einrichtungen ziehen sich über mehrere Kilometer dahin, der berühmte Sandstrand scheint kein Ende zu nehmen.

Unauffällige Schilder weisen den Weg zu der Straße, die sich den Berg zur **Kasbah** hinaufwindet. Unter den Trümmern der im 16. Jh. erbauten Festung liegen Alt-Agadir und Tausende von Opfern des Erdbebens von 1960 begraben. Ockerfarbene Mauerreste sind so gut wie alles, was noch zu sehen ist. Von hier oben hat man eine eindrucksvolle Aussicht auf den Hafen, die Neustadt und den Atlantik. Man kann sich auf einem Kamel fotografieren lassen, und wie überall wimmelt es von Souvenirverkäufern, die hier, der tragischen Vergangenheit zum Trotz, ihre Waren anbieten.

Der moderne **Hafen** von Agadir lohnt einen Besuch. Zweimal täglich finden Fischauktionen statt, und in kleinen Restaurants oder an Ständen im Freien gibt es den frischesten Fisch von Agadir zu genießen.

Speisekarte

Couscous – feiner Hartweizengrieß mit Beigaben (Gemüse, Fleisch, Fisch) in vielen Variationen

Harira – Kichererbsensuppe, teils mit Fleisch

Méchoui – am Spieß gebratenes Lamm

Pastilla (oder Bstilla) – mit Puderzucker und Zimt bestreute, mit Taubenfleisch, Zwiebeln und Mandeln gefüllte Pastete

Tajine – im gleichnamigen tönernen Schmorgefäß zubereiteter Eintopf mit Fleisch und verschiedenen Gemüsen

Huber/Scatà

PRAKTISCHE HINWEISE

Klima. Marokko hat das ganze Jahr hindurch fast überall gemäßigte Temperaturen. In der Nähe der Küste mildert der Einfluss des Meeres im Sommer die Hitze, und im Winter fallen die Temperaturen im Durchschnitt selten unter 10 °C. Das Landesinnere hat kontinentales Klima; es wird somit im Sommer heißer und im Winter kälter.

Kreditkarten und Reiseschecks. Hotels, Restaurants und manche Geschäfte akzeptieren die üblichen Kreditkarten. Reiseschecks tauschen Sie am besten in einer Bank um. Denken Sie daran, dass Sie zum Geldwechseln Ihren Reisepass vorweisen müssen. Euros werden gerne als Zahlungsmittel angenommen.

Notfälle. Fast überall im Land ist die Rufnummer für Notfälle 19.

Öffnungszeiten. *Banken*: in der Regel Montag bis Freitag 8.30–12.30 und 14–16.30 Uhr, Wechselstuben in Touristenorten haben längere Öffnungszeiten. Die *Hauptpostämter* sind Montag bis Freitag 8.30–12 Uhr und 14.30–18 Uhr geöffnet; im Sommer gelten kürzere Zeiten. *Geschäfte* in der Medina sind normalerweise täglich 8–21 Uhr offen, mit einer Mittagspause für die Gebete am Freitag. Während des Ramadans gelten andere Geschäftszeiten, die Arbeit beginnt in der Regel bereits um 8 Uhr und endet um 15 oder 16 Uhr.

Sicherheit. Nehmen Sie sich im Gedränge der Märkte oder am Flughafen vor Taschendieben in Acht, und hinterlegen Sie Wertsachen im Hotelsafe.

Sprachen. Amtssprache ist Arabisch; in Tanger gilt Spanisch als zweite und Französisch als dritte Sprache.

Stromspannung. Normalerweise 220 V, teils auch 110 V.

Toiletten. Sie benutzen am besten die Toiletten in der Empfangshalle eines großen Hotels. In Flughäfen und Bahnhöfen gibt es öffentliche Toiletten; bei Benutzung der Toilette in Gaststätten sollten Sie zumindest ein Getränk bestellen. Es ist von Vorteil, sein eigenes Toilettenpapier dabei zu haben.

Trinkgeld. Meist wird man Sie darauf aufmerksam machen, wann ein Trinkgeld angebracht ist (z. B. bei Kellnern, Gepäckträgern, Toilettenfrauen, Taxifahrern und Parkplatzwächtern).

Währung. Währungseinheit ist der *dirham* (Dh oder MAD), der in 100 *centimes* unterteilt wird. *Münzen*: $1/2$ bis 10 Dh; *Scheine*: 20 bis 200 Dh.

Zeit. Mitteleuropäische Zeit (MEZ) –1 Stunde; die Termine für die Umstellung auf die Sommerzeit variieren von Jahr zu Jahr.

Freundliches Mittelmeer

LANDGÄNGE

Spanien

- 153 Barcelona
- 159 Girona
- 160 Figueres
- 162 Sitges
- 163 Tarragona
- 164 Valencia
- 167 Alicante (Alacant)
- 169 Elche (Elx)
- 169 Cartagena
- 171 Andalusien
- 183 Galicien
- 189 Die Balearen
- 198 Die Kanarischen Inseln

Extras

- 167 Einkaufstipps
- 186 Speisekarte
- 209 Praktische Hinweise

Stadtpläne

- 260 Barcelona
- 262 Tarragona
- 263 Valencia
- 264 Málaga
- 265 Cádiz
- 266 Sevilla
- 267 Santiago de Compostela
- 268 Vigo
- 269 A Coruña
- 270 Palma de Mallorca
- 272 Mahón

Faltkarte
Andalusien
Balearen
Kanarische Inseln

Wilder Atlantik · Quirliges Katalonien · Leidenschaftliches Andalusien · Heiße Kanaren

SPANIEN

Zwischen den Wellen des Atlantiks und jenen des Mittelmeers nimmt das Königreich Spanien ungefähr sechs Siebtel der Iberischen Halbinsel ein und bietet dabei eine große landschaftliche und kulturelle Vielfalt – vom freiheitsliebenden Katalonien über das feurige Andalusien bis hin zum grünen Galicien. Die beiden Archipele der Balearen und der Kanaren runden das Bild ab.

Barcelona

Das Gotische Viertel, **Barri Gòtic**, der Kern des alten Barcelona, ist ein guter Ausgangspunkt für eine Stadtbesichtigung. Wo die Römer zu Herkules' Ehren einen Tempel errichtet hatten, steht die zwischen 1298 und 1454 erbaute **Catedral de la Santa Creu i Santa Eulàlia** mit einer Fassade vom Ende des 19. Jh. Ihr Inneres ist typisch für katalanische Gotik. Das Hauptschiff wird von schlanken Säulen getragen, und durch 500 Jahre alte Glasfenster fällt gedämpftes goldenes Licht. Unter dem Hochaltar liegt die Krypta der hl. Eulalia. Heitrer stimmt der **Kreuzgang** mit Palmen, Orangenbäumen und den schnatternden Gänsen.

Für einen Blick auf die (in neuerer Zeit instand gesetzte) **römische Stadtmauer** begibt man sich zur Plaça de Berenguer el Gran mit einem Reiterstandbild des katalanischen Herrschers des 12. Jh.

Das **Museu d'Història de la Ciutat** (Museum der Stadtgeschichte) ist in einem Palast aus dem 16. Jh. untergebracht. Ausgestellt sind Gemälde, Wandteppiche, Karten und Urkunden, aber am aufschlussreichsten sind die freigelegten Überreste der römischen Siedlung samt Statuen, Kanalisationen, Straßen und Märkten. Die Fenster des Museums überblicken die **Plaça del Rei** (Königsplatz), wo Bauern im Mittelalter ihre Erzeugnisse verkauften. Dort findet man auch den **Palau Reial Major**, den ehemaligen Königspalast, mit dem **Saló del Tinell**, in dem Kolumbus nach seiner Rückkehr aus der Neuen Welt angeblich von Ferdinand und Isabella empfangen wurde; das gewaltige selbsttragende Gewölbe dieser Halle ist eine bauliche Glanzleistung des 14. Jh.

Die heutige Autonome Gemeinschaft Katalonien wird vom

Palau de la Generalitat aus regiert; dieser eindrucksvolle Bau aus dem 15. Jh. birgt ein paar Überraschungen, wie etwa einen Innenhof mit Orangenbäumen im Obergeschoss. Das **Ajuntament** auf der anderen Seite der Plaça de Sant Jaume ist seit 1372 das Rathaus der Stadt; sein prachtvoller Salò del Consell de Cent (Saal des Rats der Hundert) würde jedem Parlament zur Ehre gereichen.

Westlich der Generalitat geht man durch die gewundenen Gassen des ehemaligen **Judenviertels**. 1492 wurden die Juden, die schon vorher Verfolgungen erlitten hatten, aus Spanien ausgewiesen. Außer den Straßennamen erinnert fast nichts mehr an die einstigen Bewohner; heute sind die Läden der Gegend auf Antiquitäten eingestellt.

Rambles

Alle Welt fühlt sich zu dieser Promenade mit schattenspendenden Bäumen hingezogen, die von der verkehrsreichen **Plaça de Catalunya** rund 1 km lang sanft abfallend zum Hafen hinunterführt. Einheimische und Touristen, Blumen- und Vogelhändler, Verkäufer von Losen und Schmuggelware, Feuerschlucker und Pantomimen – die Rambles bieten rund um die Uhr ein Schauspiel. Für eine Verschnaufpause kann man sich in ein Café im Freien setzen, während das bunte Leben vorüber-

zieht. Nehmen Sie sich hier vor Taschendieben in Acht – wie auch sonst überall bei Menschenmengen in der Stadt.

Montags bis samstags lohnt sich ein Besuch des von der Rambla etwas zurückgesetzt gelegenen **Mercat de la Boqueria** (auch Mercat de Sant Josep). Diese riesige Markthalle aus dem 19. Jh. quillt über von frischem Obst und Gemüse, Fleisch und Meeresgetier – ein wahres Fest für das Auge. Kein Wunder, dass man in Barcelona so gut isst!

Der **Palau de la Virreina** aus dem 18. Jh., eines der elegantesten Gebäude an der Rambla, beherbergt ein städtisches Kulturamt, in dem man Auskünfte zu Museen und Ausstellungen erhält. Das **Gran Teatre del Liceu** etwas weiter unten, eines der größten und prachtvollsten Opernhäuser Europas, zählt heute zu den führenden Hightech-Bühnen, im Konzertsaal selbst wurde jedoch der ursprüngliche Stil beibehalten.

Das alte Viertel **El Raval** westlich der Rambla ist durchsetzt von historischen Bauwerken, die teilweise restauriert und einer neuen Bestimmung zugeführt wurden. Doch herausragend ist hier das kühne Gebäude für zeitgenössische Kunst des **Museu d'Art Contemporani de Barcelona** (kurz MACBA genannt), das unter anderem Werke von Joan Miró, Antoni Tàpies und Miguel Barceló in rechtem Licht erscheinen lässt. Der vom amerikanischen Architekten Richard Meier entworfene Bau aus weißem Granit und Glas wurde 1995 eingeweiht.

Wenn Sie auf Ihrem Bummel die Rambla zum Meer hinunter nach etwa zwei Dritteln rechts in die Carrer Nou de la Rambla einbiegen, stehen Sie einem frühen Gebäude des genialen Antoni Gaudí gegenüber: Der **Palau Güell** wurde von ihm als unauffällige, aber palastartige Residenz für seinen Freund und großen Förderer, Don Eusebi Güell, entworfen. Der Höhepunkt ist das gewellte Dach, dessen Kamine mit Keramikscherben dekoriert sind. Nach langjährigem Umbau ist der Palast mit seiner reichen Ausstattung und seinen aufwändig gestalteten Gewölben und Decken nun wieder öffentlich zugänglich.

Am Hafen

Historisch gesehen dreht die Stadt dem Meer den Rücken zu. Lange Zeit mussten Wassersportler auf der Suche nach einem Hafen die Küste entlang nach Süden oder Norden fahren. Dank der Olympischen Spiele von 1992 hat sich das Gesicht der Hafenge-

Der Menschenstrom auf den Rambles (oder Ramblas) ebbt nie ab. | **In der Nähe der Boqueria liegt im Boden eingelassen das Mosaik von Joan Miró.**

gend merklich geändert. Heruntergekommene Viertel wurden restauriert, verlassene Lagerhäuser neu genutzt. So ist eine fantastische **Marina** entstanden mit Restaurants, Hotels und Parks. Sogar Sand wurde importiert, um neue Strände anzulegen.

Ein Denkmal steht seit eh und je unerschütterlich da: Das **Monument a Colom**, das 60 m hohe Kolumbus-Denkmal am unteren Ende der Rambla, behauptet seit mehr als einem Jahrhundert seinen Platz als Wahrzeichen der Stadt. Ein Fahrstuhl bringt Sie hinauf zur Aussichtsplattform; aus einer anderen Sicht erblickt man das Ufer und die Stadt bei einer halbstündigen Hafenrundfahrt.

Das **Museu Marítim** westlich der Statue des Amerika-Entdeckers nimmt die gewaltige Gebäudeanlage der Reials Drassanes ein; mit dem Bau dieser königlichen Werft – der einzigen noch erhaltenen aus dem Mittelalter – wurde 1255 begonnen. Hier liefen die Schiffe vom Stapel, die die katalanische Fahne in alle Winkel der damals bekannten Welt trugen. Das Museum wird zurzeit restauriert, während der Zeit des Umbaus bleiben die temporären Ausstellungen und der kleine Schoner *Santa Eulàlia* zugänglich.

Die Mole mitten im alten Hafen, **Port Vell**, ist mit dem **Maremagnum-Komplex** von Kinos, Boutiquen und Cafés und dem großen Aquarium zu einem neuen Anziehungspunkt geworden.

La Barceloneta (»Kleinbarcelona«), das Viertel auf der Halbinsel, die den Hafen abschließt, ist seit eh und je für seine Fischrestaurants bekannt. Östlich davon erstrecken sich die Strände vor dem ehemaligen Olympischen Dorf, **Vila Olímpica**, und dem Olympischen Hafen, dem **Port Olímpic** mit seinen Promenaden, dem luxuriösen Jachthafen, Cafés und betriebsamem Nachtleben.

Montjuïc

Der kaum mehr als 200 m über dem Meer aufragende Hügel war lange Zeit nur von militärischer Bedeutung. Aber für die Weltausstellung von 1929 und die Olympischen Spiele wurde der Montjuïc zu einem Paradeplatz städtischen Stolzes umgestaltet. Der Aufstieg ist steil; man kann aber auch die Zahnrad- oder die Seilbahn benutzen.

Keiner der Bauten hier ist protziger als der **Palau Nacional** (1929), in dem das **Museu Nacional d'Art de Catalunya (MNAC)** untergebracht ist: Zum einen wird hier katalanische Kunst vom 19. Jh. bis in die 1930er-Jahre präsentiert, zum anderen birgt das Museum eine der bedeutendsten Sammlungen mittelalterlicher Kunst überhaupt. Zu den Höhepunkten der Ausstellung gehören die aus baufälligen romanischen Kirchen der Pyrenäen geborgenen Wandgemälde. Ebenfalls hier zu sehen sind rund 80 Werke aus Mittelalter, Barock und Renaissance der **Collecció Thyssen-Bornemisza**. (Der größte Teil der Sammlung ist im Museo Thyssen in Madrid ausgestellt.) Ganz in der Nähe des MNAC laden **das archäologische und das ethnologische Museum** zu einem Besuch.

Das überraschendste Museum auf dem Montjuïc ist die **Fundació Joan Miró**, die dem großen katalanischen Künstler Joan Miró (1893–1983) gewidmet ist; zwischen den Plastiken, Gemälden, Zeichnungen und Wandbehängen in knalligen Farben kommt nie Langeweile auf. Sehenswert ist allein schon der schlichte, elegante Gebäudekomplex des Architekten Josep Lluís Sert.

Das schönste Erbe der Olympiade für den Berghang ist der **Palau d'Esports San Jordi** des Japaners Arata Izozaki. Bei sportlichen und kulturellen Veranstaltungen bietet diese Halle 17000 Zuschauern Platz.

Eines der beliebtesten Ziele auf dem Montjuïc ist das **Poble Espanyol** (Spanisches Dorf), das dem Besucher einen Überblick über

Buntes Barcelona: Frank Gehrys Fischskulptur beim Port Olímpic; das katalonische Geschichtsmuseum; Aussicht vom Montjuïc; Rebecca Horns Installation an der Platja de Sant Sebastià.

istockphoto.com/ Hung Ling Hang

istockphoto.com/ Magrini

die Vielfalt an Baustilen, Handwerkskunst und Brauchtum aus den verschiedenen Landesteilen Spaniens vermittelt. Ein kleines **Museum für katalanische Kunst** sowie Restaurants, Bars und Souvenirläden runden das Angebot ab.

Eixample und Gaudí

Im Eixample, dem weiten Stadtteil, der in der zweiten Hälfte des 19. Jh. außerhalb der mittelalterlichen Mauern entstand, sind einige der einfallsreichsten Gebäude zu bewundern, die je entworfen wurden; sie sind das Werk von Barcelonas Jugendstil-Architekten aus der Zeit um 1900. Der größte von allen war wohl Antoni Gaudí (1852–1926). Sieben seiner Bauwerke zählen zum Weltkulturerbe der UNESCO.

Die **Casa Batlló** (Passeig de Gràcia) verkörpert sinnliche Rundungen in Stein und Eisen; manche Fenster haben ungewöhnliche kleine Balkone, und das Dach strotzt von wunderlichen Schornsteinen und Entlüftungsrohren. Man kann die Wendeltreppe, das obere Dach und den ersten Stock besichtigen. Die **Casa Milà**, etwas weiter oben in derselben Prachtstraße, ist auch als La Pedrera

Gaudí allenthalben: Unter vielen anderen Monumenten schuf er auch die Casa Milà am Passeig de Gràcia sowie den Parc Güell oberhalb des Zentrums.

(»Der Steinbruch«) bekannt. An diesem Mietshaus voller Neuerungen (wie Tiefgarage) hatten Kritiker auszusetzen, dass es eher einer Skulptur als einem Gebäude gleiche – natürlich wieder mit sonderbaren Kaminen obenauf. Eine Ausstellung im Dachstock bietet eine faszinierende Einführung in Gaudís Lebenswerk.

Den **Parc Güell** hatten Graf Güell und Gaudí eigentlich als Villensiedlung gedacht, doch wurden nur zwei der 60 vorgesehenen Häuser gebaut: das eine für den Förderer, das andere bewohnte der Architekt selbst während einiger Zeit. Schlendert man durch den fantasievollen Park, so sieht man, dass die Terrasse mit der schlangenförmig gewundenen Sitzbank in Wirklichkeit das Dach einer geplanten Markthalle ist, das von einem Säulenwald pseudoklassischen Stils getragen wird.

Der Bau der **Temple Expiatori de la Sagrada Família** (Sühnekirche der hl. Familie) begann 1882, zwei Jahre später wurde das Projekt von Antoni Gaudí übernommen. Dieser arbeitete über 40 Jahre lang daran, doch bei seinem Tod stand die Kirche noch weit von ihrer Vollendung. Der Bau soll frühestens 2026 – dem Jahr, in dem sich Gaudís Tod zum 100. Mal jährt – abgeschlossen werden. In mancher Hinsicht bezeugt das Werk den Einfluss der katalanischen Gotik in Barcelona: Da sind die bekannten Spitzbögen, Rosetten und hohen Türme. Und doch ist alles anders: Sieht man genauer hin, bemerkt man an den Türmen Verschnörkelungen und Blumen; die Fialen enden in Fruchtbüscheln… An der Ostfassade arbeitete Gaudí selbst am meisten. Der westliche Eingang durch die Passionsfassade wurde in den 1950er-Jahren fertiggestellt. In der Krypta gibt es ein den Bauarbeiten gewidmetes Museum.

Girona

Nach Barcelona ist das malerische Girona die belebteste Stadt der Region. Als die Römer sie einnahmen, erneuerten sie die **Festungswälle**, die erstaunlich intakt sind, wenn man bedenkt, dass sie zahlreichen Angriffen standhalten mussten. Beim Rundgang auf der Stadtmauer gewinnt man eine gute Übersicht und kann außerdem einen Blick auf die ländliche Umgebung werfen. Mitten durch Girona fließt der Onyar, an dem ockerfarbene Bauten aus dem 18. Jh. stehen; den Fluss überspannen eine Reihe von **Brücken** – eine davon von Gustave Eiffel.

Enge, gewundene Straßen führen hinauf zur **Kathedrale**, die von der Höhe einer rund 90 Stufen zählenden Treppe stolz auf die Stadt herabblickt. Das zwischen dem 11. und 18. Jh. entstandene Gotteshaus ist für sein breites gotisches Hauptschiff und den heiteren Kreuzgang bekannt, den Skulpturen von Figuren des Alten Testaments schmücken. Viele Besucher erklimmen auch die Stiege zur **Schatzkammer**, um Gold, Silber und illuminierte Handschriften zu bewundern – und ganz besonders den prachtvollen romanischen Wandteppich, der die Schöpfung darstellt. Dieser Ende 11., Anfang 12. Jh. angefertigte Gobelin ist eine Art Bibel in Bildern.

Unter der Kathedrale breitet sich das einstige Judenviertel **Call** aus. Der Einfluss ihrer Gemeinde auf Wirtschaft und Kultur Gironas war kolossal und reichte vom Ende des 9. Jh. – als viele Juden sich nach der Zerstörung Jerusalems hier niederließen – bis zum Ende des 15. Jh. Damals wurden sie auf Geheiß der katholischen Könige Ferdinand und Isabella des Landes verwiesen. Mehr über ihre Geschichte und Kultur erfahren Sie im **Museu d'Història de la Ciutat**.

Nicht weit vom Call liegen die **Banys Arabs** (Arabischen Bäder) aus dem späten 12. Jh. in einem der stimmungsvollsten Teile der Altstadt, wo die Vegetation durch den goldenen Granit der mittelalterlichen Bauten sprießt. Im selben Viertel befinden sich auch zwei Juwelen der romanischen Architektur, das Wehrkloster **Sant Pere de Galligants** und die Kirche **Sant Nicolau**.

Das **Museu del Cinema** am anderen Flussufer (gegenüber dem Fremdenverkehrsamt) zeigt die interessante Sammlung des Cineasten Tomàs Mallol.

Figueres

Diese mehr als 40 000 Einwohner zählende Stadt im Landesinneren ist das geschäftige Zentrum des Alt Empordà. Hier gibt es unzählige Betätigungsmöglichkeiten – nicht nur eine schöne Rambla und gute Restaurants, sondern auch einige interessante Museen, darunter das reizende **Museu del Joguet de Catalunya** mit alten Spielsachen, das **Museu de la Tècnica de l'Empordà** mit einer reichen Sammlung von Schreib- und Nähmaschinen und anderen Gebrauchsgegenständen und das Heimatmuseum **Museu de l'Empordà**.

Die meisten Besucher kommen aber, um das **Teatre-Museu Dalí** zu sehen, das genauso skurril und exzentrisch ist wie es der Künstler selbst war. Salvador Dalí kam 1904 in Figueres zur Welt und schloss sich nach seinem Studium in den späten 1930er-Jahren der surrealistischen Bewegung an – deren bedeutendster Vertreter er wurde.

Dalí schuf sein Museum, indem er das frühere Stadttheater ausräumte und seine Skulpturen in die Logen und auf die Bühne stellte. Das Nebengebäude ist auf den Zinnen mit Eierskulpturen verziert. Am Eingang begrüßt die Königin Esther (von Ernst Fuchs) die Besucher von einem alten Cadillac aus; im Innern reichen die Exponate von Skulpturen und Gemälden bis zum berühmten Mae-West-Zimmer mit einem roten Sofa, das die üppigen Lippen der Schauspielerin verewigt.

Cadaqués ist ein zauberhaftes Bilderbuchdorf – der Inbegriff eines Mittelmeerstädtchens mit seinen blendend weißen Häusern, engen Kopfsteinpflastergassen, kleinen Plätzen und bunten Booten in der halbmondförmigen Bucht. Das Zentrum wird beherrscht von der spätgotischen Pfarrkirche Santa María aus dem 17. Jh., in deren Innern ein einzigartiger barocker Altar zu bewundern ist.

Cadaqués war in der Vergangenheit als modische Künstlerkolonie bekannt. Zu den »Pilgern« zählten Man Ray und Marcel Duchamp, García Lorca, Picasso, Miró und Buñuel, und in den 1960er-Jahren wurde Cadaqués eine Art spanisches Saint-Tropez. Diesen Ruf verdankte es nicht zuletzt Salvador Dalí, der das nahe Port Lligat zu seinem Wohnsitz erkoren hatte. Es gibt Ateliers und Galerien in Fülle, in der Hochsaison strömt der Jetset hierher, und man sieht einige schöne Residenzen im Stil des *modernisme*, dem katalanischen Pendant zum Jugendstil.

Verspielt, übermütig, exzentrisch: das Dalí-Museum in Figueres hat zur Zierde riesige Eier auf dem Dach.

In Port Lligat, etwas nördlich von Cadaqués, steht die **Casa Museu Salvador Dalí**, ein mit eierförmigen Skulpturen geschmücktes Häuserensemble, wo das selbst ernannte Genie mit seiner Frau Gala – Muse und Modell zugleich – während vieler Jahre wohnte. Dalí hat hier die felsige Mondlandschaft vor der azurblauen Bucht auf zahlreichen Bildern festgehalten. Auf Voranmeldung sind die Werkstatt des Malers, die Bibliothek, die Zimmer und der Gartenbereich zu besichtigen.

Ein steiler, gewundener Weg führt über windgepeitschte Hügel und vorbei an steilen Abgründen über dem Meer nach **Roses**, das genau in der Mitte der gleichnamigen Bucht liegt. Griechische Seeleute gründeten den Ort im 4. Jh. und benannten ihn nach ihrer Heimatstadt Rhodos. Im 16. Jh. wurde Roses befestigt und seiner strategischen Lage wegen in viele Kriege und Schlachten verwickelt. Heute jedoch ist es ein überaus friedlicher Ausgangspunkt zu den Sehenswürdigkeiten der Umgebung. Vom 1544 erbauten **Castell de la Trinitat** am südlichen Stadtrand eröffnet sich ein prachtvoller Blick auf die Bucht. Die Festung wurde 1814 während der napoleonischen Kriege weitgehend zerstört und erst ab 2002 wieder aufgebaut. Seit Ende 2010 ist sie wieder öffentlich zugänglich. Von hier aus kann man spektakuläre Sonnenuntergänge erleben.

Das seit 1984 von Starkoch Ferran Adrià betriebene, für seine extravaganten Kreationen berühmte Restaurant *El Bulli* östlich der Stadt schloss im Sommer 2011. Es soll 2014 als »Denkfabrik für kreative Gastronomie« wieder eröffnet werden.

Sitges

Sitges ist einer der belebtesten Badeorte an der spanischen Mittelmeerküste – berühmt für sein jährliches Filmfestival, beliebt als Reiseziel für Homosexuelle. Die Stadt machte 1890 erstmals von sich reden, als der Maler Santiago Rusiñol, ein Vertreter des *modernisme*, hier ein Studio gründete, das viele Anhänger aus Barcelonas Künstlerszene anzog. Die Bewegung des Modernisme war Ende des 19. und anfangs des 20. Jh. in Katalonien sehr einflussreich. In den 1960er-Jahren begann der Ruhm von Sitges als lebenslustiger Partystadt. Sie lockt ein gemischtes Publikum aus ganz Europa an. Tagsüber konzentriert sich das Leben auf die neun Sandstrände, die man beim Spaziergang auf der Uferpromenade **Passeig Marítim** sieht.

Die Stadt hat aber auch den Besuchern etwas zu bieten, denen es am Strand zu heiß wird. Vom stadtwärts gelegenen Ende der Promenade gelangt man zur barocken Kirche **Sant Bartomeu i Santa Tecla** aus dem 17. Jh., unweit einer Straße mit hübschen, weiß getünchten Häusern.

Hier befindet sich auch das **Museu Cau Ferrat** in Rusiñols ehemaligem Studio an der Calle Fonollar, das Gemälde des Künstlers sowie von ihm gesammelte Zeichnungen und Kunstgegenstände birgt. Im nahen **Museu Maricel del Mar** sind Kunst seit dem Mittelalter und eine Sammlung katalanischer Keramik ausgestellt. (Wegen Umbaus sind zurzeit beide Museen geschlossen.)

Tarragona

Besuchen Sie in der Altstadt von Tarragona den auf einem Felsvorsprung gelegenen Aussichtspunkt **Balcó del Mediterrani** (»Mittelmeerbalkon«). Er bildet das dem Meer zugewandte Ende des eleganten Boulevards **Rambla Nova**, an dem mehrere Fassaden im Stil des Modernisme auffallen. Wer hier einen spektakulären Blick in die Vergangenheit werfen möchte, geht auf dem Passeig de Palmeres zu den Ruinen des römischen **Amphitheaters** in den Gärten über dem Strand von El Miracle. Die Zuschauerränge dieses Bauwerks wurden direkt in den Hang gebaut. Hier ließ im Jahr 259 der römische Statthalter Emilianus den Bischof Fructuosus und seine beiden Diakone Augurius und Eulogius auf dem Scheiterhaufen verbrennen. Überreste ihrer Gedächtniskirche sind im Amphitheater noch zu sehen.

Der **Passeig Arqueològic** (Archäologische Promenade) verläuft entlang der alten Stadtmauer an der Avinguda Catalunya. Die Römer benutzten zur Befestigung der Stadt im 3. Jh. v. Chr. von früheren Siedlern hinterlassene, bis zu 35 t schwere Steinblöcke (sogenannte Zyklopensteine). An manchen Stellen sind die Wälle bis zu 6 m dick.

Im netten Gewirr der mittelalterlichen Altstadtgassen gibt es weitere Zeugen aus Tarragonas

Marc Michel

istockphoto.com/van Soldt

Die Terrasse des Museu Maricel del Mar in Sitges. | **Ruinen des römischen Amphitheaters in Tarragona.**

römischer Vergangenheit zu entdecken. An der Plaça del Rei befindet sich das **Museu Nacional Arqueològic** mit Fundstücken aus der Stadtmauer, Statuen, Sarkophagen, Mosaiken und Münzen – und einem bemerkenswerten Medusenhaupt.

Daneben liegt das mehrmals restaurierte **Praetorium** aus dem 1. Jh. v. Chr. Es gilt als Geburtsstätte von Pontius Pilatus und diente Kaiser Augustus eine Zeit lang als Wohnsitz. Das Gebäude beherbergt heute das **Museu d'His-**

tòria mit archäologischen Fundstücken. Von hier gelangen Sie durch einen Tunnel zum römischen Zirkus, in dem Wagenrennen abgehalten wurden.

Ein Höhepunkt des mittelalterlichen Tarragona innerhalb der Festungsmauern ist die **Kathedrale** an der Plaça de la Seu. Sie wurde 1171 an der Stelle eines früheren Jupitertempels am höchsten Punkt der Stadt in romanischem Stil begonnen. Während der bis 1331 andauernden Bauzeit erfolgte der Übergang zu gotischer Architektur. In mehreren Seitenkapellen sind herausragende Skulpturen zu sehen. Die im 15. Jh. vom katalanischen Meister Pere Joan geschaffenen Reliefs am Hochaltar schildern das Leben der Stadtheiligen Thekla. Der stille Kreuzgang aus dem 12. und 13. Jh. ist ein Ort der Besinnung. Das im Osten daran anschließende Diözesanmuseum zeigt Reliquien, Fresken und Wandteppiche.

Ins römische Zeitalter zurückkehrend, können Sie das **Museu i Necròpolis Paleocristians** an der Avinguda Roman i Cajal besichtigen. Hier wurden Tausende frühchristlicher Gräber freigelegt. Es gibt schön verzierte Steinsarkophage, und das Museum zeigt außergewöhnliche Devotionalien des 3. Jh. nebst einer Elfenbeinpuppe aus einem Kindergrab.

Etwas nördlich der Stadt ist ein spektakuläres Beispiel römischer Baukunst zu sehen: der auch Teufelsbrücke genannte zweistöckige **Aquädukt** von Les Ferreres. Er versorgte Tarragona seit dem 1. Jh. mit Wasser.

Doch nun zurück in die Gegenwart und zu Tarragonas sauberem, aber häufig übervölkertem Hauptstrand, **El Miracle**. Mehr Platz bieten die Platja Arrabassade und die Platja Llarga.

Valencia

Der Bau der **Kathedrale** (*La Seo* auf Valencianisch) dauerte jahrhundertelang – und entsprechend ungewöhnlich ist das Endergebnis mit einem architektonischen Stilmix. Während der Maurenzeit stand an dieser Stelle eine Moschee, vorher eine westgotische Kirche und noch früher ein römischer Tempel; mit dem Bauwerk, wie es sich heute präsentiert, wurde 1262 begonnen.

Ins Innere führen drei Wege: der barocke Haupteingang, das romanische Südportal (Puerta del Palau) und der Nordeingang in französischer Gotik, das **Apostelportal**. Auf den Stufen davor wird eine uralte Tradition aufrechterhalten: Jeden Donnerstag tritt hier mittags seit undenklichen Zeiten das Wassergericht zusammen, das über Streitfälle bei der Verwendung des verfügbaren Wassers entscheidet. Die Römer schufen das erste Bewässerungssystem, das von den Mauren erweitert und verbessert wurde. Die stets belebte **Plaza de la Virgen** (Platz der Jungfrau) ist der Hoheitsbereich weißer Tauben.

Am auffallendsten aus baulicher Sicht ist der achteckige gotische **Turm**, der Micalet oder Miguelete, an der Hauptfassade der Kathedrale. Von diesem Wahrzeichen Valencias kann man auf die Dächer der Altstadt hinunterschauen, die bis zur Mitte des 19. Jh. von einer Mauer umgeben war.

Jede Kapelle in der Kathedrale ist mit Gemälden und Skulpturen ausgeschmückt, aber der **Kapitelsaal** hütet ein ganz besonderes Kleinod: einen antiken Kelch, angeblich jener des letzten Abendmahls. Im **Museo Catedralicio Diocesano** dahinter sind Kunstwerke (Gemälde Zurbaráns und Goyas) und die über Jahrhunderte angesammelten bischöflichen Schätze zu bewundern.

Neben der Kathedrale wird in der Königlichen Basilika **Nuestra Señora de los Desamparados** die Statue der Schutzheiligen der Stadt aufbewahrt.

Ein würdevolles Gebäude ist der **Palacio** (oder **Palau**) **de la Generalidad**, Sitz der regionalen Regierung. Der Palast wurde im 15. Jh. in gotischem Stil erbaut, und von seiner umfassenden Eleganz, angefangen mit dem Innenhof, ging auch durch die Anbauten zwischen dem 17. und 20. Jh. nichts verloren. Das kunstvolle vergol-

Auch architektonisch sehenswert: der gedeckte Markt von Valencia.

dete und bunt bemalte Täfelwerk der Decken ist eine Augenweide.

Außergewöhnlich ist das **Museo Nacional de Cerámica** im ehemaligen Palast des Marqués de Dos Aguas, einem Bau mit reicher Hauptfassade im churriguereskden Stil (einer spanischen Spielart des Barock). Seine umfangreiche wunderbare Keramiksammlung von iberischer Zeit bis heute umfasst vor allem Keramiken aus der Region Valencias, aber auch Porzellan aus China, Japan und Europa.

Valencias schönstes weltliches Gebäude ist die **Lonja de la Seda**

(Llotja auf Valencianisch), die herrliche Seidenbörse aus dem 15. Jh. Dem edlen Tuch durchaus angemessen, strahlt sie wie eine Schatztruhe voller spätgotischer Details; besonders prachtvoll sind die Kreuzrippengewölbe des großen Saals mit seinen eleganten gewundenen Pfeilern.

Auf der gegenüberliegenden Straßenseite kann man sich in der großen **Markthalle**, einer verspielten Eisen-Glas-Konstruktion von 1928, von einem Hauch farbenfrohen Alltags umwehen lassen. Da kaufen Scharen von Hausfrauen frisches Obst und Gemüse, Fisch und Fleisch aus der Gegend.

Im Nordwesten des Zentrums wurde ein Augustinerkloster in das **Centro Cultural la Beneficencia** umgewandelt, in dem sich u.a. das ethnologische und das prähistorische Museum befinden. In dem postmodernen Bau daneben ist das **Instituto Valenciano de Arte Moderno (IVAM)** untergebracht, eines von Spaniens besten Museen für zeitgenössische Kunst.

Von hier aus nach Osten gelangt man zu den **Torres de Serranos**, eleganten Türmen, die Teil der alten Stadtmauern waren. Die Brücke **Puente de Serranos** führt hier über den Fluss. Der Río Turia wurde nach der Überschwemmungskatastrophe von 1957 um die Stadt herumgeleitet, und sein altes Flussbett wird heute für Freizeitvergnügen und Sport benutzt.

Das **Museo de Bellas Artes** (Kunstmuseum) am Rand des großen Parks Jardines del Real (am Ostufer des Río Turia) vermittelt einen hervorragenden Überblick über Valencias religiöse Kunst des 15. Jh. – aber auch Ribera, El Greco, Velázquez und Goya sind vertreten.

Im **Palau de la Música**, dem Konzertsaal nahe den von Ricardo Bofil angelegten **Jardines del Río Turia**, werden klassische Konzerte aufgeführt.

Auf einem riesigen Gelände am südöstlichen Stadtrand haben die Architekten Santiago Calatrava und Felix Candela das gewagte moderne **Ciudad de las Artes y las Ciencias** (Zentrum für Kunst und Wissenschaften) errichtet mit dem **Palau de les Arts**, dem **Museo de las Ciencias** und dem **Hemisfèric**, dem »Riesenauge«, wo ein Planetarium untergebracht ist. Ende 2002 wurde das **Oceanogràfic** (Ozeanarium) eröffnet, derzeit Europas größter Meerespark mit rund 50000 Bewohnern aller Weltmeere.

Der flache Strandsee **L'Albufera** südlich von Valencia, 1986 zum Schutzgebiet erklärt, bietet rund 250 Vogelarten Zuflucht. Die umgebenden Reisfelder liefern die Grundzutat zur Paella. Eine Anzahl von Restaurants sind auf Reisgerichte spezialisiert, und es gibt geführte Bootsausflüge auf dem See.

Alicante (Alacant)

Ihren Stadtbummel beginnen Sie am besten an der **Explanada de España**, der mit farbigen Fliesen gepflasterten Uferpromenade. Zusammen mit dem **Paseo Marítimo** bildet sie einen Treffpunkt, auf dem von morgens bis abends reges Kommen und Gehen herrscht. Wie in allen spanischen Städten scheint hier die ganze Bevölkerung mit Kind und Kegel vor dem Abendessen unterwegs zu sein.

Von der Explanada zweigt die breite **Rambla de Méndez Núñez** ab, an deren oberem Ende ein Markt steht. Sie ist Schauplatz weltlicher und religiöser Prozessionen wie des berühmten Festzugs *Hogueras de San Juan* im Juni. Am Johannistag (24. Juni) finden Feuerwerke und Stierkämpfe statt.

Die **Catedral de San Nicolás de Bari** unweit der Rambla ist Alicantes Schutzpatron geweiht. Fassade und Mittelschiff sind eindrucksvolle Beispiele des strengen Stils von Juan de Herrera, dem Architekten des 16. Jh., der auch den Escorial bei Madrid erbaute.

Das **Ayuntamiento** (Rathaus) aus dem 18. Jh. am gleichnamigen Platz hat eine stattliche Barockfassade. Im Innern sieht man neben Empfangsräumen und dem Ratssaal auch eine Kapelle mit Kacheln aus dem valencianischen Keramikzentrum Manises.

Das in einer prächtigen Privatvilla des 18. Jh. untergebrachte **Museo de Bellas Artes Gravina (MUBAG)** zeigt Regionalkunst vom 16. Jh. bis zur Gegenwart.

Die **Iglesia de Santa María**, die älteste Kirche der Stadt, erhebt sich an der Stelle einer Moschee. Der ursprünglich gotische Bau wurde

Huber/Thiele

Einkaufstipps

- Espadrilles (*alpargatas*, in Katalonien oft auch *espardenyes*)
- Filigrane Silberarbeiten
- Handbemalte Fächer
- Holzschnitzereien aus Galicien
- Hüte und Körbe aus Palmstroh (Fuerteventura)
- Klöppelspitzen, *encajes* (Galicien)
- Lederwaren (Jacken, Gürtel, Hand- und Brieftaschen, Schuhe)
- Lladró-Porzellanfiguren (Valencia)
- Málaga (Dessertwein)
- Naturkosmetik aus Mandelöl, Aloe Vera oder Honig
- Sherry (*Vino de Jerez*)
- Spitzenschleier (*mantillas*)
- Stickereien der Kanarischen Inseln
- Teppiche aus Crevillente (Alicante)
- Töpferwaren

mit einem Portal und einem Altar im barocken Stil bereichert. Im angrenzenden, im März 2011 eröffneten **Museo de Arte Contemporáneo (MACA)** sind die Kunstsammlungen von Eusebio Sempere und Juana Francés mit Werken von Künstlern des 20. Jh. wie Gris, Picasso, Miró und Tàpies zu sehen.

Von hier aus erblicken Sie das Wahrzeichen von Alicante: das historische **Castillo de Santa Bárbara** hoch über der Stadt auf dem Berg Benacantil. Das Kastell wurde im 3. Jh. v. Chr. von den Karthagern angelegt, doch Forscher fanden hier auch Spuren der alten Griechen, Iberer, Römer und Mauren. Es war derart gut befestigt, dass es fast 2000 Jahre uneinnehmbar blieb. Erst als die Franzosen im spanischen Erbfolgekrieg 1707 die Garnison teilweise in die Luft sprengten, konnte die Festung erobert werden. Die restaurierten Bastionen und Lager dienen nun als Kulisse für Ausstellungen zeitgenössischer Kunst. Die Aussicht ist spektakulär.

Das **Museo Arqueológico Provincial (MARQ)** an der Plaza Doctor Gómez Ulla besitzt eine gut präsentierte Sammlung archäologischer Funde aus der Gegend um Alicante. Eine Abteilung ist den Grabungstechniken gewidmet, die andere den vielen Kulturen, die die Costa Blanca geprägt haben – von der Frühzeit über Iberer, Römer und Mittelalter bis heute.

Außerhalb der Stadt liegt an der Straße nach Valencia das **Monasterio de la Santa Faz** mit einer wichtigen Reliquie. Jesus soll auf seinem Weg nach Golgatha sein Gesicht mit dem Schweißtuch der Veronika abgetrocknet und darin einen blutgetränkten Abdruck seines Antlitzes hinterlassen haben. Die Reliquie wurde in der Gegend von Alicante erstmals 1489 während einer Dürre verehrt. Als man das Tuch über das Gelände des heutigen Klosters trug, soll es plötzlich so schwer geworden sein, dass man es nicht mehr halten konnte. Eine Träne fiel aus dem rechten Auge des Antlitzes. Die Gläubigen nahmen dies zum Zeichen, dort eine Kirche zu erbauen. Zu sehen ist die Santa Faz auf dem Hochaltar oder in einer Kapelle neben der Sakristei. Jeweils am zweiten Donnerstag nach Ostern findet eine große Wallfahrt statt.

Für Abwechslung sorgt eine Fahrt nach Norden in die Gebirgslandschaft des Cabeço d'Or. Zu entdecken gibt es in Busot die **Cuevas de Canelobre** (Kandelaberhöhlen), in denen Scheinwerferlicht den riesigen Stalagmiten und Stalaktiten in bis zu 100 m hohen Kammern einen schaurig-schönen Effekt verleiht. Die Akustik wird für Konzerte genutzt.

Ein anderer Abstecher von Alicante aus führt Sie in die Kleinstadt **Jijona**, die im ganzen Land für ihr *turrón,* eine nougatähnliche Leckerei aus Mandeln, Honig und Eiweiß, berühmt ist. Die Nachfrage ist heute so groß, dass neben der heimischen Ernte noch Mandeln aus anderen Landesteilen hierhergeführt werden müssen. Man kann mehrere Fabriken besuchen.

Elche (Elx)

Etwa 20 km landeinwärts von Alicante gedeihen in Elche (Elx) rund 120000 Dattelpalmen. Der **Palmeral de Elche** – er zählt zum UNESCO-Weltkulturerbe – ist der größte Palmenbestand in Europa. Die ersten Palmen wurden um 300 v. Chr. von den Karthagern gepflanzt, und dank des Bewässerungssystems, das Abderraman III. im 10. Jh. anlegte, gedeihen sie prächtig, weil sie immer noch – wie bereits die Mauren sagten – »mit den Füßen im Wasser und mit den Häuptern in der Glut des Himmels stehen«.

Der **Hort del Cura** (Priesterhain) ist für seine Kakteen, Granatapfel- und Orangenbäume berühmt, vor allem aber für die *Palmera imperial,* ein männliches Prachtexemplar mit acht Verzweigungen vom Hauptstamm aus. Im Schatten des Gartens steht eine Kopie der **Dama de Elche** (Dame von Elche), einer mysteriösen antiken Skulptur; das Original befindet sich im Archäologischen Museum von Madrid.

Claude Huber

Den »Priesterhain« in Elche dürfen Sie auf gar keinen Fall verpassen!

Nicht zu übersehen ist der Maurenpalast **Alcázar de la Señoría**, der ebenfalls Teil der Stadtmauer war und heute ein archäologisches Museum birgt. Früher weilten hier spanische Könige, wie etwa Jakob der Eroberer und Ferdinand und Isabella. Von dort aus ist es nicht weit zum **Ayuntamiento** (Rathaus) mit seiner schönen Renaissance-Fassade und dem gotischen Portal. Oben auf dem Turm (14. Jh.), sehen Sie zwei eigenartige Figuren, die seit 1572 Stunden und Viertelstunden schlagen.

Cartagena

Geschichtlich gesehen ist diese Hafenstadt südlich des Mar Menor ein Kapitel für sich. Gegründet wurde sie um 227 v. Chr. vom karthagischen General Hasdrubal, Schwiegersohn und Nachfolger des berühmten Hamilkar Barkas aus dem Ersten Punischen Krieg. Die Stadt gedieh dank ihres Naturhafens und reicher Bodenschätze (Eisen, Zinn und Blei) in der Gegend. Doch Karthagos schöne Zeit währte nicht lange: Im Jahre 210 v. Chr. eroberte der römische Feldherr Scipio Africanus *Carthago Nova* (Neukarthago), und binnen vier Jahren vertrieb er die Karthager aus Spanien.

Die Römer befestigten die Stadt weiter und machten sie zum wichtigen Verwaltungssitz. Für mehr als fünf Jahrhunderte – bis 1269 – war Cartagena in maurischem Besitz. Die Reconquista brachte für die Stadt einen Niedergang. Ihr Bistum wurde nach Murcia verlegt, und es ging erst wieder aufwärts, als Philipp II. im 16. Jh. die strategisch günstige Lage des Hafens erkannte und die nahen Hügel befestigen ließ.

In Ufernähe erwartet Sie eine erstaunliche Sehenswürdigkeit: ein zigarrenförmiges **U-Boot**, das ein Bürger der Stadt namens Isaac Peral erfand, konstruierte und 1888 vom Stapel laufen ließ. Spanier behaupten, dies sei das erste Unterwasserfahrzeug der Welt gewesen, und wenn man auch anderer Meinung sein kann – stolz darf Cartagena auf seinen Jules Verne ruhig sein.

Auf der anderen Seite der Straße steht an der geräumigen **Plaza del Ayuntamiento** das beeindruckende Rathaus, ein elegantes dreieckiges Gebäude mit drei unterschiedlichen Fassaden. An der verkehrsfreien **Calle Mayor** werden Sie mehrere interessante Bauwerke entdecken, darunter die Casa Cervantes im Stil des Modernisme, die Casa Llagostera (früher Grandhotel) und andere mehr.

Auf den Hügeln über dem Hafen erheben sich vier Hauptburgen und weniger trutzige Anlagen, die über Jahrhunderte erbaut und wieder aufgegeben wurden. Das **Castillo de la Concepción**, mit dessen Bau in der Römerzeit begonnen wurde, ist heute von hübschen Parkanlagen umgeben. Von hier aus reicht der Blick über den fast völlig landumschlossenen Hafen – früher wäre dies ein hervorragender Aussichtspunkt für Spione gewesen. Am Westhang dieses Hügels sind die Ruinen eines **römischen Theaters** sowie jene der **alten Kathedrale** zu sehen.

Nördlich vom Zentrum erfährt man im **Museo Arqueológico Municipal** in der Calle Ramón y Cajal, was die Römer von Technik verstanden. Es zeigt eine Sammlung von Abbaugeräten, mit denen sie die Minen um die Stadt La Unión erschlossen. Bis ins 19. Jh. bestanden in La Unión große Bergwerke, und noch heute werden kleine Mengen Blei gefördert und von Cartagena aus verschifft.

Einen Besuch lohnt auch das **Museo Nacional de Arqueología Subacuática (ARQUA)** am Paseo de Alfonso XII direkt unten am Hafenbecken mit antiken Funden, die im Meer geborgen wurden.

Andalusien

Die südlichste Region Spaniens ist bekannt als Heimat des Flamencos. Die Städte durchweht noch immer der Hauch von 800 Jahren arabischer Herrschaft.

Almería

Das östliche Tor zur Costa del Sol war der wichtigste maurische Hafen Spaniens, der als letzter 1489 fiel. Ihren Reichtum verdankte die Stadt auch der Seidenproduktion. Der Name leitet sich vom arabischen Al-Mariya (Spiegel des Meeres) ab, der sich auf die glitzernde, stets sonnenbestrahlte Bucht bezieht.

Die Altstadt im westlichen Teil Almerías wird überragt von der 1524 begonnenen gotischen **Kathedrale**. Mit ihren Rundtürmen und Zinnen gleicht sie einer Festung – die Architekten dachten an die ständige Bedrohung durch Piraten. Das dreischiffige Innere ist prachtvoll ausgeschmückt.

Auch die übrigen Kirchen der Stadt lohnen einen Besuch. **San Juan** wurde anstelle einer Moschee aus dem 10. Jh. erbaut. Der *mihrab*, die Gebetsnische Richtung Mekka, ist noch sichtbar. In der **Kirche Santo Domingo** steht die gotische Holzskulptur der hl. Jungfrau des Meeres, der Schutzpatronin von Almería, die der Legende nach 1502 angeschwemmt wurde.

An der höchsten Stelle der Stadt liegt die erneuerte maurische Bastion **Alcazaba** aus dem 10. Jh. Ihre Mauern, die einst 20 000 Verteidigern Schutz boten, umgeben heute friedliche Gärten und Parks. Die Festung wurde nicht vom Feind, sondern 1522 und 1560 von Erdbeben zerstört; der Wiederaufbau erfolgte zu Francos Zeiten. Das Viertel **La Chanca** zwischen Burg und Meer gleicht noch heute einer nordafrikanischen Stadt und hat die maurische Straßenanlage beibehalten.

Die riesige Festung Alcazaba bewacht Almerías Hafen schon lange.

Granada

Die letzte islamische Bastion in Spanien hielt sich bis 1492, zweieinhalb Jahrhunderte länger als Córdoba. Dann musste Boabdil, der besiegte Maurenkönig, Ferdinand und Isabella die Stadtschlüssel übergeben, und nach einem letzten Blick auf alles, was er mit Granada verloren hatte, konnte er nur noch weinen. Und das wird ihm wohl keiner verübeln, der die herrlichen Bauten dieser Stadt im

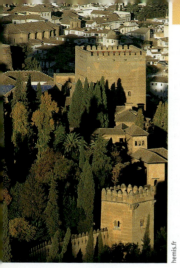

Die Türme der Alhambra in Granada überragen das Albaicín-Viertel.

Schutze der 3000 m hohen Sierra Nevada gesehen hat.

Höhepunkt der arabischen Baukunst ist die rostbraune **Alhambra** (»Rote Burg«) – ein einzigartiges prachtvolles Gefüge aus Palast, Festung und Park.

Den Grundriss des **Palacio de Carlos V**, einen von einem Viereck umschlossenen Kreis, entwarf Pedro Machuca, ein Schüler Michelangelos. Der riesige Palast Kaiser Karls V. passt zwar keineswegs zum Gesamtbild der Alhambra, ein Meisterwerk der Renaissance-Architektur ist er aber trotz allem. Im **Museo de la Alhambra** (vormals *Museo Nacional de Arte Hispano-musulmán*) werden Keramik, Schnitzereien, Stuckdekorationen und andere hervorragende Arbeiten maurischer Kunsthandwerker gezeigt. Auch ein Kunstmuseum wurde im Palast eingerichtet.

Von der **Alcazaba** (Festung), dem ältesten Bereich der Alhambra, ist nicht mehr viel erhalten. Doch vom **Torre de la Vela** (Wachturm) hat man einen unvergesslichen Blick auf die Ziegeldächer Granadas, die kleinen weißen Häuser des Viertels Albaicín jenseits des Río Darro und die oft schneebedeckte Sierra Nevada.

Die Besucherzahlen des **Alcázar** sind beschränkt, halten Sie sich an die auf der Eintrittskarte vermerkte Zeit. Einmal drinnen, können Sie so lange bleiben, wie Sie wollen.

Bei der Besichtigung der Palastanlagen kommt man zunächst durch den ehemaligen Ratssaal (*Mexuar*) und dann zum großartigen **Patio de los Arrayanes** (Myrtenhof), der sich in einem Teich mit Goldfischen spiegelt. Zu den prächtigsten Räumen zählt anschließend der **Salón de Embajadores** (Empfangssaal) des Königs; die Decke aus geschnitztem Zedernholz befindet sich in 18 m Höhe. Im **Patio de los Leones** tragen zwölf steinerne Löwen das Brunnenbecken in der Mitte.

In dem am höchsten gelegenen Teil der Anlage, dem **Generalife**, umgeben Terrassengärten mit Blumen, Springbrunnen, Kaskaden und Zypressen den kleinen Sommerpalast der maurischen Könige.

An Sehenswertem hat aber auch die Stadt selbst einiges zu bieten. Mit dem Bau der weißgoldenen **Kathedrale** direkt auf den Grundmauern einer Moschee begann man schon bald nach der Kapitulation der Mauren, doch bis zu ihrer Vollendung dauerte es beinahe zwei Jahrhunderte – daher das Stilgemisch von Gotik bis Barock. Ihr Prunkstück ist die runde, von einer Kuppel gekrönte Hauptkapelle.

In den Schatten gestellt wird die Kathedrale jedoch sogar noch von der **Capilla Real** (Königskapelle) nebenan. Sie ist verschwenderisch ausgestaltet und birgt einige großartige Kunstwerke. Ferdinand und Isabella ließen sie am Ort ihres größten Triumphs als ihre letzte Ruhestätte errichten; sie ruhen in schlichten Bleisärgen in der Krypta. Zwei zusätzliche Grabmäler aus weißem Carrara-Marmor beherrschen die Königskapelle. In der anschließenden Sakristei ist zudem Isabellas persönliche Kunst- und Schmucksammlung zu bewundern.

Bei einer Ruhepause auf der **Plaza Bib Rambla** ganz in der Nähe der Kathedrale können Sie dem Leben und Treiben der Granadiner zuschauen.

Almuñécar

Diese Küstenstadt zwischen Almería und Málaga wurde von ihren phönizischen Gründern Sexi genannt. Es gibt noch immer ein phönizisches Gräberfeld, doch die interessantesten Sehenswürdigkeiten sind die maurische Burg und der Park El Majuelo in der Altstadt. Die Vororte sind wenig anziehend, dafür begeistert die Küstenlandschaft, und das Hinterland hat Avocado- und Mangohaine zu bieten.

Nerja

Der größte Ferienort östlich von Málaga blieb von Hochhäusern und anderen Auswüchsen einer ungebremsten Entwicklung weitgehend verschont. Diskos und Bars fehlen nicht, doch das Zentrum gleicht immer noch dem einstigen bezaubernden Fischerdorf. Zwischen zwei geschützten Buchten liegt auf einer Felsnase der **Balcón de Europa**, eine kleine blumengeschmückte Promenade.

Nordöstlich von Nerja entdeckten 1959 ein paar Jugendliche auf der Suche nach Fledermäusen den Eingang zu einem riesigen Kalkstein-Höhlensystem, den **Cuevas de Nerja**. Sie wurden sofort unter Schutz gestellt und dadurch vor Verwüstungen durch Souvenirjäger bewahrt.

Weite Teile sind für das Publikum geschlossen, darunter Stellen mit prähistorischen Malereien von Wild, Pferden, Menschen und Göttern. Sie beweisen, dass die Höhlen zu verschiedenen Zeiten zwischen 20000 und 1800 v. Chr. bewohnt waren. Die Besucher haben Zugang zu einer Reihe gut beleuchteter Höhlen mit fantasievollen Namen. In der ersten werden archäologische Funde und Fotos gezeigt. Die folgende **Sala del Belén** (Bethlehem-Halle) enthält prächtige Tropfsteinformationen. In der **Sala de la Cascada** (Wasserfall-Halle) finden während des Höhlenfestivals im Juli Ballett- und Konzertaufführungen statt. Die gigantische 32 m hohe Mittelsäule in der von Spuren eines urzeitlichen Erdbebens gezeichneten **Sala del Cataclismo** (Katastrophen-Halle) gilt als die größte der Welt. Sie entstand, als nach Hunderttausenden von Jahren unmerklichen Wachstums ein Stalaktit und ein Stalagmit miteinander verschmolzen.

Málaga

Der »Vorgarten« dieser Stadt von über 570000 Einwohnern ist der **Paseo del Parque** mit seiner bunten Blumenpracht im Schatten von Palmen und Platanen; der Boden für die parkartige Promenade direkt am Hafen wurde dem Meer abgerungen. Das Klima ist den Liebhabern des Gartenbaus gut gesinnt, denn im Winter ist es hier milder als nahezu überall sonst in Spanien.

Von der Plaza de la Aduana (Zollplatz) gelangt man zur **Alcazaba** hinauf; in dieser Palastburg aus dem 11. Jh. residierten einst die Herrscher der Stadt. Drei Mauern auf unterschiedlicher Höhe beschützten sie.

Der **Arco del Cristo** (Christusbogen) markiert die Stelle, wo nach der Niederlage der Mauren 1487 die erste Messe gefeiert wurde. Der teilweise wieder aufgebaute **Palast** beherbergt ein kleines Museum mit maurischer Keramik. Die Reste eines **römischen Theaters** in der Nähe des Eingangs zählen zu den wenigen noch vorhandenen Zeugen der Stadtgeschichte aus römischer Zeit.

Höchster Punkt der Stadt ist der **Gibralfaro** mit einem staatlich geführten Hotel *(parador)* und einer ursprünglich phönizischen Burganlage, die im 14. Jh. erweitert und in neuerer Zeit restauriert wurde. Der Gibralfaro ist zu Fuß, mit dem Auto oder Bus gut zu erreichen. Auf dem Weg bietet sich Ihnen eine wunderschöne Aussicht auf Stadt, Hafen und Meer.

Unübersehbar ist die **Kathedrale** im Herzen Málagas, deren Bau Renaissance, Barock und Klassizismus vereint. Einer der beiden Türme wartet schon seit über zwei Jahrhunderten auf seine Vollendung. Im Volksmund wird die Kathedrale deshalb auch liebevoll-ironisch *La Manquita*, »die Einarmige«, genannt. Innen beeindrucken die drei Kirchenschiffe durch ihre harmonischen Proportionen. Von den Seitenkapellen ziehen vor allem die reich verzierten Nuestra Señora de los Reyes und Santa Bárbara die Aufmerksamkeit auf sich.

Nördlich der Kathedrale (Calle San Agustín 8) können Sie im Palacio de los Condes de Buenavista das **Picasso-Museum** besuchen. Die meisten der etwa 200 Werke wurden der Stadt von Nachkommen des Künstlers geschenkt. Sie bieten einen Überblick über sämtliche Schaffensperioden des Künstlers. Nicht weit von hier steht an der Plaza de la Merced das öffentlich zugängliche **Geburtshaus Picassos** (Casa Natal).

Museumsliebhaber kommen im **Museo de Artes y Costumbres Populares** (Volkskunstmuseum), westlich der Plaza de la Constitución in der Nähe des Flusses, gleich nochmals auf ihre Kosten. Das Erdgeschoss des Gebäudes aus dem 17. Jh. birgt alltägliche Gebrauchsgegenstände aus der Zeit vor dem Beginn des Tourismus an der Costa del Sol. Volkstrachten sind im oberen Stockwerk zu bewundern.

Der Stadt von heute mit einem Hauch von gestern kommt man am besten in der **Calle Granada**, einer Fußgängerzone, und in dem Labyrinth der Nebenstraßen auf die Spur. Da können Sie sich in einer *bodega*, jenen altmodischen Weinläden, wo sich an den Wänden die Fässer aneinanderreihen, zu einem Glas Málaga an *tapas* (verschiedensten Appetithäppchen) satt essen – und dafür die nächste Mahlzeit auslassen.

Ein besonderer Farbtupfer ist der riesige **Mercado Central** (Hauptmarkt) mit dem hufeisenförmigen Eingangstor, das einst Bestandteil der maurischen Stadtmauern war. Neben Fleisch und Gewürzen kauft man hier Obst und Gemüse, Meeresfrüchte und Fisch ein.

Um die Flora und Fauna des Mittelmeers und um den Schutz gefährdeter Tierarten geht es in der **Aula del Mar** am Hafen (Manuel Agustin Heredia 35). Hier ist neben dem Ausstellungsbereich auch eine Forschungsstation eingerichtet.

Östlich von Málaga gelangen Sie nach **Pedregalejo**, einem alten Fischerviertel mit einer hübschen Uferpromenade und vielen Fischrestaurants.

Am nördlichen Stadtrand, in Richtung Granada, lohnt der Besuch eines Botanischen Gartens, **La Finca de la Concepción**, der aus einem privaten, 1855 angelegten Park hervorgegangen ist. Hier erfreut eine Sammlung exotischer Pflanzen aus aller Welt – darunter viele verschiedene Palmenarten – das Auge.

Südwestlich von Málaga

Ganz und gar auf Urlaubsfreuden eingestellt ist **Torremolinos**; entspannter geht es nicht. Historische Sehenswürdigkeiten fallen hier nicht ins Gewicht, denn der Badeort mit etwa 9 km Strand wurde im 19. Jh. als Fischerdorf gegründet. Stattdessen gibt es unzählige moderne »Kulturmonumente«, vom Andenkenladen bis zur Diskothek. In der **Calle San Miguel** geht es rund um die Uhr lebendig zu und her.

Mit seinem Vergnügungspark (Tivoli World), dem Delfinarium, dem Spielkasino, den Golfplätzen, dem Jachthafen und anderen Einrichtungen ist **Benalmádena-Costa** ein einladendes Ziel an der Sonnenküste. Ein paar Kilometer landeinwärts liegt das malerische Dorf Benalmádena. Sein **Museo de Arte Precolombino Felipe Orlando** zeigt Kunst aus dem alten Mexiko und dem Gebiet der Zentralanden und zählt zu den besten seiner Art in Spanien.

Auch **Fuengirola** hat vom Bootshafen bis zum Zoo so gut wie alles zu bieten, was das Urlauberherz begehrt. Die hiesigen Fischer kümmert das jedoch wenig, sie fahren wie eh und je aufs Meer hinaus. Am Dienstagmorgen lockt der farbenfrohe Markt ganze Busladungen von Schaulustigen aus anderen Küstenorten an.

Landein- und bergaufwärts von Fuengirola kann man im Dorf **Mijas** noch echtes Andalusien erleben. Der ausgesprochen malerische Ortskern mit steilen Straßen und weiß getünchten Häusern ist den Fußgängern vorbehalten; davon ausgenommen sind Esel, die als »Taxis« dienen. Vom **Mirador** (Aussichtspunkt) hat man einen herrlichen Blick hinab bis zum Mittelmeer. Zudem verfügt Mijas über den einzigen ovalen Stierkampfplatz des Landes mit einem kleinen Museum daneben und vielen Kunstgewerbeläden.

Marbella, der elegante Badeort mit insgesamt 28 km Strand, zieht Adel und Geld, Stars und Sternchen magnetisch an. Keine geringere als Königin Isabella von Kastilien soll mit dem entzückten Seufzer »¡Qué mar tan bella!« (Welch schönes Meer!) dem Ort seinen Namen gegeben haben. Die Phönizier dagegen nannten ihre Niederlassung an dieser Stelle ganz nüchtern Salduba (Salzstadt).

Abwechslung vom Badeleben bietet die Altstadt, wo man bei einem Kaffee oder einem Glas Orangensaft auf der **Plaza de los Naranjos** (Platz der Orangenbäume) dem lebhaften Treiben zuschauen und auch das stattliche Ayuntamiento (Rathaus) aus dem 16. Jh. sowie die schöne Casa del Corregidor (17. Jh.) in Ruhe betrachten kann. Die vom Platz abzweigenden Gassen führen vorbei an schmucken weißen Häusern zum **Museo del Grabado Español Contemporáneo** mit einer ausgezeichneten Grafiksammlung und zum **Museo Bonsai** (Parque Arroyo de la Represa), das sich ganz den japanischen Miniaturbäumchen widmet.

»Weltoffen« zeigt sich Marbella auf jeden Fall in seinen Sakralbauten. Abgesehen von all den katholischen Kirchen und Kapellen – viele davon unter Denkmalschutz – sind eine Synagoge, zwei Moscheen und mehrere protestantische Andachtsstätten zu finden.

Mittelpunkt der luxuriösen kleinen Welt von **Puerto Banús** westlich von Marbella ist der Bootshafen mit seiner glitzernden Kette von Restaurants, Bars und Boutiquen – und den hier vertäuten Superjachten aus allen Himmelsrichtungen.

Cádiz

Cádiz an der Costa de la Luz ist eine geschichtsträchtige Stadt, die mit ihren Palmen, weiß getünchten Häusern, blumenbedeckten Balkonen und lebendigen Straßenmärkten an Nordafrika erinnert. Man nennt sie oft Tacita de Plata, »Silbertässchen«, und mit Grund: Die Stadt glitzert, besonders vom Meer aus betrachtet, wie Silber in der Sonne.

Besteigen Sie für einen ungewöhnlichen Blick auf Cádiz die

Stiller Charme und ein Hauch Nordafrika: Cádiz hat seinen Reiz!

Torre Tavira, den höchsten Punkt der Stadt. Zuoberst auf dem Turm aus dem 18. Jh. ist eine Camera obscura eingerichtet, die Panoramen der Stadt projiziert.

Ihren Stadtrundgang beginnen Sie am besten an der **Plaza de San Juan de Dios**. Wenn Sie eine gute Aussicht auf Hafen und Meer haben wollen, folgen Sie dann den Befestigungen.

Die zwischen 1702 und 1838 erbaute hoch aufragende **Catedral Nueva** ist der Hort eines absolut großartigen Kirchenschatzes. Sie ist außerdem für ihr prächtig geschnitztes Gestühl berühmt, und in der Krypta ist der aus Cádiz stammende Komponist Manuel de Falla (1876–1946) beigesetzt.

Ein Ziel für Kunstliebhaber ist das **Museo de Cádiz** an der Plaza de Mina; es beherbergt eine der besten Kunstsammlungen Spaniens, darunter Gemälde von Zurbarán und eines von Murillo, *Mystische Hochzeit der hl. Katharina*, das den Künstler das Leben kostete. Bei seiner Arbeit an dem Meisterwerk fiel er vom Gerüst und erlag später seinen Verletzungen. Einer seiner Schüler vollendete das Bild.

Schöne Fresken von Goya sind in der Kapelle **Santa Cueva** in der Calle Rosario zu bewundern. Etwas westlich steht das **Oratorio de San Felipe Neri**. In dieser Kirche, die ein Werk von Murillo birgt, wurde die Verfassung von 1812 unterzeichnet. In der Kapelle des **Hospitals Nuestra Señora del Carmen** wenig südlich hängt ein Gemälde El Grecos.

Eine Pause gefällig? Kosten Sie zwischen Kathedralen- und Museumsbesuch in einem Straßencafé die köstlichen Meeresspezialitäten dieser Stadt! Und genießen Sie in der Abenddämmerung die spontanen Auftritte von Flamencotänzern, Musikern und Sängern in den Straßen.

Vom **Puerto de Santa María** aus, genau gegenüber von Cádiz an der Mündung des Flusses Guadalete gelegen, werden die Weine und Sherrys von Jerez exportiert. Die *bodegas* oder Weinkeller – hier können Sie die verschiedenen Sorten probieren – sind in bestimmten Vierteln dieser Hafenstadt zu finden, die ihre Blütezeit im 18. Jh. erlebte.

Kein Besuch von El Puerto wäre vollständig ohne einen Halt an der **Ribera del Marisco**, der »Promenade der Schalentiere«. Wählen Sie in einem der Läden aus, wonach es Sie an frisch gefangenen und zubereiteten Meeresfrüchten gelüstet, und nehmen Sie dann an einem Tisch im Freien Platz, um Ihren Imbiss mit einem Bier oder einem Glas Sherry zu genießen. Dank seiner langen Sandstrände hat sich El Puerto nun auch zu einem beliebten Seebad mit Jachthafen, Kasino und anderen Freizeiteinrichtungen entwickelt.

Rota im äußersten Nordwesten der Bucht ist ein Fischerstädtchen (und Luft- und Flottenstützpunkt) mit Stränden und zahlreichen Sportmöglichkeiten.

Jerez de la Frontera

Eine der lohnendsten Tagesausflüge führt Sie von Cádiz aus nach Jerez in die Heimat des Sherrys. Ein Besuch dieser Stadt mit 200 000 Einwohnern kommt schier einer Wallfahrt gleich, denn Dutzende weltbekannter Firmennamen lassen Kennern das Herz höherschlagen: Byass, Garvey, González, Domecq und wie sie alle heißen... Jerez hat etwa 200 Kellereien, in denen 700 000 Fässer mit je 500 l Wein und noch einmal die gleiche Anzahl mit Weinbrand lagern.

Die meisten größeren Betriebe bieten Führungen durch die dunklen, duftenden **Bodegas** an. Dabei erfahren Sie alles über Gärung, Verschnitt und Altern des Weines. Nach dem Besuch dürfen Sie die verschiedenen Arten von Sherry probieren – und auch kaufen. Erkundigen Sie sich beim örtlichen Fremdenverkehrsamt, zu welchen Zeiten Führungen stattfinden.

Der Weinbau in Jerez blickt auf eine 3000-jährige Tradition zurück. Vermutlich haben schon die Phönizier, die sich hier ansiedelten und die Stadt Xera nannten, Reben angebaut. Auch die Römer waren in Jerez, und Dokumente belegen, dass Wein aus Südspanien nach Rom ausgeführt wurde. Dieser Wein war von so hoher Qualität, dass sich die römischen Tropfen nicht damit messen konnten. 92 n. Chr. befahl Kaiser Domitian, alle spanischen Weingärten zu zerstören. Glücklicherweise wurde der Befehl nicht ausgeführt.

Ein weiterer Anziehungspunkt von Jerez ist die hoch aufragende dunkle Stiftskirche **La Colegiata** aus dem 16. und 17. Jh. Die Ruinen des Alcázar, der alten maurischen Burg, sind von Gärten umgeben.

Jedes Jahr im Mai ist Jerez während einer Woche Schauplatz der **Feria del Caballo**, einer berühmten Pferdeschau. Dressurvorführungen kann man aber das ganze Jahr über in der **Königlich-Andalusischen Reitschule** bewundern.

Etwas außerhalb der Stadt, an der Straße nach Algeciras, liegt die **Cartuja**, ein Kartäuserkloster aus dem 15. Jh., mit einer prachtvollen Barockfassade.

Sanlúcar de Barrameda

Vom alten Hafen an der Guadalquivirmündung aus brach Kolumbus 1498 zu seiner dritten Amerikareise auf, und Magellan verließ ihn 1519 mit fünf Schiffen. Nur eines davon kehrte drei Jahre später mit den 18 Überlebenden der ersten Weltumseglung zurück. Das prächtige Portal der **Kirche Nuestra Señora de la O** wurde nach der (Re-)Conquista von Mudéjar-Künstlern in derselben Technik gestaltet, die sie zuvor beim Bau von Moscheen verwendet hatten.

In Sanlúcar wird weniger Sherry produziert als in Jerez, und das herbtrockene Produkt heißt hier *manzanilla*.

Sevilla

Seit die Stadt 1992 die Weltausstellung beherbergt hat, ist hier eine deutliche Aufbruchsstimmung zu verspüren. Trotzdem werden Sie die in diesem Zusammenhang gebaute U-Bahn kaum benutzen: Die berühmtesten Bauwerke Sevillas stehen dicht beieinander im Zentrum. Die **Kathedrale** aus dem 15. Jh. (erbaut an Stelle der Großen Moschee) ist die größte gotische Kirche der Welt. Das enorme Mittelschiff (mit geschnitztem Chorgestühl und schmiedeeisernem Gitter) und mehrere Seiten-

Eine Augenweide: die gekachelten Brücken, Plaza de España in Sevilla.

schiffe bergen wertvolle Kunstschätze. In der Königskapelle liegt das Grab Ferdinands III. von Kastilien. Die sterblichen Überreste von Christoph Kolumbus ruhen – so vermutet man – in einem reich verzierten Sarkophag aus dem 19. Jh. im südlichen Querschiff; in der Schatzkammer steht ein Kreuz aus Gold, das der Entdecker von seiner ersten Reise in die Neue Welt zurückbrachte.

Die **Giralda** gleich neben der Kathedrale wurde von den Mauren als Minarett erbaut. Die Christen übernahmen das Gebäude aus rosa Ziegelstein nach der Rückeroberung Sevillas und machten daraus einen Glockenturm. Die Figur auf der Spitze (*La Fé*, der Glaube, genannt) diente während vier Jahrhunderten als Wetterfahne (*giraldillo*), wurde aber mittlerweile durch eine Kopie ersetzt. Oben vom Turm bietet sich ein weiter Blick über die ganze Stadt.

Zu Füßen der Giralda spendet der schöne Innenhof der ehemaligen Moschee, der **Patio de los Naranjos** (Hof der Orangenbäume), kühlenden Schatten.

Auf der Südseite der Kathedrale steht die einstige Börse, die **Casa Lonja**; sie wurde von Juan de Herrera entworfen, der auch den Escorial-Palast bei Madrid erbaute. Heute ist im Renaissancebau das **Archivo General de Indias** untergebracht, eine wertvolle Sammlung von 43 000 Dokumenten zur Entdeckung Amerikas, darunter Briefe von Kolumbus und Magellan.

Das **Museo del Baile Flamenco** nördlich der Kathedrale gibt Einblick in die Geschichte des leidenschaftlichen Tanzes. Auch Kurse werden veranstaltet.

Pferdekutschen warten an der **Plaza de España** im Südosten des Zentrums auf Fahrgäste. Rund um diesen riesigen halbkreisförmigen Platz (Durchmesser 200 m) erstreckt sich der Parque de María Luisa. Seine schönen Promenaden sind mit Springbrunnen und Teichen aus Schmuckkacheln verziert; hier fand 1929 die Iberoamerikanische Ausstellung statt.

Der im Zentrum neben Kathedrale und Giralda gelegene **Alcázar** diente mehrere Jahrhunderte als königlicher Palast. Peter der Grausame begann das Bauwerk im 14. Jh.; ursprünglich stand hier eine maurische Zitadelle. Durch den **Patio de las Doncellas** (Hof der Hofdamen), eingerahmt von marmornen Doppelsäulen, gelangt man zum imposanten **Salón de los Embajadores** (Gesandtensaal). Die maurischen Bogen und Verzierungen erinnern an die Alhambra von Granada. Darüber liegen die Gemächer, in denen Ferdinand II. von Aragonien und Isabella von Kastilien wohnten. Schöne flämische Gobelins schmücken die für Karl V. eingerichteten Räume.

In den weiten **Jardines de los Reales Alcázares** flanieren Sie unter Orangenbäumen, Zypressen und Palmen und zwischen Rosenbeeten und plätschernden Brunnen.

Sevilla ist Spaniens einziger Binnenhafen, und noch heute fahren seetüchtige Schiffe die gut 100 km den Guadalquivir hinauf bis zur Stadt.

Am Flussufer steht die klassizistische Stierkampfarena **La Maestranza**. Sie fasst gut 14 000 Zuschauer und ist eine der größten und ältesten Arenen Spaniens.

Das **Teatro de la Maestranza**, eine der modernsten Opern der Welt, wurde aus Anlass der Expo '92 eröffnet und mit *Carmen* eingeweiht.

Weiter südlich sehen Sie am Guadalquivir den aparten zwölfeckigen **Torre del Oro** (Goldener Turm), einen Überrest der maurischen Befestigung. Der Name rührt von den Goldziegeln her, die ihn früher bedeckten. Ein kleines Schifffahrtsmuseum ist darin untergebracht.

Auf der anderen Flussseite liegt der Stadtteil **Triana**, früher die Heimat der Seeleute und Töpfer. Noch heute gehen hier Künstler und Handwerker ihrer Arbeit nach. Triana gilt als Wiege des Flamenco und lädt mit seinen Bars und Klubs zum Verweilen.

Östlich vom Alcázar führen enge Gassen in das **Barrio de Santa Cruz**, das alte jüdische Viertel; es ist ein Labyrinth aus weißen Häusern und blumengeschmückten Innenhöfen. Wo im 17. Jh. Sevillas Adlige wohnten, findet man heute zahlreiche Tapas-Bars, außerdem viele Buchhandlungen und Antiquitätengeschäfte. Versäumen Sie nicht, auch einen Blick auf die **Casa de Murillo** in der Calle Santa Teresa 8 zu werfen.

Ebenfalls sehenswert ist die **Casa de Pilatos** (Haus des Pilatus). Ein spanischer Edelmann ließ im 16. Jh. die angebliche Kopie von Pilatus' Wohnsitz in Jerusalem errichten. Herrliche Stuckarbeiten und ornamentale Kacheln machen das Haus zu einem wahren Schmuckstück.

Pilger aus aller Welt erweisen der **Jungfrau von Macarena** in einer Kapelle im gleichnamigen Viertel (im Norden der Stadt) Ehre. Die von einem unbekannten Bildhauer geschaffene Statue wird in der Karwoche durch die Straßen getragen.

Das frühere Kloster La Merced beherbergt das hervorragende **Museo de Bellas Artes** (Kunstmuseum), das vor allem Werke führender Vertreter der Sevillaner Schule – Pacheco, Zurbarán und Murillo – ausstellt.

Die nördlich von Triana gelegene sumpfige Halbinsel **La Cartuja** im Guadalquivir verdankt ihren Namen einem Kartäuserkloster und wurde als Standort der Expo '92 gewählt. Die meisten Pavillons bestanden nur vorübergehend, die anderen wurden in Geschäftsräume, Forschungszentren und den Themenpark **Isla Mágica** mit Schaubuden, Kinos und anderen Attraktionen umgewandelt.

10 km nordwestlich von Sevilla liegen die römischen Ruinen von **Itálica**, der Geburtsstadt der Kaiser Hadrian und Trajan. Aus der Blütezeit Itálicas, das im 2. Jh. n. Chr. 25 000 Einwohner hatte, ist eines der größten römischen **Amphitheater** (25 000 Plätze) erhalten. Bei Ausgrabungen entdeckte man ein Stück Straße, viele Villen und zahlreiche Mosaikböden.

Huelva

Der zur portugiesischen Grenze hin gelegene Industriehafen führt Erdöl für seine Raffinerien ein und exportiert Kupfererze vom Río Tinto – ein Handelszweig, der auf die Phönizier zurückgeht. Da die Stadt 1755 vom selben Erdbeben, das Lissabon zerstörte, schwer verwüstet wurde, gibt es nur wenige alte Bauten. Heute ist der Ort vor allem durch Kolumbus' erste Entdeckungsfahrt bekannt, die 1492 östlich von Huelva, in Palos am Río Tinto, anfing. Männer aus dem Dorf halfen ihm, die Schiffsbesatzung zu rekrutieren. Im März 1493 kehrte der Weltenbummler nach Palos zurück und stach im selben Jahr von hier aus erneut in See.

1491 stieg Kolumbus im **Monasterio La Rábida** unweit von Huelva ab, nachdem er Ferdinand und Isabella vergeblich um Unterstützung für seine Pläne ersucht hatte. Dem Abt des Klosters und Beichtvater der Königin gelang es dann, sie für Kolumbus' Vorhaben zu gewinnen. Die Gebäude aus dem 14. und 15. Jh. und auch die Räume, in denen sich Kolumbus aufhielt, sind zugänglich.

Unten am Río Tinto, an der **Muella de las Carabelas**, zwischen Kloster und Fluss, sind Nachbildungen seiner drei Schiffe – *Santa María*, *Pinta* und *Niña* – zu sehen, die anlässlich der 500-Jahrfeier der ersten Reise erbaut wurden.

Galicien

Obwohl diese Region am »Ende der Welt« liegt und selbst in Spanien nur wenig bekannt ist, hat sie durch ihre Seehäfen und die immer zahlreicheren Wallfahrer ein internationales Flair.

Vigo

Spaniens wichtigster Fischereihafen ist mit rund 300 000 Einwohnern gleichzeitig die größte Stadt Galiciens; A Coruña folgt an zweiter Stelle. Vigo, eine römische Gründung, erlebte erst im 16. Jh. eine wahre Blütezeit, nachdem es über die Jahrhunderte den Angriffen der Wikinger, der Sarazenen, des englischen Freibeuters Sir Francis Drake und selbst einer türkischen Flotte ausgesetzt gewesen war. Während des Spanischen Erbfolgekriegs (1702) überfielen und plünderten britische und holländische Schiffe die mit Schätzen aus der Neuen Welt beladene spanische Flotte im Hafen von Vigo. Ein großer Teil versank und konnte bis heute nicht geborgen werden...

Um sich einen ersten Überblick von dieser modernen Industriestadt zu verschaffen, steigt man am besten zum Aussichtspunkt des **Castillo do Castro** hinauf. Die Festung wurde im 17. Jh. auf einer kleinen Anhöhe über der Bucht errichtet. Hier sind die letzten Reste der befestigten Keltensiedlung verstreut.

Eingezwängt zwischen Hügel und Meer liegt das alte Viertel **A Pedra** mit seinen Treppen und steilen, gewundenen Gassen, an denen sich Häuser aus Granit reihen. Die Kathedrale **Colegiata Santa María** wurde 1816–36 in klassizistischem Stil wieder aufgebaut – die ursprüngliche Kirche hatten die Gefolgsleute von Francis Drake angezündet.

Etwas weiter südwestlich, in der Nähe des **Puerto Pesquero**, liegt das Viertel **El Berbés**, wo die Fischerhäuser mit schmiedeeisernen Balkonen geschmückt sind. Hier findet frühmorgens der malerische Fischmarkt statt: Thun- und Schwertfische und kleinere Fänge werden unter viel Lärm und Trubel versteigert. In der Umgebung gibt es unzählige Tavernen und *tapas*-Bars. Der **Pazo de Castrelos**, ein von Efeu überwuchertes Herrenhaus des 17. Jh. in einem Park, birgt die städtische Gemäldegalerie, die vor allem Werke einheimischer Künstler zeigt. Zwei Säle sind außerdem der Lokalgeschichte gewidmet.

Zentraler gelegen ist das interessante **Museo Liste** (Volkskundemuseum, Calle Pastora 22), das eine Vorstellung vom Alltagsleben im früheren Galicien vermittelt. Das **Museo do Mar de Galicia** (Meeresmuseum) hat sich außerhalb der Stadt in renovierten Industriebauten an der Punta de Muíño niedergelassen.

Wochen-, ja monatelang ersehntes Ziel aller Jakobspilger: die Kathedrale von Santiago de Compostela.

Santiago de Compostela

Von der durch hübsche Granitbauten geprägten Altstadt Santiagos, um die sich die modernen Viertel ausbreiten, sind alle Besucher überwältigt: Plätze, Gassen, Paläste, Arkaden, Kirchen und Kapellen bilden ein einzigartiges architektonisches Ensemble, das die vergangene Pracht und Bedeutung des Wallfahrtsortes widerspiegelt.

Das Zentrum lässt sich gut zu Fuß erkunden. Man sollte allerdings kein mittelalterliches Stadtbild erwarten: Santiago de Compostela hat sich zwischen dem 16. und dem 18. Jh. stark verändert. So weist etwa die berühmte **Kathedrale** – das Ziel jeder Pilgerreise – eine barocke Fassade auf, *Obradoiro* (»Werk aus Gold«) genannt, die erst 1750 vollendet wurde. Die 80 m hohen Türme des Sakralbaus vermitteln eine Vorstellung vom Umfang der zu jener Zeit in Angriff genommenen Bauarbeiten.

Die Kathedrale selbst entstand im 11. und 12. Jh. an der Stelle eines von den Mauren unter Al-Mansur zerstörten Vorgängerbaus. Ihre Ausmaße sind gigantisch: Sie ist beinahe 100 m lang und bis zu 65 m breit – kein Wunder, war sie doch dazu bestimmt, die größte Kirche der damaligen Christenheit zu sein!

Ströme von Pilgern steigen über die Freitreppe hinauf zum **Pórtico de la Gloria**, der sich hinter dem barocken Vorbau verbirgt. Die ursprüngliche Fassade, ein Meisterwerk romanischer Kunst, wurde zwischen 1166 und 1188 durch Meister Mateo ausgeführt. Es handelt sich dabei um eine dreiteilige, mit unzähligen Statuen und Flachreliefs (die einst bemalt waren) geschmückte Vorhalle. Im Zentrum des Tympanons (über dem mittleren Bogen) thront Christus inmitten der vier Evangelisten und mehrerer Engel. In der Archivolte (Stirnbogen) erkennt man die 24 Ältesten aus der Apokalypse beim Musizieren.

Besondere Beachtung verdient die Mittelsäule. Dort erkennen Sie eine heitere Darstellung des hl. Jakobus an dessen Pilgerstab. Im Verlauf der Jahrhunderte hat sich der Marmor an der Säulenbasis abgenutzt, denn alle Pilger berühren diese Stelle am Ende der Wallfahrt, in der Hoffnung, dass so ein Wunsch in Erfüllung gehe. Auf der anderen Seite der Säule hat Meister Mateo sich selber auf den Knien dargestellt. Noch heute gibt es viele Leute, die dreimal mit dem Kopf gegen das Bildnis stoßen – angeblich soll sich dadurch die Intelligenz des Meisters auf sie übertragen (dieser Brauch ist auch bei den Studenten verbreitet...).

Das **Kirchenschiff**, das noch im romanischen Stil erhalten blieb, ist schlicht und majestätisch zugleich. Bei wichtigen religiösen Feiern bringt man hier den *botafumeiro*, ein riesiges Weihrauchfass, zum Schwingen. Das äußerst mächtige Gefäss wird in der Vierungskuppel aufgehängt und von acht Männern betätigt.

Über dem **Hochaltar** aus dem 18. Jh. erhebt sich ein reich geschmückter Aufbau, in dessen Mitte eine mittelalterliche Holzfigur des Apostels thront. Eine Treppe unter dem Altar führt in die **Krypta**, wo die Gebeine des hochverehrten Heiligen ruhen. Nehmen Sie sich auch Zeit für den **Kirchenschatz** *(tesoro)*, den gotischen **Kreuzgang** aus dem 16. Jh. – einem der größten Spaniens – und das goldene Kruzifix (9. Jh.) in der Reliquienkapelle.

Die weitläufige **Praza do Obradoiro** vor der Kathedrale ist von stattlichen Bauten aus verschiedenen Epochen umrahmt, die zusammen ein durchaus harmonisches Ganzes ergeben. An der Nordseite des Platzes steht das prächtige **Hostal de los Reyes Católicos**, das das katholische Königspaar Ferdinand und Isabella ab 1499 erbauen ließ; es diente als Herberge und Hospital für die Pilger. Durch das platereske Portal betritt man heutzutage einen luxuriösen Parador, der rund um die vier harmonischen Innenhöfe angelegt wurde.

Direkt gegenüber der Kathedrale steht das Rathaus mit einer Fassade aus dem 18. Jh., während sich im Süden des Platzes das **Colegio San Xerome** (17. Jh.) erhebt, dessen gotisches Portal aus dem 15. Jh. stammt.

Die Praza da Quintana – vor der Ostflanke der Kathedrale – wird von den hohen Mauern des Klosters **San Paio de Antealtares** (17.–18. Jh.) überragt, das nicht nur für sein Museum religiöser Kunst bekannt ist, sondern auch für das köstliche Zitronengebäck – eine Spezialität der hier wohnenden Benediktinerinnen. Die Gründung des Klosters geht auf das 9. Jh. zurück. An dem beliebten Platz, der aus einem unteren *(quintana de mortos)* und einem oberen Teil *(quintana de vivos)* besteht, befindet sich auch das berühmte Heilige Tor (1611), die **Porta Santa** (oder Porta del Perdón), das nur in Heiligen Jahren geöffnet ist, also immer dann, wenn der 25. Juli, der St. Jakobstag, auf einen Sonntag fällt. Im Sommer breiten sich auf dem ganzen Platz die Terrassen der Cafés aus.

Speisekarte

Ajo blanco – kalte Knoblauch-Mandel-Suppe (Andalusien)
Anfós amb xulla – Barsch mit Schinken (Menorca)
Botifarra amb mongetes – Wurst aus Kutteln, Schweinefleisch und Pinienkernen mit weißen Bohnen (Katalonien)
Caldo galego – Gemüsesuppe mit Steckrüben (Kraut und Knolle), Kartoffeln, weißen Bohnen und Speck (Galicien)
Cocido galego – Eintopf aus Schinken, Fleisch und Speck, Kichererbsen, Kartoffeln und anderem Gemüse (Galicien)
Empanada galega – Schweinspastete (Galicien)
Gazpacho andaluz – kalte Gemüsesuppe (Andalusien)
Huevas a la flamenca – mit Schinkenwürfeln, Tomaten, Zwiebeln und anderem Gemüse überbackene Eier (Andalusien)
Montadita – mit diversen Zutaten belegte Brote (Katalonien)
Mojo rojo – kalte kanarische Pfefferschoten-Knoblauch-Sauce
Mojo verde – kalte kanarische Petersilien-Koriander-Sauce
Paella – Safranreispfanne mit Meeresfrüchten, Huhn, Schweine- oder Kaninchenfleisch und Gemüse
Papas arrugadas – »runzelige Kartoffeln«, in wenig Wasser und mit viel Salz gekochte Pellkartoffeln (Kanarische Inseln)
Potaje canario – deftige Gemüsesuppe (Kanarische Inseln)
Riñones al Jerez – Nierchen an Sherrysauce
Sancocho – kanarischer Eintopf aus gepökeltem Fisch, Kartoffeln und Süßkartoffeln und scharfer Sauce *(mojo picón)*
Sofrit pagès – Eintopf aus Fleisch, Wurst, Kartoffeln und Gemüse, gewürzt mit Safran, Knoblauch und Zimt (Ibiza)
Tortilla – Omelett aus Ei, Kartoffeln und Zwiebeln
Vieiras – Jakobsmuscheln (Galicien)
Zarzuela de mariscos – Meeresfrüchte, angerichtet mit Reis und einer Sauce aus Olivenöl, Mandeln und Schokolade

Die **Praza das Platerías** südlich von hier lohnt wegen des hübschen Pferdebrunnens und der schön geschmückten Barockfassade der Casa do Cabildo einen kleinen Umweg. Dieser Platz verdankt seinen Namen den zahlreichen Goldschmieden, die seit alters hier ansässig sind.

Neben den bereits erwähnten kann man in der Altstadt noch unzählige weitere sehenswerte Plätze und Bauwerke entdecken, darunter etwa das zwischen 1590 und 1750 errichtete **Monasterio de San Martiño Pinario**, in dessen Architektur sich Elemente aus Spätrenaissance und Barock vermischen.

In der Vorstadt Barrio de Sar, ungefähr 2 km östlich des Zentrums, steht die **Colegiata de Santa María del Sar**. Die Kirche entstand ursprünglich im 12. Jh., wurde jedoch durch Umbauten im 18. Jh. stark verändert. Teilweise erhalten ist der schöne romanische Kreuzgang aus dem 13. Jh. mit Verzierungen von Meister Mateo.

Wer sich für Museen interessiert, wird in Santiago de Compostela nicht zu kurz kommen: Sehr interessant ist beispielsweise das in einem Gebäude aus dem 14. Jh. untergebrachte **Museo das Peregrinacións** (Pilgermuseum), das sich nicht nur dem Jakobsweg widmet, sondern außerdem auch der Geschichte und Architektur der Kathedrale.

Im **Museo do Pobo Galego** (Museum des galicischen Volks) können Sie die Traditionen und die Lebensweise der Galicier näher kennenlernen; es befindet sich im Kloster Santo Domingo de Bonaval nordöstlich des Zentrums.

Ein Ausflug führt aus der Stadt hinaus zum **Monte do Gozo** (»Berg der Freude«), wo die Wallfahrer am Ende ihrer langen, mühseligen Reise endlich das ersehnte Ziel erblickten. Auf dem Gipfel thront die Kapelle des hl. Markus.

An der Straße nach Silleda steht der **Pazo de Oca**, einer der schönsten Gutshöfe Galiciens. Er wurde im 17. Jh. im Stil des Manierismus erbaut und ist von prachtvollen Gartenanlagen mit Springbrunnen umgeben.

A Coruña (La Coruña)

Auf einer Halbinsel mit einem ausgedehnten Hafen gebaut, ist La Coruña in erster Linie eine Stadt der Seefahrer. Hier gingen die englischen Pilger auf ihrem Weg nach Santiago de Compostela an Land. Im 18. und 19. Jh. setzte sich La Coruña gegen den mittelalterlichen Hafen von Betanzos durch, der mit der zunehmenden Tonnage der Schiffe nicht mehr mithalten konnte.

Emblematisch für diese Stärke weist der **Herkulesturm** (Torre de Hércules) seit dem 2. Jh. den Seeleuten den Weg. Er gilt als das älteste noch in Betrieb stehende

Bauwerk seiner Art. Am Saum der *ría* trotzt er allen Wettern, wurde mehrmals umgebaut und ist heute der Öffentlichkeit zugänglich. Im Innern kann man Spuren der antiken Bauweise ausmachen. 242 Stufen führen auf die obere Plattform mit herrlichem Blick über den Atlantik.

Wendet man sich vom Hafen mit den Fähren, Fischerbooten und Frachtern ab und geht dann stadteinwärts, kommt man in der **Avenida de la Marina** an prächtigen Beispielen der Coruña-Architektur des 19. Jh. vorbei: hohe Wohngebäude mit verglasten Galerien in den Obergeschossen, welche die Häuser im Winter warm und im Sommer kühl hielten. Diese *galerías* verliehen A Coruña den Beinamen »Kristallstadt«.

In den engen gepflasterten Straßen der **Citade Vella**, der Altstadt, sind weitere historische Bauwerke zu finden, so etwa die romanische **Iglesia de Santiago** aus dem 12. Jh. (die älteste Kirche in A Coruña). Sie liegt an der charmanten Praza de Azcárraga, einem mit Platanen und einem Brunnen geschmückten Platz. **Santa Bárbara** und **Santa María del Campo**, beides Kirchen der Fischer, Seefahrer und ihrer Gilden, sind ebenfalls einen Besuch wert. Die Gebäude an der Praza de María Pita, wo auch das Rathaus steht, weisen barocke Bauelemente auf.

Zwischen 1891 und 1895 lebte Pablo Picasso in A Coruña. Hier eröffnete er auch seine erste Ausstellung. Ein Stadtrundgang führt an Orten vorbei, die der Künstler oft besuchte.

Am Ende der Halbinsel auf der Seite des Hafens thront das Castillo de San Antón (16. Jh.). Es wurde zum **Museo Arqueológico e Histórico** umgestaltet und widmet sich insbesondere der Zeit der Kelten und Römer. Unter den zahlreichen weiteren Museen von La Coruña seien folgende empfohlen: das **Museo de Bellas Artes** (Rúa Zalatea) mit einer wichtigen Sammlung spanischer Malerei des 16.–20. Jh. und der **Domus** (Casa del Hombre). Schon nur sein moderner über die Felsküste ragender Bau zieht die Aufmerksamkeit auf sich. Dank einer Fülle interaktiver Ausstellungen erfährt man hier Wissenswertes über den Menschen schlechthin.

Im großen **Aquarium Finisterrae** in der Nähe des Herkulesturms gewinnt man einen Einblick in die Unterwasserwelt der Region. Der Weg entlang der Meeresbucht führt zum alten Hafen von **Betanzos**, der seit Langem versandet ist. Der mittelalterliche Ortskern mit seinen belebten Gässchen und ehrwürdigen Gebäuden lädt zum Verweilen ein. Das Museo das Mariñas widmet sich der Ortsgeschichte und besitzt eine prächtige Trachtensammlung.

Die Balearen

Südöstlich der spanischen Küste liegen die Baleareninseln Mallorca, Menorca, Ibiza und Formentera, die sich um einiges stärker voneinander unterscheiden, als man vielleicht annimmt.

Mallorca

Mit einer Länge von 97 km und einer Fläche von 3640 km² ist Mallorca die größte Baleareninsel. Sie bietet zwei völlig unterschiedliche Landschaften: die Ferienstrände sowie die Berge, die leicht in einem Tagesausflug zu erreichen sind. Beginnen Sie mit der Erkundung der Insel in **Palma de Mallorca**, das sowohl Hauptstadt der Insel als auch der Balearen ist. Es bietet Ihnen alles, was Sie in einer Großstadt suchen: Geschäfte, Sehenswürdigkeiten, Unterhaltung – und seit 2007 gar eine U-Bahn! Fast die Hälfte der Bevölkerung Mallorcas lebt in Palma, der bei Weitem größten Stadt der Balearen. Zu den knapp 400 000 *Palmesanos* kommen die Besucher von den oft zahlreichen Kreuzfahrtschiffen und die Ausflügler aus den Ferienorten.

Fast jeder Streifzug durch Palma beginnt beim belebten, von Bäumen beschatteten **Passeig d'es Born**. Dieser längliche Platz am Fuße des Almudaina-Palastes ist der Mittelpunkt geselligen Lebens. Von früh bis spät treffen sich hier Geschäftsleute und Tou-

Im Frühling entfalten Mallorcas Mandelbäume ihre ganze Pracht.

risten beim Kaffee oder einem Drink in einem der vielen Straßencafés.

Am Nordende des Born beginnt die **Avinguda del Rei Jaume III**, Mallorcas eleganteste Geschäftsstraße. Der **Palau de l'Almudaina** war einst die Burg der Mauren-Herrscher. Nach der christlichen Wiedereroberung wurde er in einen gotischen Palast für Mallorcas Monarchen umgebaut. Die geführte Besichtigung schließt den großen Ratssaal ein, in dem König Juan Carlos einmal im Jahr feierlich die Regionalregierung der Balearen zusammenruft. Die königlichen Gemächer sind für die Öffentlichkeit nicht zugänglich, ebenso wenig die Militärkommandantur der Balearen. In der St.-Anna-Kapelle aus dem 14. Jh. wird die Messe für die Offiziere gelesen.

Neben dem Palast steht die gotische **Kathedrale** (Seu), eine der größten Spaniens. Das massive Schiff, von einer Reihe luftiger Strebebogen gestützt und von eleganten Türmen überragt, wirkt mächtig und anmutig zugleich. Das weite Innere mit seinen Fensterrosen und farbigen Glasfenstern erscheint viel heller als in den meisten spanischen Kirchen, vor allem seit der katalanische Architekt Antoni Gaudí 1904 den Chorraum neu gestaltet hat.

Palma ist in viele verschiedene Stadtviertel *(barri)* unterteilt. Eines der interessantesten ist **Portella** gleich hinter der Kathedrale. Hier sehen Sie die einzigen arabischen Bauten, die in ihrer ursprünglichen Form erhalten geblieben sind – den **Almudaina-Bogen** in der Carrer Almudaina und die **Arabischen Bäder** (Banys Árabs) in der Carrer Serra.

In diesem Viertel stehen auch alte **Patrizierhäuser**, die teilweise aus dem 15. Jh. stammen. Ein prachtvolles Beispiel aristokratischer mallorquinischer Architektur ist der **Palau Vivot** in der Carrer Zavella. Leider kann man nur durch die Gittertore in den Innenhof mit seinen korinthischen Säulen schauen.

Einige Schritte entfernt steht das **Franziskanerkloster** (Convent Sant Francesc) aus dem 14. Jh. Hier liegt Ramón Llull begraben, Palmas großer Theologe und Gelehrter aus dem 13. Jh. Der gotische Kreuzgang des Klosters ist beeindruckend.

Südwestlich in Richtung Meer, in Hafennähe, stoßen Sie auf die wunderschöne **Strandpromenade** und zwei der bedeutendsten Gebäude der Stadt. **Sa Llotja**, die einstige Warenbörse, zählt zu den schönsten gotischen Profanbauten Spaniens. Heute finden darin Ausstellungen statt. Im **Consolat de Mar** gleich daneben tagte früher das Seehandelsgericht. Jetzt ist der elegante Renaissancebau aus dem 17. Jh. Sitz der autonomen Regierung der Balearen.

Einige Schritte weiter beherbergt das Sant-Pere-Bollwerk das **Museu Es Baluard** mit moderner und zeitgenössischer Kunst: Gemälde, Zeichnungen und Skulpturen von Picasso, Gauguin, Cézanne, Miró, Giacometti, Magritte u.a.

Hoch über der Stadt wacht in einem Pinienhain das mächtige **Castell de Bellver**, eines der schönsten Beispiele mittelalterlicher Militärarchitektur. Genießen Sie den großartigen Blick von seinem Dach auf den weißen Sandstrand und die Bucht von Palma.

Die **Bucht** zieht sich in einem 40 km weiten Bogen von S'Arenal und Les Meravelles im Osten bis zu Palmanova und Magalluf im Westen hin. Die langen feinsandigen Strände, die sanft zum Wasser hin abfallen, eignen sich ideal für Familien. Die Landspitze im Westen hingegen ist felsig. Kleine Buchten und Höhlen prägen die Landschaft bei **Portals Vells** und ziehen Anhänger des hüllenlosen Badens an.

Das turbulente Urlaubszentrum **S'Arenal** rühmt sich, einen der längsten Badestrände der Bucht zu besitzen. Das Sportzentrum bietet neben einem Schwimmbad Bowling-, Badminton-, Squash-, Tennis- und Minigolfanlagen. Sie können reiten oder sogar ein Segelboot mieten. An der Hauptstraße von Palma nach S'Arenal liegt **Aquacity**, ein riesiger Wasser-Vergnügungspark mit einer scheinbar endlosen spiralförmigen Rutschbahn. Der Rummel des Nachtlebens in den Diskos und »bayrischen« Biergärten von S'Arenal ist legendär.

Ein beliebtes Ausflugsziel ist **Valldemossa**, 20 km nördlich von Palma in einem Hochtal gelegen. Hier verbrachte die große französische Schriftstellerin George Sand mit ihrem Liebhaber Frédéric Chopin den stürmischen Winter 1838/39 in einem ehemaligen Kartäuserkloster. Ein kleines Museum hält mit Originalmanuskripten, zwei Klavieren und der Totenmaske Chopins die Erinnerung an das Paar wach.

Ein besonderes Erlebnis ist es, von Palma mit der Schmalspurbahn nach **Sóller** zu fahren, das mitten in den Bergen der Serra de Tramuntana liegt. Die Fahrt dauert 90 Minuten und führt durch Täler, in denen sich Orangen-, Zitronen- und Olivenhaine hinziehen – und im Vorfrühling stehen die Mandelbäume prachtvoll in Blüte. Sóller selbst (auf arabisch »goldenes Tal«) hat ein gewisses französisches Flair. Im 19. Jh. wanderten nämlich viele Bewohner nach Frankreich aus, und wer später zurückkam, baute sein Wohnhaus häufig im Stil eines französischen Schlosses. Am Abend, wenn das Städtchen erwacht, spielt sich das Leben in den Cafés und Restaurants um die Plaça Constitució ab.

Zu den berühmtesten Attraktionen der Insel gehören die **Coves del Drac**, die »Drachenhöhlen« bei Portocristo an der Ostküste. In flachen Booten gleiten die Besucher auf den künstlich beleuchteten unterirdischen Seen dahin, vorbei an merkwürdigen Tropfsteinformationen und berieselt von Chopin-Zauberklängen.

Menorca

Einstige Hauptstadt der Insel ist die Festung Ciutadella im Westen; heute erfüllt diese Funktion die östliche Hafenstadt Mahón (Maó). Beide sind Menorcas Hauptsehenswürdigkeiten.

Schon die Phönizier rühmten den geschützten Naturhafen von **Mahón** (Maó). Auf die Briten gehen die sauber gestrichenen georgianischen Häuser mit Schiebefenstern zurück, zwischen denen weiße spanische Bauten leuchten. Ein Mauerring schützte einst die Stadt gegen Angriffe vom Meer. Daran erinnert die **Porta Sant Roc**, ein Stadttor aus dem 16. Jh.

Bei einem Bummel am Kai kommen Sie an Bootswerften, Segelklubs und Schiffsausrüstern vorbei. Fischer flicken ihre Netze, Bars und Restaurants locken. Besuchen Sie eine der **Distillerien**, die seit Ankunft der Briten im 18. Jh. Gin brennen.

Eine gewundene Straße und eine breite Treppe führen vom Hafen hinauf zum **Markt** auf der Plaça del Carme. Die Fisch- und Gemüsestände sind im Innern und unter den Arkaden eines Karmeliterklosters aus dem 18. Jh. aufgebaut.

Alfons III. von Aragonien ließ 1287 die Moschee der Stadt durch die gotische Kirche **Santa Maria** ersetzen, die im 18. Jh. umgebaut wurde. Ihr Juwel ist die mächtige Orgel (frühes 19. Jh.) mit über 3000 Pfeifen, ein Werk des Schweizers Johann Kyburz.

Gleich um die Ecke steht an der Plaça de la Constitució das stattliche **Rathaus** (Ajuntament) aus dem 18. Jh. mit einer Uhr, die der erste britische Gouverneur der Insel stiftete. Im Kreuzgang der barocken Kirche Sant Francesc birgt das **Archäologische Museum** phönizische Funde, aztekische Skulpturen und anderes.

Die schönste Ansicht von Mahón hat man vom Meer aus: Weiße Häuser zieren den Klippenrand, und der Felsküste entlang liegen viele kleine Buchten, die meist nur vom Wasser her zugänglich sind. Die Nordseite des Hafens schützt die Halbinsel **La Mola**, die einst von Kanonen strotzte. Noch heute ist hier ein spanischer Militärstützpunkt.

Gegenüber thront über der Bucht die imposante rosafarbene Villa Sant Antoni, besser bekannt als **Golden Farm**. Hier soll Admiral Nelson gewohnt haben, während seine Flotte unten auf Reede lag.

Das planmäßig angelegte Städtchen **Es Castell** (Villacarlos) auf der Südseite der Bucht hieß ursprünglich Georgetown, und sein Rathaus sieht heute noch sehr englisch aus. Der Ort wurde im 18. Jh. für die Familien der im nahen **Fort Sant Felipe** (damals Fort Marlborough) stationierten britischen Garnison erbaut. Vom Fort sind nur noch Ruinen übrig.

Menorca gliedert sich in zwei sehr verschiedene Teile. Nördlich der Verbindungsstraße Mahón–Ciutadella erstreckt sich sanft gewelltes, fruchtbares Acker- und Weideland. Südlich dieser Linie dehnt sich eine mit Steinen übersäte Wildnis aus. Vielleicht war es diese Fülle von Konstruktionsmaterial, die Menorcas bronzezeitliche Bewohner zu solch reger Bautätigkeit anregte. Von den über 500 **vorgeschichtlichen Fundstätten** liegen fast alle südlich der Straße – geradezu ein archäologisches Freilichtmuseum.

Auf der Strecke von Mahón nach Ciutadella kommen Sie durch das Dorf **Alaior**, das für seine Herrenschuhe, den hervorragenden Käse und das gute Eis bekannt ist. Der lange Sandstrand von **Son Bou** an der Südküste ist besonders für Familien geeignet. Hier wurden 1951 die Überreste einer frühchristlichen Basilika entdeckt, die wahrscheinlich aus dem 5. oder 6. Jh. stammt.

Fast in der Mitte der Insel erhebt sich ihr einziger Berg, der 357 m hohe **El Toro**, von dem man den besten Rundblick genießt.

Santa Galdana, näher bei Ciutadella, ist der Inbegriff einer felsgeschützten hufeisenförmigen Balearenbucht mit türkisfarbenem Wasser, weißem Sand und grünen Pinien.

An der Nordküste ist **Fornells** der bekannteste Urlaubsort. Er liegt alleine an einer großen Bucht, wo die besten Bedingungen für Windsurfer auf der Insel herrschen sollen.

Grazile Handarbeiten werden auf den Balearen noch immer gepflegt.

In **Ciutadella** herrschen spanische und maurische Einflüsse vor. Spazieren Sie durch schmale Gassen zwischen weiß getünchten Häusern zur schmucken **Plaça Nova**. Von dort gelangen Sie durch die **Ses Voltes** genannte Straße mit ihren schönen maurischen Arkaden zur gotischen **Kathedrale** aus dem 14. Jh.

Mittelpunkt der Stadt ist die **Plaça d'Es Born**, der frühere Paradeplatz der maurischen Herrscher, den die Stadtpaläste des Adels umgeben, und wo auch das sehenswerte Rathaus steht. Unten im **Hafen** schaukeln die Boote, und Dutzende von Fischrestaurants laden zum Essen im Freien.

Ibiza

Der Hauptort trägt denselben Namen wie die Insel, **Eivissa** in Ibizenkisch, und wird oft einfach Vila (die Stadt) genannt; sein Kern ist eine mittelalterliche mauerbewehrte Stadt, die über dem Hafen voller Jachten aufsteigt.

Ein **Obelisk** vor dem Hafengebäude ehrt Ibizas Korsaren. Zu Zeiten, als die nordafrikanischen Piraten das Mittelmeer unsicher machten, stellten die Inselbewohner eine eigene Korsarenflotte auf, und dank dieser Miliz wurde mancher berüchtigte Freibeuter in Schach gehalten oder im Kampf geschlagen und sein Schiff gekapert – womit auch Ibizas Wirtschaft geholfen war.

Das Hafenviertel **Sa Marina** hat sich zu einem kosmopolitischen Handelsbezirk entwickelt, wo schicke Boutiquen und überquellende Souvenirshops mit altmodischen Kaufläden abwechseln.

Die **Sa Penya** genannte Halbinsel am östlichen Hafenende besteht aus einem Gewirr alter Fischerhäuser, wo die trocknende Wäsche in enge Gassen tropft und Kinder und Hunde nicht vom Verkehr behelligt werden.

Landeinwärts, im Herzen des modernen Eivissa, findet sich der **Passeig de Vara del Rey**, ein Boulevard mit Straßencafés. Vom lokalen Magnaten bis zum Filmstar auf Besuch sieht man hier alle beim Tätigen eines Handels oder eben einfach am gesehen zu werden. Das Denkmal in der Promenadenmitte ist Ibizas Kriegshelden des 19. Jh., General Joaquim Vara del Rey, gewidmet. Er fiel bei der Verteidigung Kubas im Spanisch-Amerikanischen Krieg.

Die Erkundung von Ibizas Altstadt **Dalt Vila** erfordert einige Kletterei, doch gibt es zahllose Möglichkeiten Verschnaufpausen – in einem Café, vor einer Sehenswürdigkeit oder bei der Aussicht auf Landschaft und Meer. Die **Stadtmauern** rings um die Dalt Vila zählen zum Weltkulturerbe der UNESCO. Die Befestigungsanlagen mit sieben Bollwerken sind unversehrt und gelten als Meisterleistung der Militärarchitektur im 16. Jh.

Einfachen Zutritt zur Altstadt gewährt das mit einer Inschrift zu Ehren Philipps II. gekrönte **Portal de Ses Taules**. Das Tor wird von zwei Marmorstatuen aus der Römerzeit flankiert, die beim Mauerbau gefunden wurden. Jenseits des tunnelartigen Durchgangs kommen Sie auf einen Renaissanceplatz, wo meist Kunsthandwerker ihre Lederarbeiten und Schmuckwaren anbieten.

Von hier aus kann man die Altstadt beliebig durchwandern; es geht entweder bergauf oder bergab durch ein Labyrinth reizvoller Gassen. Zuoberst liegen das **Castell**, dessen Baubeginn in arabische Zeit zurückreichen soll, und die **Kathedrale** Santa Maria les Neus (Maria vom Schnee), die auf das 13. oder 14. Jh. zurückgeht und hernach etliche Umbauten und Ergänzungen erfuhr. Die Kathedrale wurde an der Stelle eines römischen Tempels und einer späteren maurischen Moschee errichtet.

Auf der anderen Seite des Platzes ist in einer gotischen Kapelle das **Archäologische Museum** *(Museu Arqueològic)* mit einer hervorragenden Sammlung von Schätzen aus der punischen Vergangenheit der Insel untergebracht.

Hügelabwärts lag die **Nekropole** der Karthager. Sie ist unerwartet groß, weil man offenbar glaubte, eine Bestattung an dieser Stelle sei eine Eintrittskarte zum Paradies. Obwohl die Totenstadt jahrhundertelang von Grabräubern geschändet wurde, blieb eine erstaunliche Anzahl punischer Kunstwerke erhalten, darunter verzierte Straußeneier, die als Symbol der Auferstehung galten.

Die zweite Hälfte des Archäologischen Museums ist inmitten der Gräber des Puig des Molins (Windmühlenberg) untergebracht. Das bedeutende, nach umfassender Renovierung wiedereröffnete **Museu del Puig des Molins** zeigt Fundstücke aus der Nekropole.

Stolz thront das weiße, mittelalterliche Ibiza über dem Jachthafen.

Der **Passeig Maritim** am Fuß des Hügels führt dem Meer entlang zu den **Stadtstränden** Ses Figueretes und Platja d'en Bossa, Ziel der meisten Ibiza-Touristen. Mögen die Strände in der Saison auch überfüllt sein, sie sind herrlich.

Ibizas Touristenmetropole **Sant Antoni de Portmany** – spanisch San Antonio Abad – auf der gegenüberliegenden Seite der Insel beherrscht eine bezaubernde Bucht. Neben dem Getümmel von Vergnügungsbooten aller Art besteht der Großteil des Hafenverkehrs aus kleinen Fähren.

Verschiedene eigenartige Blumen blühen unter der heißen Sonne.

Mit seinen weißen Hochhäusern, dröhnenden Discos und breiten Strandpromenaden gehört Sant Antoni zu den bedeutenden Badeorten im Mittelmeerraum. Längs von Sant Antonis **Strandpromenade** (Passeig Maritim) liegt ein Park, der auf dem Meer abgewonnenem Land entstanden ist. In der Grünanlage mit Palmen, Blumenbeeten und Brunnen wimmelt es von Freiluftcafés.

Während man sich in Sant Antoni, an der Westküste, dem uneingeschränkten Vergnügen fast rund um die Uhr hingibt, bemüht sich **Santa Eulària d'es Riu** im Osten der Insel um einen ruhigeren, familiären Urlaubsstil. Anziehend sind die Kleinstadtatmosphäre, gemütliche Bars und eine Vielzahl guter Restaurants. Im Zuge der Verbesserung seiner Infrastruktur hat Santa Eulària einen **Strand** von einem perfekten Halbrund inmitten des Ortes geschaffen, außerdem eine stattliche Promenade und sämtliche Anlagen, die zu einem internationalen Ferienort gehören, einschließlich eines großen Jachthafens.

Der schon von Weitem sichtbare Hügel **Puig de Missa** wirkt wie ein Postkartenklischee: Ein strahlend weißes Dorf, dessen Silhouette sich vom blauen Himmel abhebt. Im Mittelpunkt der dicht gedrängten Häuser steht die stark befestigte Wehrkirche von 1568.

In einem alten Wohnhaus auf dem Hügel gibt das **Museo Etnográfico de Ibiza** (Ethnografisches Museum) einen Einblick in die ibizenkische Kultur. Neben Acker- und Fischergeräten, Waffen, Kleidungsstücken und Schmuck kann man auch eine alte Olivenölpresse besichtigen.

Formentera

Die alten Fähren brauchen für die Überfahrt von Ibiza nach Formentera eine Stunde; Tragflügelboote oder Katamarane bewältigen die Strecke etwa in der Hälfte der Zeit.

Im Altertum trugen Ibiza und Formentera den gemeinsamen Namen Pityusen – »kiefernbedeckte Inseln«. Magere Kiefernwälder gibt es immer noch, ebenso duftende Kräuter wie Thymian und Rosmarin. Formentera hat keine Quelle; das spärliche Regenwasser wird in Zisternen aufgefangen, doch muss das meiste Frischwasser zur Insel geschifft werden. Dennoch bringen die kargen Böden, wie schon seit Jahrhunderten, Weizen hervor. Der Name der Insel stammt von den Römern, die sie Frumenteria, »Kornkammer«, nannten.

Der Hafen **La Savina** wird im Juli und August aus seiner üblichen Lethargie aufgerüttelt, um die Flut von Tagesausflüglern und Urlaubsgästen zu bewältigen. Doch für fast alle ist La Savina nur Durchgangsstation, kein Ziel.

Formenteras Hauptort – mit knapp 1000 Einwohnern – ist das 3 km vom Hafen entfernte **Sant Francesc Xavier**. An der Straße nach Sant Francesc befindet sich Formenteras einzige Tankstelle, die übrigens bei Sonnenuntergang schließt. Im Osten liegt **Estany Pudent**, ein großer Salzwasserteich, an dem Zugvögel Station machen. Nehmen Sie das Fernglas mit!

Die **Wehrkirche** von Sant Francesc wurde im 18. Jh. gebaut, als immer noch Piraten die Insel bedrohten. Deren Attacken waren so häufig und furchtbar, dass die leicht einnehmbare Insel fast 300 Jahre, bis Ende des 17. Jh., unbewohnt blieb. Diese Gefahr erklärt auch die festungsartige Architektur der Kirche; bei Überfällen bot sie den Einwohnern Schutz, und eine Zeit lang besaß sie sogar eine eigene Kanone. Im **Museu Etnològic** erinnern Werkzeuge, Einrichtungen und Schiffsmodelle an die Zeit vor dem Aufkommen des Tourismus.

Das eindrucksvollste Gebäude im Ort ist das neu erbaute **Rathaus**. Die Anzahl von Souvenirläden nimmt ständig zu, und in der Fußgängerzone locken Verkaufsstände die Besucher an.

Südwestlich von Sant Francesc liegt am Stiefelabsatz (und zugleich dem südlichsten Punkt der Balearen) **Cap de Barbaria** – eine schroffe, felsige Gegend mit Wildziegen und einem Leuchtturm. Auf dem Weg dahin zweigt eine Straße nach **Cala Saona** ab, einem bei Einheimischen beliebten Strand.

Die Formentera durchquerende Hauptstraße führt von Sant Francesc zum Dorf **Sant Ferran de Ses Roques**, das sich durch seine »moderne« Pfarrkirche auszeichnet: Ende des 19. Jh. auf den Grundriss eines römischen Kreuzes errichtet, bietet sie damit einen klaren Kontrast zu den älteren Bauweisen. Hinter Sant Ferran folgt der schmale, flache Mittelteil Formenteras, wo das Meer zu beiden Seiten nahe ist.

Im Süden dehnen sich die herrlichsten Badestrände aus, die man sich vorstellen kann, bekannt als **Platja de Migjorn**. Unweigerlich hat sich die touristische Entwicklung dieses traumhaften Gebietes bemächtigt. Doch die Küste ist zum Glück so lang, dass auch Individualisten einen Platz an der Sonne finden.

Die Spitze des Stiefels bildet das Vorgebirge **La Mola**, der höchste Punkt Formenteras, der eine Aussicht über die ganze Insel gewährt. Der **Leuchtturm** hoch über der Steilküste warnt die Schiffe auf See seit 1861. Ein Denkmal in der Nähe besagt, dass die Stimmung an diesem Ort Jules Verne zu seiner Erzählung *Reise durch das Sonnensystem* (1877) inspirierte. Die **Pfarrkirche** mit den geweißten, fast fensterlosen Wänden, den Rundbogen und dem von einem Kreuz bekrönten Turm ist im charakteristischen Inselstil erbaut.

Den Nordteil Formenteras bildet eine lange, schmale Sandbank mit Stränden zu beiden Seiten: **Illetas** im Westen und **Llevant** im Osten. Diese weißen Sandstreifen mit dem kristallklaren Wasser sind unvergleichlich schön und für jeden denkbaren Wassersport geeignet. Außerdem ist hier Nacktbaden erlaubt – wenn auch nicht obligatorisch.

> **Genau genommen.** Als Guanchen werden manchmal auch die Eingeborenen anderer Inseln bezeichnet, aber genau genommen steht dieser Name nur Teneriffas Ureinwohnern zu. Die Höhlenmenschen auf La Gomera waren Gomeros, die Urbevölkerung auf La Palma bestand aus Auaritas und auf El Hierro aus Bimbaches. Es bestehen zwar viele kulturelle Überschneidungen, aber die Steinzeitbevölkerung jeder Insel hatte ihre eigenen Dialekte, Sitten und Besonderheiten.

Die Kanarischen Inseln

Sieben Landflecke ragen wie Perlen vor der Nordwestküste Afrikas aus dem Atlantik, ein Archipel, der noch vor 600 Jahren so gut wie unbekannt war.

Teneriffa

Die von der Fläche her größte Insel der Kanaren ist eine Welt für sich. Man könnte am selben Tag Bananen pflücken, eine Schneeballschlacht machen, im Atlantik baden, einen Berg besteigen und in die Oper gehen.

Die Insel-Superlative beginnen in schwindelnder Höhe: Der **Pico del Teide**, mit 3718 m Spaniens höchster Berg, hat schon im Altertum Reisende beeindruckt. Kolumbus' Besatzung erschienen die

Funken und der Dampf an der Vulkanspitze als böses Omen für ihre Entdeckungsreise. Und noch heute, wo man mit einer Schwebebahn fast bis zum Gipfel gelangt, umgibt den Vulkankegel eine erhabene Ausstrahlungskraft.

Am Hafen der Inselhauptstadt **Santa Cruz de Tenerife** liegt die **Plaza de España** mit dem Denkmal für die Gefallenen des Bürgerkriegs. Der öffentliche Raum rund um den Platz wurde von den Schweizer Architekten Herzog & de Meuron umgestaltet: Den neuen Mittelpunkt des Platzes bildet ein kreisförmiges, von Meerwasser gespeistes Becken mit Fontäne, rundherum gruppieren sich mit Flechten und Kakteen bewachsene Pavillons, die das Tourismusbüro, Cafés und Läden bergen.

Ein unterirdisches Museum an der Plaza zelebriert die Stadtgeschichte; Hauptattraktion ist die Kanone *El Tigre*, durch dessen Schuss Admiral Nelson beim Angriff auf Santa Cruz 1797 den rechten Arm verloren haben soll.

Ein nationales Baudenkmal auf der angrenzenden **Plaza de la Candelaria** ist der schön restaurierte Palacio Carta aus dem 18. Jh.

Nicht weit davon erhebt sich das wichtigste religiöse und historische Bauwerk der Stadt, die **Iglesia de la Concepción** (Kirche der Unbefleckten Empfängnis) mit ihrem seltsamen achteckigen Glockenturm (16. Jh.). Neben reich

Santiago Calatravas Auditorio de Tenerife ist das neue Wahrzeichen der Inselhauptstadt von Teneriffa.

vergoldeten Statuen birgt sie aufschlussreiche Zeugnisse der Vergangenheit. Das alte, renovierte Viertel rund um die **Calle La Noria** oberhalb der Kirche hat sich zu einem beliebten Treffpunkt entwickelt. In den Häusern mit bunten Fassaden haben sich Tapas-Lokale und Bars niedergelassen.

In der Nähe, jenseits der Brücke über ein augetrocknetes Flussbett, birgt das frühere Zivilhospital das **Museo de la Naturaleza y el Hombre** (Museum für die Natur und den Menschen). Sammlungen zeigen, wie die Ureinwohner der Insel lebten. Mehr als 1000 prähistorische Schädel sind in Glasvitrinen aufgereiht. Hier ruhen auch Mumien als Zeugnis dafür, dass schon die Guanchen einen Bestattungskult kannten. Dazu gibt es Kleidung, Schmuck und Gebrauchsgegenstände.

Der **Tenerife Espacio de las Artes (TEA)** mit seinem lichtdurchfluteten Innern entstand 2008 nach einem Entwurf von Herzog & de Meuron und Virgilio Gutiérrez. Es beherbergt neben dem Instituto Óscar Domínguez Ausstellungsflächen für Kunst und Fotografie, eine Bibliothek, einen Laden, ein Café und ein Kino.

Hochmodern und strahlend weiß präsentiert sich das 2003 eröffnete wellenförmige **Auditorio de Tenerife** des Stararchitekten Santiago Calatrava direkt am Meeresufer (Av. de la Constitución).

Schöne Urlauberzentren finden sich vielerorts auf Teneriffa. Zu den bekanntesten zählen **Playa de las Américas** und das benachbarte **Los Cristianos** im Südwesten der Insel. Sie bieten vielfältigste Annehmlichkeiten und Ausflugsmöglichkeiten. Zur Abwechslung von Strand gibt es etwa eine Go-Kart-Piste, den Aquapark Octopus oder den Kakteenpark mit einer Vielfalt von Exemplaren.

Religiöses und kulturelles Zentrum der Insel ist **La Laguna**, das unbedingt einen Besuch lohnt. Die Kathedrale mit ihren riesigen Deckengewölben ist ein Bauwerk aus neuerer Zeit (1918). Das älteste Gotteshaus (1496) der Stadt ist an seinem siebenstöckigen Turm (1697) gut erkennbar: die Iglesia de la Concepción mit ihren Holzschnitzereien.

Eine kühle dunkle Wildnis mit Lorbeerbäumen, Buchen, Kiefern und Wildblumen ist der Wald von **Monte de las Mercedes**. Am Ende der Serpentinenstraße bietet sich ein wunderbarer Ausblick vom **Pico del Inglés**.

Südlich von La Laguna fängt eine lange, herrliche Fahrt auf dem »Rückgrat« der Insel hinauf ins gebirgige Zentrum. Schließlich erreicht man den **Nationalpark Las Cañadas**, der in einem der größten Krater der Welt liegt. Auf über 2000 m Höhe bringt der karge Boden nur noch Sträucher hervor. Die Straße schneidet hier Hügel aus erstarrter schwarzer, grauer, weißer und roter Lava an.

Gran Canaria

Mit rund 1500 km^2 ist das nahezu kreisrunde Gran Canaria trotz seines Namens nur die drittgrößte der Kanarischen Inseln. Es ist klein genug, um es kennenlernen zu können, aber groß genug für bedeutende klimatische Unterschiede. Wenn es auf der einen Seite der Insel bedeckt und kühl ist, herrscht auf der anderen oft sonniges und warmes Wetter.

Das betriebsame **Las Palmas** ist mehr als nur die Hauptstadt der auch Fuerteventura und Lanzarote umfassenden Provinz. Die mit ihren beinahe 400 000 Einwohnern größte aller kanarischen Städte ist wirtschaftliches und historisches Zentrum, internationaler Badeort und bedeutender Hafen in einem. Gegründet wurde sie im Jahr 1478 als Feldlager des spanischen Eroberers Juan Rejón.

Einen guten Einblick der Stadt gewinnt man im Dockviertel **Puerto de la Luz** (Hafen des Lichts). Jeden Monat legen hier über tausend Schiffe zum Tanken oder Entladen an. Matrosen, Touristen und Einheimische treffen sich in den Straßencafés des **Parque de Santa Catalina**, wo immer etwas los ist: Schach-, Karten- und Dominospiele, Künstler, die Schnellporträts malen, Schuhputzer, kleine Schmuggelgeschäfte…

Nach einem kurzen Fußmarsch erreicht man **Las Canteras** auf der anderen Seite der Halbinsel – einen 3 km langen Sandstrand, an dem sich der Atlantik von seiner freundlichsten Seite zeigt, da eine Riffkette die Wogen besänftigt.

Wer die **Ciudad Jardín** (Gartenstadt) besucht, sieht wie die bes-

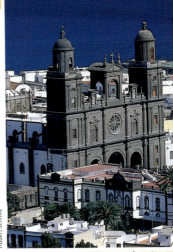

Die fünfschiffige Kathedrale Santa Ana in Las Palmas. | In der reich verzierten Casa de Colón residierten im 15. Jh. die ersten Statthalter auf Gran Canaria.

sere Gesellschaft der Stadt lebt. Eines haben Luxusvillen und bescheidenere Häuser da gemein: Die Gärten sind das ganze Jahr über eine einzige Farbenpracht. Besonders hübsch ist der Parque Doramas.

Hier steht auch das **Pueblo Canario**, eine Art Freilichtmuseum kanarischer Architektur und Volkskunst, das mit Volkstänzen, einheimischem Kunsthandwerk und *sangría* Touristen anzieht.

Im ältesten Teil von Las Palmas, **Vegueta**, schlugen 1478 die spanischen Truppen ihr Lager auf. In diesem *barrio* (Viertel) hat fast jeder Quadratmeter Boden historische Bedeutung. In der schlichten Kapelle San Antonio Abad soll Kolumbus 1492 bei seiner Durchreise gebetet haben. Untergebracht war er in der Residenz des damaligen Inselstatthalters, der **Casa de Colón** (Kolumbushaus). Heute bildet der elegante Bau den Rahmen für ein Museum mit Erinnerungsstücken aus der Zeit der großen Entdeckungsreisen.

Gleich um die Ecke steht die 1497 begonnene Kathedrale von Las Palmas, die Catedral de Santa Ana, die in ihrem Stilgemisch aus Gotik und Klassizismus die Altstadt beherrscht. Die ungewöhnlichen Bronzestatuen von Hunden davor sollen die einheimischen Vierbeiner darstellen, die den Inseln angeblich ihren Namen gaben (lat. canis = Hund).

An der Nordküste gedeihen tonnenweise Zuckerrohr und Bananen auf den terrassenförmig angelegten Plantagen, die sanft zum Meer abfallen. Mittelpunkt des »Bananenlandes« und der Rumherstellung ist **Arucas**, eine freundliche weiße Stadt mit einer schönen neugotischen Kathedrale.

Im Inselinnern liegt das Städtchen **Teror**. Die alten, weiß getünchten Häuser, oft um einen schattigen Innenhof erbaut, zieren schöne geschnitzte Balkone. Das wichtigste Bauwerk ist die große, typisch kanarische Basilika Nuestra Señora del Pino (»Unsere Liebe Frau von der Kiefer«). Die Jungfrau von Teror ist Gran Canarias Schutzheilige.

Größtes Fremdenverkehrszentrum ist **Playa del Inglés**. Luxuswohnungen, Hoteltürme, Bungalows, Restaurants, Einkaufszentren und Diskos drängen sich hier hinter dem 15 km langen goldenen Sandstrand, der sich von San Agustín bis zum Leuchtturm von Maspalomas erstreckt. Die **Dünen von Maspalomas** sind ein einzigartiges Naturwunder. Obwohl zwischen Meer und touristischer Infrastruktur eingezwängt, wirken sie doch so endlos wie die Sahara.

Für Kurzweil und Vergnügen für die ganze Familie ist in diesem Gebiet reichlich gesorgt, mit Wasserparks, Rummelplatz und dem **Palmitos Park** mit Vögeln und exotischen Pflanzen.

Lanzarote

Lanzarote ist ein Beispiel dafür, wie sich der Mensch in unwirtlicher Umwelt zu behaupten vermag – in diesem Fall eine Mondlandschaft mit über 300 Kratern. In der schwarzen Lavaasche gedeihen Zwiebeln, Kartoffeln, Tomaten, Melonen und Trauben in Fülle. Ein überraschender und erhebender Anblick – schwarz ist schön auf Lanzarote!

Einen krassen Unterschied zu den üppigen Anbauflächen bilden die »schlechten Böden« des sogenannten *malpaís*, trostlose Ebenen, über denen sich Kraterkegel in eigenwilligen Formen und Farben erheben.

Arrecife (60 000 Einwohner) ist wichtigster Hafen und Inselhauptstadt. Hübsche Gartenanlagen aus neuerer Zeit an der Uferpromenade heitern das eher eintönige Stadtbild auf; ansonsten hat Arrecife – was auf Spanisch »Riff« heißt – eher wenig zu bieten.

Den Fischerhafen bewacht eine stämmige Festung (16. Jh.), **Castillo de San Gabriel**, die zu Fuß über einen schmalen Damm erreichbar ist. Hier ist nun, da keine Piratenüberfälle mehr drohen, ein kleines archäologisches Museum untergebracht.

Der neue Hafen außerhalb der Stadt hat sein eigenes Kastell, die **Festung San José**. César Manrique (1919–92), bedeutendster Künstler Lanzarotes, richtete darin ein Museum zeitgenössischer Kunst ein, wo unter anderem Werke von Picasso, Miró und ihm selbst zu sehen sind. Manrique gründete auch die **Fundación César Manrique** in Tahiche (nordöstlich Arrecifes), die sich der Erhaltung und Erforschung von dessen Werk widmet.

Das Erbe Manriques.
Der geniale Künstler César Manrique (1919–92) widmete sein Leben dem Schutz seiner Heimatinsel Lanzarote. Er war als Maler, Bildhauer und Architekt erfolgreich und entwarf die wichtigsten Touristenattraktionen Lanzarotes, von der Grotte Jameos del Agua bis zum Kaktusgarten. Außerdem machte er sich dafür stark, die traditionelle Architektur und Farbgebung der Inseldörfer zu erhalten und Auswüchse des touristischen Baubooms zu verhindern. Sein jetzt der Öffentlichkeit zugängliches Haus in einem Lavafeld ist ein einzigartiges Bauwerk.

commons.wikimedia.org/Frank

Wunder der Natur: die Salzgärten von Janubio und der von Algen grün gefärbte Lago Verde von El Golfo.

Ein beliebtes Ausflugsziel sind die **Feuerberge** (*Montañas de Fuego*) im Timanfaya-Nationalpark – hinauf und wieder hinunter kann man sich von einem Dromedar tragen lassen. Die ganze Gegend wurde in eine Art Naturschutzgebiet der Trostlosigkeit verwandelt – die schwarze Landschaft weckt Weltuntergangsstimmung. Hier ist die Schlacke nur wenige Zentimeter unter der Erdoberfläche noch so heiß, dass man sie nicht anfassen kann, und in den Boden gestecktes Reisig fängt in ein paar Sekunden Feuer. Eindrucksvoll ist es, wenn der Führer durch ein Rohr Wasser in die Erde gießt und sofort Dampf herauszischt.

Viele Ausflügler besuchen auch die **Salzgärten von Janubio** (*Salinas de Janubio*) an der Westküste: Gleißend weiß hebt sich das trocknende Salz vom tiefblauen Meer und der schwarzen Lava ab. Heute wird allerdings nur noch in geringen Mengen Salz produziert; es dient vor allem den Fischern zur Konservierung ihres Fangs.

Ein weitres Ausflugsziel an der Westküste, nicht weit von Janubio, ist **El Golfo**, eine smaragdgrüne Lagune unterhalb einer Klippe, die wie eine riesige Sturzwelle hereinzubrechen droht. Es handelt sich um den Rand eines Vulkankegels, dessen andre Hälfte in den Fluten versank. Die Gesteinsschichten in diversen Farbtönen und die bizarren Formen sind genau so eindrücklich wie der Gegensatz zwischen ruhigem Kratersee und mächtigem Ozean.

Eine weitere Lagune lockt an der Nordostküste: die **Jameos del Agua**, eine vulkanische Grotte, die unterirdisch mit dem Meer verbunden ist. Von oben einfallend lassen die Sonnenstrahlen das Wasser eines kleinen Sees aufleuchten. Darin leben blinde weiße Krebstierchen, die sonst nur in der Tiefsee vorkommen.

In der Nähe begleiten Ton- und Lichteffekte die Führungen durch etwa 2 km des Höhlensystems der **Cueva de los Verdes**, das durch ausfließende Lava entstand.

Fuerteventura

Die zweitgrößte Kanareninsel hat einige der schönsten Strände der Welt – kein Wunder, denn der Wind bringt den Sand aus der knapp 100 km entfernten Sahara hierher. Dazu kommen reiche Fischgründe – die Meerenge zwischen Afrika und der Insel ist während der Zugzeiten der Meeresbewohner eine sehr belebte »Durchgangsstraße«.

Die Trümpfe des Inselhauptstadt **Puerto del Rosario** sind ihr Hafen – mit einer einladenden Uferpromenade – und ihr Flughafen. Etwa ein Drittel der rund 100 000 Inselbewohner leben in der Stadt.

Am verlockendsten an Puerto del Rosario ist sicher der leicht erreichbare Strand, **Playa Blanca**. Weiter südlich ist rund um **El Castillo**, einen Wehrturm aus dem 18. Jh., das Feriendorf Caleta de Fustes mit allen Annehmlichkeiten entstanden. Noch herrlichere Strände gibt es am nördlichen und südlichen Inselende und im Innern auch verträumte Dörfer und malerische Kirchen.

Der Preis für den schönsten Strand gebührt wohl den Dünen von **Corralejo** an der Nordspitze, einer weiten sichelförmigen Bucht mit strahlend weißem Sand. In dem einstigen Fischerdorf ist der malerische Hafen erhalten, wo nun Jachten in der Überzahl sind.

Die kleine Insel vor der Küste, **Isla de Lobos**, steht heute unter Naturschutz. Hier leben zahlreiche Seevögel. Auf der Überfahrt im Glasbodenboot kann man in die Welt unter Wasser schauen.

Der zweite Platz im »Strand-Schönheitswettbewerb« kommt **Jandía** auf der schmalen Halbinsel ganz unten im Süden zu. Auf dem endlos scheinenden Sandstreifen kommt sich (noch) niemand zu nahe. Windsurfer zieht es an die **Playa de Sotavento** mit einem breiten flachen Ufer und einem Schulungszentrum, und wer in hübscherer Umgebung baden möchte, begibt sich an die **Costa Calma** mit den einladenden kleinen Buchten.

Wer sich von Sand und Meer losreißen kann, findet im Besuch des Inselinnern angenehme Abwechslung. Grüne Landflecken in der trostlosen Gegend wirken wie Oasen. **Betancuria**, einstiger Hauptort der Insel (benannt nach Jean de Béthencourt, dem normannischen Eroberer des 15. Jh.), liegt in der Bergregion im Herzen von Fuerteventura. Mit seinen weißen Häusern, den Palmen und der majestätischen Marienkirche aus dem 17. Jh. mit ihren sehenswerten Kunstwerken wirkt das Städtchen wie ein Ort aus vergangener Zeit.

Weitere lohnende Ziele im Innern von Fuerteventura sind La Oliva, Antigua und Pájara.

Nebelwald im Parque Nacional de Garajonay auf der Insel La Gomera.

La Gomera

Von Teneriffa aus erreicht man La Gomera mit dem Tragflügelboot in einer halben Stunde, mit der Fähre in 90 Minuten. Zudem gibt es einen Flughafen, auf dem kleine Maschinen landen.

Besonders stolz ist diese kleine runde Insel auf ihre Bande zu Kolumbus. **San Sebastián**, die Hauptstadt, war die letzte Station vor dessen Aufbruch ins Ungewisse. Hier nahmen seine Segelschiffe Proviant an Bord, und er besuchte in der **Mariä-Himmelfahrtskirche** die Messe. Weitere Erinnerungen an den großen Entdecker sind der alte **Torre del Conde** (Grafenturm), ein Wachtturm und Nationaldenkmal an den Kais, sowie die Ausstellungen in der **Casa de Colón**.

Da es auf La Gomera wenige Badestrände gibt, hält sich die Touristenzahl in Grenzen. Viele Besucher machen von Teneriffa aus einen Tagesausflug hierher, und vom Hafen in San Sebastián starten Busse zur Inselerkundung.

La Gomera ist eine noch weitgehend unverdorbene Insel mit steilen, baumbestandenen Hängen, schwindelerregenden Klippen und üppigem Grün. Das gebirgige Innere gehört großenteils zum **Parque Nacional de Garajonay**, der in 1487 m Höhe gipfelt. Der Nationalpark, der 10 % der Inselfläche einnimmt, wurde 1986 von der UNESCO zum Weltnaturerbe erklärt. Besonders wertvoll ist der ungeforstete Nebelwald.

Um sich von einem Berg zum anderen zu verständigen, erfanden die Bewohner den *silbo*, eine »Pfeifsprache«. Dabei transponiert man Wörter in Töne oder Rhythmen, die mit an- und abschwellender Lautstärke gepfiffen werden.

Die weißen Häuser von **Hermigua** überblicken das fruchtbarste Bananenanbaugebiet der Insel. Im Kunstgewerbezentrum Los Telares können Sie den Frauen beim Spinnen und Weben zusehen. **Agulo**, ein Dorf mit maurisch anmutender Kirche, genießt einen prächtigen Blick auf das Meer und Teneriffas Pico del Teide.

El Hierro

Die kleinste der sieben Hauptinseln ist auch die westlichste. Dieses Eiland mit seinen schroffen Klippen, knorrigen Wacholderbüschen und überraschend grünen Weiden, die sich von bizarren Felsgebilden absetzen, könnte man heute noch für das Ende der Welt halten – nach der von Ptolemäus im 2. Jh. aufgestellten Behauptung –, wenn Kolumbus nicht das Gegenteil bewiesen hätte. Die Ausblicke auf die Landschaft ringsum sind einmalig. Strände und Wassersportmöglichkeiten sind jedoch weniger verlockend, das Straßennetz scheint aus lauter Kurven zu bestehen. Die wenigen Urlauber suchen hier unverdorbene Natur, Ruhe und einfaches Leben.

Valverde, die am Berghang hoch über dem Atlantischen Ozean gelegene Hauptstadt der Insel, heißt nicht zu Unrecht »Grünes Tal«. Die Stadt mit ihren steilen gewundenen Gassen, in der etwa die Hälfte der 10 000 Inselbewohner lebt, liegt inmitten von Gärten und, vor allem im Frühling, farbenstrotzenden Obstplantagen.

Für die Ortsgründung war die gute Sicht aufs Meer und die anderen Inseln ausschlaggebend, denn die Lage gewährte Schutz vor Piratenüberfällen. Der Glockenturm der dreischiffigen Kirche diente gleichzeitig als Ausguck. An klaren Tagen (an denen es auf den Kanaren nicht mangelt) lässt sich leicht der Teide auf Teneriffa jenseits der Insel La Gomera ausmachen.

Auf der kurvenreichen Fahrt über eine der wenigen von Valverde ins Inselinnere führenden Straßen wird man mit prächtigen Panoramen belohnt. Überall, wo Sie ein Hinweisschild »*Mirador*« entdecken, befinden sich atemberaubende Aussichtspunkte.

Eindrücklichste Landschaftsform der Insel ist **El Golfo**. Es handelt sich dabei um die eine Hälfte eines Talkessels von rund 14 km Durchmesser, die entstand, als ein sich immer höher auftürmender, riesiger Vulkan unter seiner eigenen Last zusammenbrach und ins Meer abrutschte. **Frontera** in seiner Mulde, am Fusse bewaldeter Steilhänge ist Mittelpunkt eines ertragreichen Weinbaugebietes. **Sabinosa** am Westrand des Golfs ist bekannt für seine schwefelhaltige Heilquelle.

La Palma

Wegen ihrer üppigen Wälder mit Kiefern, Lorbeerbäumen und Riesenfarnen nennt man sie auch die Grüne Insel, und bei einem Wettbewerb um die schönste Insel würde La Palma zweifellos gut abschneiden.

Auf der Karte sieht La Palma wie eine steinzeitliche Pfeilspitze aus. Ein Gebirgsgrat zieht sich vom Südende aus durch das Zentrum der Insel und umgibt in einem weiten Bogen den gewaltigen Krater des Taburiente, eine der beeindruckendsten Vulkanlandschaften der Welt.

Diese winzige Insel, deren Felsspitzen auf über 2400 m ansteigen, gilt als die steilste der Welt. Die Berge sind Vulkane, von denen manche noch nicht erloschen sind; der Teneguía im Süden brach am 26. Oktober 1971 aus, doch ohne größeren Schaden anzurichten.

Auf den Kanaren wimmelt es von »Kreuzen« und »Palmen«, und der Hauptort und -hafen dieser Insel kombiniert gleich beide: **Santa Cruz de la Palma**. Die 18 000 Einwohner zählende Stadt liegt am Rand des erloschenen Kraters La Caldereta. Die modernen Gebäude harmonieren gut mit den alten Kolonialhäusern mit ihren farbenfrohen Holzbalkonen.

Die **Plaza de España**, das historische Zentrum, ist ein dreieckiger Platz ein paar Straßen landeinwärts vom Hafen. An einer Seite erhebt sich die **Erlöserkirche** Iglesia Matriz de El Salvador von 1503. Nach einem Piratenüberfall blieb 1553 von dem Gotteshaus nur die Renaissancefassade übrig; im restaurierten Innenraum ist vor allem die Kassettendecke im maurischen Stil aus kanarischem Kiefernholz bemerkenswert.

Neben der Kirche stehen wunderschöne Herrenhäuser aus dem 18. Jh. Die Langseite des Dreiecks nimmt das 1569 erbaute **Rathaus** (Ayuntamiento) ein; die Bogen an der Vorderfront zeigen in ihrer Bauweise italienische Renaissance, während im Innern die Decken und Türen und ein imposanter Treppenaufgang mit prächtigen Holzschnitzereien im spanischen Kolonialstil gehalten sind.

Entlang der Uferstraße **Avenida Marítima** reihen sich Häuser mit verwitterten Balkonen. Überraschend ist der Anblick eines an Land liegenden Schiffs: die originalgetreue Replik von Kolumbus' Karavelle *Santa María*, auch Barco de la Virgen genannt. Das Schifffahrtsmuseum im Innern ist mit Modellen, Karten und Erinnerungsstücken angefüllt.

Einige Kilometer über dem Hafen erhebt sich die **Parroquia Nuestra Señora de las Nieves** (»Kirche Unserer Lieben Frau vom Schnee«). Darin wird ein reich verziertes Standbild der Schutzheiligen der Insel verehrt, das aus dem späten 14. Jh. stammen soll. An jedem 5. August feiert man auf La Palma die Schneeheilige, und alle fünf Jahre wird das Heiligenbild an diesem Tag in einer farbenprächtigen Prozession zum Hafen getragen; die Festlichkeiten dauern einen ganzen Monat.

PRAKTISCHE HINWEISE

Geld. Währung ist der Euro (EUR, €), unterteilt in 100 Cent (ct). Die bekannten Kreditkarten werden in den größeren Restaurants und den meisten Hotels akzeptiert. Reiseschecks lassen sich leicht einlösen, nehmen Sie aber sicherheitshalber Ihren Reisepass mit. Es gibt genügend Automaten für den Bargeldbezug.

Notfälle. EU-weite Notfallnummer 112; Ambulanz 061; Feuerwehr 080; Polizei 091 oder 092; Guardia Civil 062.

Öffnungszeiten. *Banken*: Im Allgemeinen Montag bis Freitag 8.30 oder 9–14 oder 14.30 Uhr, teils auch Samstag 9–13 Uhr (im Hochsommer gelten andere Öffnungszeiten). *Geschäfte*: Gewöhnlich Montag bis Samstag 9 oder 9.30–13.30 oder 14 Uhr und 16.30 oder 17–20 oder 20.30 Uhr. Kaufhäuser sind Montag bis Samstag von 10–21 oder 22 Uhr durchgehend geöffnet. In den Küstengebieten bleiben während der Hochsaison die Geschäfte teils bis lange nach 22 Uhr geöffnet. *Postämter*: in größeren Städten Montag bis Freitag 8.30–20 oder 20.30 Uhr, in kleineren Orten 9–14 Uhr, und samstags 9.30–13 Uhr. Briefmarken sind in fast allen *estancos/tabacos* (Tabakläden) erhältlich.

Sprache. Die offizielle Sprache in ganz Spanien ist das Kastilische (*castellano*). In den jeweiligen autonomen Gemeinschaften sind Katalanisch, Galicisch und Baskisch als zusätzliche Amtssprachen. In den Touristenorten wird teilweise Englisch, Deutsch und Französisch verstanden.

Stromspannung. 220 Volt/50 Hz Wechselstrom, selten auch 110 Volt.

Telefon. Der Code für internationale Gespräche ist 00. Fügen Sie die Landesvorwahl (Deutschland 49, Österreich 43, Schweiz 41), die Ortskennzahl ohne Null und die Rufnummer des Teilnehmers an.

Trinkgeld. Die Bedienung ist in der Rechnung des Restaurants inbegriffen, doch ein kleiner Extrabetrag wird geschätzt. Taxifahrer erwarten einen um 5–10 % aufgerundeten Betrag.

Wasser. Die Qualität des Leitungswassers in Spanien variiert, doch kann das Wasser bedenkenlos getrunken werden. Da es oft stark gechlort ist, ziehen viele Leute in Flaschen abgefülltes Mineralwasser vor.

Zeit. Spanien (Festland) hat Mitteleuropäische Zeit (MEZ) und stellt im Sommerhalbjahr die Uhren um 1 Stunde vor. Auf den Kanarischen Inseln gilt MEZ – 1 Stunde; da auch sie auf Sommerzeit umstellen, bleibt der Unterschied das ganze Jahr über gleich.

LANDGÄNGE

Gastfreundliche Festung

Gibraltar
211 Der Felsen
212 Die Stadt
213 Upper Rock

Extras
213 Einkaufstipps
214 Speisekarte
215 Praktische Hinweise

Stadtplan
273 Gibraltar

Umkämpfter Felsen

Britische Gepflogenheiten

Urlaubsstimmung

Gut gehegtes Symboltier

GIBRALTAR

Der Felsen von Gibraltar, eine der beiden »Säulen des Herakles«, ragt als Tor zum Mittelmeer 426 m aus der See auf. Diese Halbinsel an der Südspitze des spanischen Festlands ist seit 1704 britisch – und will es auch bleiben, was Spanien ein Dorn im Auge ist. Die Bevölkerung besteht aus italienischen, iberischen, maltesischen, marokkanischen, jüdischen und indischen Einwanderern.

Der Felsen
Als Großbritannien der UNO-Entkolonisierung-Charta nicht nachkam, schloss Spanien 1969 für 16 Jahre die Grenze. Der Fährverkehr nach Algeciras wurde eingestellt, die Telefonverbindung unterbrochen, und Spanier durften nicht länger in Gibraltar arbeiten. Doch die UNO erhörte auch die Wünsche der Bevölkerung: 1967 sprachen sich die 12 000 Stimmberechtigten (bei einer Bevölkerung von 27 000 Einwohnern) zu 99 % für den Verbleib bei Großbritannien aus. Um der EG beitreten zu können, öffnete Spanien 1985 die Grenze wieder.

Heute strömen aus den nahen spanischen Ferienorten Scharen von Tagesausflüglern zu Besichtigungen und günstigen Einkäufen, begrüßt von Einheimischen und Bobbys mit blauen Helmen, die Spanisch ebenso gut sprechen wie Englisch. Spaniens Vorstoß, den Felsen nach einer Übergangszeit mit gemeinsamer Verwaltung ganz der spanischen Souveränität zu unterstellen, wird von der Bevölkerung noch immer komplett abgelehnt, wie aus einem Referendum aus dem Jahr 2002 hervorgeht. Da der Felsen für Großbritannien seine strategische Bedeutung verloren hat, und kaum noch britische Truppen hier stationiert sind, versucht Gibraltar, neue Einnahmequellen zu erschließen und Arbeitsplätze zu schaffen. Die Finanzwelt hat es längst als Steueroase entdeckt, die aber in den vergangenen Jahren unter internationalen Druck geraten ist. Man fördert den Tourismus, hat die Stadt herausgeputzt und dem Hafen mittels Aufschüttungen Land für Büro- und Hotelbauten abgewonnen.

Im Sommer herrscht trockene Hitze, gelindert durch die Brise in der Straße von Gibraltar; die Win-

Großbritannien ist in Gibraltar überall gegenwärtig – auch am Telefon.

flickr.com/Monteforti

ter sind mild mit gelegentlichem Regen. Der Flughafen ist auch für die spanischen Ferienorte praktisch (viel Charterverkehr); Linienflüge verbinden mehrere marokkanische Städte mit Gibraltar. Nach Tanger verkehrt eine Fähre.

Die Stadt
Gibraltar ist zwar nur etwas über 5 km lang und 1,6 km breit, steckt aber voller Attraktionen.

Die spanische Grenzstadt La Línea de la Concepción wächst seit einiger Zeit rasant; viele ihrer Einwohner arbeiten in Gibraltar. Man wird an der Grenze zügig abgefertigt; wegen des Andrangs muss aber mit Wartezeiten gerechnet werden. Vom Flughafenterminal direkt nach der Grenze gelangen Sie (quer über das Rollfeld) zu Fuß, mit dem Bus oder Taxi in die Stadt. Geradeaus steigt die Nordwand des Felsens fast senkrecht auf; auf halber Höhe sind Schießscharten aus dem 18. Jh. zu erkennen.

Die **Befestigungsmauern** wurden von den Mauren errichtet und von den Spaniern und Briten verstärkt. Zwischen den beiden Wällen im Norden findet ein **Lebensmittelmarkt** statt. Vom Haupttor (Water Gate) der Altstadt aus gelangt man auf den **Grand Casemates Square**, einen weiten Platz voller Cafés. Von hier aus verlaufen die Main Street und parallele Straßen in nordsüdlicher Richtung, während schmale Gassen steil den Hang aufsteigen. Im Zentrum glaubt man sich zuerst ins viktorianische England versetzt, bis man nach und nach auch spanische Bauwerke und maurische Grundmauern erkennt. In der zum großen Teil autofreien **Main Street** reihen sich Läden, die von zollfreien Kameras, elektronischen Geräten, Parfüm, Alkohol und Tabakwaren überquellen, dazwischen gibt es Pubs, Banken und Ableger britischer Handelsketten.

Rechts zweigt die Bomb House Lane zum **Gibraltar Museum** ab, das in zwei alten Herrenhäusern untergebracht ist. Hier erleben Sie Gibraltars Geschichte von den Anfängen bis zur Gegenwart. Ein großes Modell zeigt die Sehenswürdigkeiten der Felsenhalbinsel wie Tunnel und Höhlen, und in einer Videovorführung wird die Vergangenheit ebenfalls aufgerollt. Im Keller wurde ein geräumiges **Maurisches Bad** aus dem 14. Jh. freigelegt.

Am Cathedral Square gibt es ein **Fremdenverkehrsamt**, wo Sie sich Informationsmaterial beschaffen können.

Etwas weiter der Hauptstraße entlang kommt man zum ehemaligen Franziskanerkloster **The Convent**, seit 1728 Amtssitz des Gouverneurs. Mehrmals täglich findet vor dem Eingang die **Wachablösung** statt.

An die Volksabstimmung von 1967, bei der sich Gibraltar für den Verbleib bei Großbritannien ausspracht, erinnern die **Referendum Gates** in der südlichen Festungsmauer. Gleich dahinter ruhen auf dem **Trafalgar Cemetery** viele Opfer von Seeschlachten des 19. Jh. (Nach der Schlacht von Trafalgar 1805 wurde der Leichnam Lord Nelsons in Rum konserviert und später zum Heldenbegräbnis nach England überführt.) Anschließend gelangt man zur **Grand Parade**, dem großen Exerzierplatz, und zu den schattigen **Alameda Botanical Gardens** aus dem 19. Jh.

Einkaufstipps
Gibraltar ist Zollfreigebiet und kennt keine Mehrwertsteuer
Britische Produkte
Elektronische Geräte
Parfüme

Upper Rock

Der Upper Rock steht größtenteils unter Naturschutz. Er ist Heimat von seltenen Pflanzen und vielen Zugvögeln, die hier im Herbst auf dem Weg nach Süden und im Frühling auf dem Rückflug haltmachen. Für den Besuch der Sehenswürdigkeiten braucht man eine Eintrittskarte. Auf einer **Rock Tour** mit dem Minibus kann man beliebig oft ein- und aussteigen. Am schnellsten gelangen Sie mit der **Schwebebahn** (*cable car*) von der Grand Parade hinauf auf den Felsen. Unterwegs können Sie bei der Affenhöhle, **Ape's Den**, aussteigen, um die berühmten Berberaffen (Makaken) zu beobachten. Sie leben wild, sammeln sich aber oft bei den Futterstellen. Man ist sich nicht darüber einig, ob die Mauren oder später englische Soldaten sie nach Gibraltar gebracht haben. Wie dem auch sei, die Überzeugung, dass mit ihrem Aussterben das Ende der britischen Herrschaft käme, wird von allen geteilt – kein Wunder, dass Churchill die Affen im 2. Weltkrieg gut füttern ließ! Es handelt sich um die einzigen frei lebenden Affen in ganz Europa.

Von der Terrasse des Cafés der **Top Station**, der Bergstation, genießt man eine fantastische Aussicht: im Westen auf den Hafen, im Norden nach Spanien, im Osten auf die Sandy Bay am Fuß des Steilhangs, im Süden über den Leuchtturm am Europa Point und die Straße von Gibraltar auf Marokkos Berge. Nach Süden erklimmt ein Pfad den höchsten Punkt des Felsens, **O'Hara's Battery**, wo noch immer eine alte Kanone aufs Meer hinaus zielt. Südlich der Bergstation führt eine Straße zur **St. Michael's Cave**, einer der Tropfsteinhöhlen, die wabenartig den Kalkfelsen durchlöchern. Der Raum, der nun ab und zu als Konzertsaal dient, war im 2. Weltkrieg ein Lazarett.

Statt mit der Schwebebahn wieder hinunterzufahren, können Sie bis zum Südende des Felsens wandern oder einen längeren Umweg nach Norden zu den **Upper Galleries** machen (die man auch auf der aufwärts führenden Straße bei Princess Caroline's Battery erreicht). Der **Great Siege Tunnel** wurde 1779–83 in den Fels gesprengt, um in Schießscharten Kanonen postieren zu können. Durch eine im 2. Weltkrieg angelegte Verlängerung gelangt man bei einem Aussichtspunkt im Osten ins Freie. Insgesamt umfasst das Tunnelnetz 53 km, von denen mehrere Hundert Meter zugänglich und mit historischen Schaustücken ausgestattet sind. Unterhalb des Tunneleingangs dokumentiert die Freilichtausstellung **Gibraltar – A City Under Siege** das Leben im 18. Jh. unter der »Großen Belagerung«. Weiter unten kommen Sie zum **Maurischen Kastell**; es ist auch nach kurzem, steilem Aufstieg vom Nordrand der Stadt aus erreichbar. Nach Dutzenden von Angriffen steht nur noch der Bergfried aus dem 14. Jh.

Die Ostseite Gibraltars fällt steil zum Meer hin ab; hier blickt das Dorf **Catalan Bay** auf einen der vier kleinen, von der Morgensonne beschienenen Sandstrände. Windsurfer bevorzugen die zwei Strände am Südwestzipfel des Felsens. Man kann Bootsfahrten unternehmen, in der Bucht angeln oder Delfine und Wale beobachten.

Speisekarte
Fish and chips – im Ausbackteig frittiertes Fischfilet mit Pommes frites
Shepherd's pie – Auflauf aus Hackfleisch und Kartoffelpüree
Roast beef and Yorkshire pudding – Rinderbraten mit Bratensaft und in Rinderfett gebackenem Eierkuchen

PRAKTISCHE HINWEISE

Klima. In Gibraltar herrscht das ganze Jahr über ein mediterranes Klima; die Winter sind kühl (aber selten unter 10 °C) und feucht, die Sommer (von Mai bis September) heiß und trocken. Bestimmend für das Wetter sind die sich abwechselnden Winde, einerseits der vom Mittelmeer her wehende *Levante*, der über dem Felsen von Gibraltar die typische Wolke entstehen lässt, andererseits der von einer klaren Sicht auf die Küste Afrikas begleitete, vom offenen Atlantik einströmende *Poniente*.

Kreditkarten und Reiseschecks. Beide werden weitgehend akzeptiert.

Notfälle. EU-weite Notfallnummer 112, Polizei und Ambulanz 199, Feuerwehr 190. Der Anruf ist gebührenfrei.

Öffnungszeiten. *Banken*: Montag bis Freitag 9–15.30 Uhr, manche öffnen am Freitag bis 17 Uhr. *Geschäfte*: Montag bis Freitag 10–19 Uhr, Samstag 10–13 Uhr. *Postamt*: Es befindet sich in der Main Street und ist unter der Woche im Sommer 9–14.15 Uhr, im Winter 9–16.30 Uhr geöffnet, samstags 10–13 Uhr.

Sprache. Die Amtssprache Gibraltars ist Englisch; auf den Straßen wird aber vorwiegend spanisch gesprochen. Die genauere Bezeichnung für die mündliche Sprache der Einheimischen lautet *llanito* – ein von sephardischen, genuesischen, maltesischen, portugiesischen und englischen Einflüssen geprägter andalusischer Dialekt. Bezeichnend für die Alltagssprache der Gibraltarer ist, dass sie zwischen Englisch und *llanito* hin- und herwechseln, oftmals sogar im selben Satz.

Stromspannung. 220/240 Volt Wechselstrom. Stecker besitzen wie in Großbritannien drei flache Stifte.

Trinkgeld. In Hotels und einigen Restaurants ist die Bedienung inbegriffen; andernorts belohnt man guten Service mit 10 % oder mehr. Ein Trinkgeld erwarten auch Gepäckträger, Friseure und Taxifahrer (ca. 10 % des Fahrpreises sind üblich).

Währung. 1 *Gibraltar Pound* (Gib£, GIP) = 100 *pence* (p). Im Umlauf sind Scheine von 5 bis 50 Gib£ und Münzen von 1 p bis 5 Gib£. Daneben gelten auch englische Pfund Sterling als Zahlungsmittel. In den meisten Geschäften – nicht aber in Büros öffentlicher Dienststellen wie der Post – kann man auch mit Euro bezahlen.

Zeit. Gibraltars Uhren gehen nach Mitteleuropäischer Zeit (MEZ), im Sommerhalbjahr wird wie bei uns die Uhr um 1 Stunde vorgestellt.

LANDGÄNGE

Portugal
- 217 Faro
- 219 Westliche Algarve
- 220 Lissabon
- 225 Porto
- 229 Madeira

Extras
- 228 Einkaufstipps
- 232 Speisekarte
- 233 Praktische Hinweise

Stadtpläne
- 274 Lissabon
- 276 Faro
- 277 Porto
- 278 Funchal

Fischerei- und Seefahrernation

Blühende Landschaften

Arabische Vergangenheit

Süßer Madeirawein

Erzählfreudige Azulejos

PORTUGAL

Von Portugal aus bereisten im 15. und 16. Jh. Entdecker und Händler die Weltmeere und schufen – vom heutigen Brasilien bis nach China – das mächtigste Reich der damaligen Zeit. Lagos, Lissabon und Porto entwickelten sich zu Handelszentren, in denen Beziehungen zu den Handelsstädten des Mittelmeerraumes und den neu entdeckten Gebieten geknüpft wurden. Das letzte Überbleibsel dieses Kolonialreiches ist – neben den Azoren – Madeira, die Frühlingsinsel im Atlantik, wo Bougainvilleen alte Mauern überwuchern, und der schwere Duft von Mimosen die Luft durchtränkt.

Faro

Die Hauptstadt der Algarve gleicht trotz des neuen Mercado Municipal und den Kinosälen in der Baixa noch immer eher einem Dorf als einem Zentrum für Tourismus und Handel. Ein Eindruck, der sich in der Altstadt mit ihren niedrigen, weiß getünchten Häusern und den Palmen verstärkt. Die Mauren kamen 714 aus Nordafrika hierher und machten Faro zum Mittelpunkt eines Fürstentums, bis der portugiesische König Alfons III. den Ort 1249 zurückeroberte.

Nur noch kleine Boote gelangen unter der Eisenbahnbrücke hindurch in den **Hafen**; ihr Kommen und Gehen kann man von der Uferpromenade aus beobachten. Der **Jardim Manuel Bivar** dahinter ist ein hübscher Stadtpark mit Palmen, blühenden Bäumen, Kinderspielplätzen, Verkaufsständen und einem beliebten Café.

Durch das barocke Stadttor **Arco da Vila**, auf dessen Glockenturm Störche nisten, betritt man die ummauerte Altstadt. (Das Fremdenverkehrsbüro befindet sich gleich neben dem Tor.) Gassen mit glatt geschliffenem Kopfsteinpflaster führen zur **Kathedrale** *(Sé)*, wo früher ein römischer Tempel, später eine Kirche und dann eine Moschee gestanden haben sollen. Mitte des 13. Jh. errichtete man eine romanisch-gotische Kirche, die mehrmals umgebaut und erweitert wurde. Blickfang ist im Inneren die mit trompetenblasenden Engeln herrlich verzierte Barockorgel.

Das **Museu Municipal de Faro** ist in einem weiß getünchten ehemaligen Kloster untergebracht. Neben einer Sammlung sakraler Kunst zeigt es prähistorische und römische Funde aus der Umgebung, darunter ein 2000 Jahre altes Mosaik mit dem Porträt Neptuns.

Im Stadtzentrum befindet sich am Rand der Fußgängerzone das ethnografische **Museu Regional do Algarve** mit Räumen im typischen Stil der Algarve sowie Trachten und Gebrauchsgegenständen.

Gegenüber dem Hauptpostamt steht die im 18. Jh. begonnene **Karmeliterkirche** *(Igreja do Carmo)*, deren hübsche Türme und Fassade inmitten der modernen Stadtarchitektur fast untergehen. Im Innenraum gibt es jedoch einige beachtenswerte Holzschnitzereien und Gemälde aus der Barockzeit. Durch eine Seitentür gelangt man in das fast makabre **Beinhaus** *(Capela dos Ossos)*, dessen Gewölbe aus Schädeln und Gebeinen von Mönchen und Gemeindegliedern bestehen.

Die Sandbänke vor Faro bieten der Stadt etliche Kilometer **Strand**, sind aber lediglich mit dem Auto, Bus oder Boot zu erreichen. **Ilha de Faro** jenseits des Flughafens ist durch eine Brücke mit dem Festland verbunden und deshalb meist von Einheimischen und Touristen überlaufen. Wenn die Wellen auf der Atlantikseite zu heftig sind, kann man auf die ruhigere Haffseite wechseln. Die Sandstrände der Nachbarinsel **Ilha da Barreta** sind nur mit dem Boot zu erreichen.

In der Umgebung von Faro

Einige Kilometer westlich von Faro steht auf einem Hügel neben der belebten Straße die schlichte weiße Kirche **São Lourenço**. Anfang des 18. Jh. hatte der hl. Laurentius die Bitten der Dorfbewohner erhört, die nach einer langen Dürre eine sprudelnde Quelle ent-

---

Kamine. Seit maurischer Zeit zeichnen sich die Häuser der Algarve durch kunstvoll verzierte Kamine aus. Manche Besitzer schaffen sich derartige Schornsteine sogar nur zu Dekorationszwecken an. In der Regel sind die Kamine weiß und können die bizarrsten Formen annehmen – vom Minarett bis zum Pilz. Früher stellte man sie häufig aus Baumstämmen her, heute sind sie meistens aus Keramik oder Zement gefertigt.

istockphoto.com/Lander Phillips

deckten. Zum Dank dafür bauten sie ihm diese Kirche, deren Wände und Gewölbe mit Azulejos verziert sind, blau-weiß glasierten Kacheln, die Szenen aus dem Leben des Heiligen schildern.

Landeinwärts von Faro liegt das Dorf **Estói** mit dem Palácio do Visconde de Estói aus dem 18. Jh. Der Palast steht auf einem prachtvoll gestalteten Hügel inmitten eines Parks mit Goldfischteich. Das Bauwerk wurde umfassend restauriert und zu einer herrlichen *pousada* (Hotel) ausgebaut. Die im Stil von Versailles gehaltenen Gärten sind mit reizenden Azulejos geschmückt.

In den römischen Ruinen von **Milreu** (von Estói zu Fuß erreichbar) hat man Statuen, Töpferwaren, Schmuckstücke und Mosaiken gefunden, die heute in den Museen von Faro, Lagos und Lissabon ausgestellt sind. Freigelegt wurden Reste einer römischen Villa aus dem 2. Jh. n. Chr. einschließlich einer Badeanlage mit einem Fischmosaik und die Mauern einer Basilika, die ursprünglich ein heidnischer Tempel war.

Das Hügeldorf **Alte** gilt als das malerischste der Algarve; es besitzt eine Pfarrkirche mit einem manuelinischen Portal und viele weiß getünchte Häuser mit kunstvoll dekorierten Kaminen und Blumenschmuck. Am Dorfrand gurgelt im Schatten der Bäume ein Bach durch einen Park – auf

Der Palast von Estói, heute eine fürstliche *pousada*.

dem Weg zu Zitrus-, Feigen- und Granatapfelbäumen, die er unten im Tal bewässert.

Westliche Algarve
Seit dem Bau einer neuen Verbindungsstraße ist die bis dahin kleine Hafenstadt **Sagres** im äußersten Westen der Algarve leichter zugänglich geworden und schnell gewachsen. Ihre Strände sind eher bescheiden, zudem kann das Wasser recht kühl sein. Sagres zieht vor allem Taucher, Vogelbeobachter und Liebhaber von Naturschönheiten an.

Im Westen der Stadt, auf dem 60 m hohen Felsvorsprung **Ponta de Sagres**, soll der Überlieferung nach Heinrich der Seefahrer seine Schifffahrtsschule eingerichtet haben. Zeit und Wind gingen nicht spurlos an der Befestigungsanlage vorüber; nach dem Überfall 1587 des englischen Seehelden Francis Drake blieb nicht viel übrig, und nach dem Erdbeben von 1755 noch viel weniger. Die Festung wurde wieder aufgebaut und in jüngerer Zeit stark renoviert. Innerhalb der Mauern steht noch eine kleine weiße Kapelle aus alter Zeit, die übrigen Gebäude sind jedoch neueren Datums.

Hinter dem Haupttor sieht man auf dem Boden eine riesige, aus Steinen zusammengesetzte Art Sonnenuhr oder Windrose *(Rosa dos Ventos)*. Die meisten Wissenschaftler sind der Ansicht, dass sie im frühen 19. Jh. errichtet wurde, sie mag aber eine ältere, mit der Zeit verwitterte Windrose ersetzt haben. Wir können uns jedenfalls Heinrich den Seefahrer hier vorstellen, wie er mit seinen Gelehrten und Seefahrern über Geografie diskutierte.

Am südwestlichsten Zipfel Europas, am **Kap des hl. Vinzenz** (*Cabo de São Vicente*), sind die Büsche vom heftigen Wind gebeugt, und die niedrigen Häuser schmiegen sich schutzsuchend an den Boden. Doch an einem wolkenlosen Tag, wenn der Ozean einem stillen Teich gleicht, scheint das »Ende der Welt« eher deren Anfang zu sein. Hunderte von Schiffen umrunden täglich das Kap. Der Lichtkegel des Leuchtturms, der hier zwischen den Gebäuden eines früheren Klosters steht, ist bis auf eine Distanz von 60 km sichtbar. Der Blick von den Klippen hinaus aufs Meer ist überwältigend.

Lissabon

Viele Glanzpunkte Lissabons liegen über weite Distanzen verstreut am Ufer des Tejo. Beginnen wir in der Mitte: Anmutige rosafarbene Arkaden säumen die **Praça do Comércio** (Handelsplatz) an drei Seiten; die vierte ist zum Hafen hin geöffnet, mit Stufen im venezianischen Stil hinab bis zum Tejo. Durch den Triumphbogen zwischen den Regierungsbauten an der Nordseite des Platzes blickt man die Rua Augusta entlang. Sie ist die Hauptstraße der **Baixa** (Unterstadt), des schachbrettartig angelegten Geschäfts- und Bankenviertels, das nach dem Erdbeben von 1755 mit niedrigen Gebäuden errichtet wurde. In der Nr. 24 zieht seit 2009 das **Museu do Design e da Moda (MUDE)** den Besucher an.

Am oberen Ende mündet die Rua Augusta auf den **Rossio**, den Hauptplatz der Stadt. Wo einst Hexen verbrannt und Stierkämpfe veranstaltet wurden, geht es noch heute sehr lebhaft zu; man trifft Freunde, trinkt Kaffee, kauft Blumen und lauscht plätschernden Brunnen. Der Vorortbahnhof am Rossio gleicht einem alten maurischen Palast, wurde jedoch erst im späten 19. Jh. in sogenanntem neumanuelinischem Stil errichtet.

Ein Obelisk auf der **Praça dos Restauradores** erinnert an den Sturz der spanischen Herrschaft im Jahr 1640. An der Ostseite des Platzes steht das Hauptpostamt; der prachtvolle Palácio Foz gegenüber beherbergt das Fremdenverkehrsbüro, wo Stadtpläne und Informationen erhältlich sind.

Hier beginnt leicht ansteigend die **Avenida da Liberdade** (Freiheitsallee), die Prachtstraße von Lissabon, breit genug für zwölf Fahrbahnen und dazu noch zwei palmenbeschattete Promenaden mit Ententeichen und mosaikgepflasterten Gehwegen. Sie endet in einem Rundplatz mit Kreisverkehr, auf dem sich ein Denkmal des Marquis von Pombal erhebt, der die Stadt wieder aufbaute.

Dahinter erstreckt sich der ausgedehnte **Parque Eduardo VII.**, der seinen Namen dem Besuch des englischen Königs im Jahr 1902 verdankt. In der Nordwestecke dieses Parks gedeiht im Schutze von jalousienartig angelegten Dächern und Wänden in der **Estufa Fria** (»kühles Treibhaus«) ein kleiner, wunderschöner tropischer Regenwald.

Der Rossio-Bahnhof (19. Jh.) in neumanuelinischem Stil. | Ergreifende, melancholische Fadoklänge.

Alt-Lissabon

Von allen Aussichtspunkten des hügelreichen Lissabons nimmt das **Castelo de São Jorge** einen der schönsten ein. Schon die Römer erkannten die militärische Bedeutung der Erhebung und errichteten die ersten Befestigungsanlagen. Erdbeben und der Zahn der Zeit ließen von dem mittelalterlichen Kastell nicht viel übrig, doch Zitadelle und Palast, Mauern und Türmen wurde inzwischen neues Leben eingehaucht. Der Ausblick ist unvergleichlich.

Lissabons Kathedrale, die **Sé**, versteckt sich fast an einer Straße, die sich den Hügel hinaufwindet. Mit ihrem Bau als Wehrkirche mit Zinnen und Schießscharten wurde im 12. Jh. begonnen; durch Erdbeben entstandene Schäden erklären das Gemisch aus romanischen, gotischen und barocken Stilelementen. Die Kirche **Santo António da Sé**, nur einige Schritte weiter, steht dort, wo der Lieblingsheilige Lissabons, Antonius von Padua, 1195 zur Welt kam.

Östlich des Kastells erheben sich die beiden weißen, markanten Türme von **São Vicente de Fora** aus dem 16. Jh. Das karge Äußere im Renaissancestil steht im Gegensatz zur üppigen barocken Innenausstattung der Kirche. Eine weitere Überraschung bietet das angrenzende Kloster, das mit schönen Azulejos aufwartet.

Alfama

Ihre Schuhe können gar nicht bequem genug sein, wenn Sie ziellos durch das faszinierende Labyrinth von Gassen und Plätzen, Höfen und Treppen von Alfama bummeln. Das Viertel ist ein Wirrwarr aus schiefen Häusern mit krummen Fenstern, Fischständen und Kneipen und tropfender Wäsche; da scheint sich seit dem Mittelalter nicht viel geändert zu haben. Die meisten der steilen Straßen sind gerade breit genug für einen Eselskarren.

Unter den Arabern war Alfama das begehrteste Wohnviertel Lissabons, aber die maurischen Häuser und die nach der christlichen Wiedereroberung errichteten Kirchen wurden beim Erdbeben von 1755 zerstört. Mit dem Zuzug von Fischern und Seeleuten verlor die Gegend allmählich ihren guten Ruf, doch deren Nachkommen verleihen ihr bis heute den besonderen Reiz.

Sich anhand einer Karte zurechtzufinden ist in diesem Irrgarten fast unmöglich, doch vielleicht stoßen Sie zufällig auf folgende lohnenswerte Sehenswürdigkeiten: die im 12. Jh. erbaute und im 18. Jh. erneuerte **Michaelskirche** mit einer wundervollen Decke aus brasilianischem Palisanderholz; die Gasse **Beco da Cardosa**, Alfama in Reinkultur mit ihrem Gewirr abzweigender Sackgässchen; die achteckige **Stephanskirche** aus dem 13. Jh.; die **Rua de São Pedro**, die Hauptgeschäftsstraße, wo Fischhändlerinnen lauthals ihre Ware anbieten und man sich zwischen Hühnern, Hunden und spielenden Kindern seinen Weg bahnen muss.

Bairro Alto

Das auf einem Hügel gelegene »hohe Viertel« besteht wie Alfama aus bejahrten Häusern mit blumengeschmückten schmiedeeisernen Balkonen, auf denen Vögel in ihren Käfigen zwitschern.

Abends kommt Leben in die Restaurants, Fadolokale, Bars und Diskotheken.

Über den **Elevador de Santa Justa**, einen 1902 von einem Schüler Gustave Eiffels aus Stahl errichteten markanten Personenaufzug, erreichen Sie von der Baixa aus die **Karmeliterkirche** aus dem 14. Jh. Seit dem Allerheiligentag 1755 steht sie nur noch als Ruine da; das Erdbeben ließ die Pfeiler einer der damals größten Kirchen Lissabons schwanken und das Dach auf die Gemeinde niederstürzen – zwischen den Mauern wurde inzwischen ein kleines archäologisches Museum eingerichtet.

Das Bairro Alto ist auch mit der Metro, dem *Eléctrico* (Straßenbahn) und den beiden Standseilbahnen **Elevador da Glória** und **Elevador da Bica** erreichbar. Länger ist der Weg zu Fuß hinab durch den Stadtteil **Chiado**; jahrhundertelang fand man in seinen Zickzackstraßen die verführerischsten Geschäfte der Stadt mit Büchern, Silber- und Lederwaren und Kleidung, dazu Konditoreien und Cafés. Vor dem einen – A Brasileira – erinnert heute eine Skulptur an Lissabons großen Dichter Fernando Pessoa (1888–1935), der seiner Stadt in zahlreichen Texten ein Denkmal setzte. 1988 fielen im Chiado-Viertel zwei der ältesten Kaufhäuser Europas einem Großbrand zum Opfer.

Lissabons berühmter Ponte 25 de Abril überspannt den Tejo.

Belém

Als die Hängebrücke **Ponte 25 de Abril** über den Tejo 1966 dem Verkehr übergeben wurde, galt sie als Europas längste; doch dieser Ruhm war so kurzlebig wie ihr ursprünglicher Name »Salazarbrücke« zu Ehren von Portugals langjährigem Diktator. Von einer Anhöhe am Südufer blickt der fast 30 m hohe **Cristo-Rei** – eine etwas kleinere Version der Christusstatue von Rio de Janeiro – auf die Stadt. Ein Aufzug bringt Sie zur Aussichtsterrasse mit großartigem Rundblick.

Seit 1983 steht das Jerónimos-Kloster in Belém auf der Weltkulturerbeliste der UNESCO.

Von Belém am Nordufer des Tejo aus stachen die großen Entdecker in See. Das moderne **Denkmal der Entdeckungen** ragt über den Fluss hinaus wie eine Karavelle auf einem Wellenkamm, mit dem Prinzen Heinrich dem Seefahrer oben am Bug. Mit einem Lift gelangen Sie zur Aussichtsplattform, von wo sich ein guter Blick auf das Windrosen-Mosaik mit Weltkarte unten auf dem Vorplatz eröffnet.

Wenn die Abenteurer zu ihren Forschungs- und Eroberungsreisen aufbrachen, war der Anblick der **Torre de Belém**, des anmutigen fünfstöckigen Wachtturms im Tejo, das letzte Bild, das sie von der Heimat mitnahmen.

Der Verkauf der Schätze, die portugiesische Schiffe aus dem Osten mitbrachten – darunter kostbare Gewürze und Tee –, finanzierten Lissabons größten und prachtvollsten Sakralbau, das **Mosteiro dos Jerónimos**. Kreuzgang und Kirche, unter König Emanuel I. erbaut, überstanden das große Erdbeben und sind Zeugen von Glauben und künstlerischem Geschmack im 16. Jh. Das Hauptportal ist ein Meisterwerk der Steinmetzkunst in manuelinischem Stil.

Obwohl es im Innern der Kirche dunkel ist, sind mehrere königliche Grabmäler auszumachen, die auf Elefantenskulpturen ruhen. Beim Westportal haben zwei berühmte Portugiesen ihre letzte Ruhestätte erhalten: Vasco da Gama, der Entdecker, und Luis de Camões, der Nationaldichter. Im westlichen Klosterflügel sind das **Staatliche Archäologiemuseum** und ein **Marinemuseum** untergebracht.

Das **Museu Nacional dos Coches** (Kutschenmuseum) befindet sich in der ehemaligen Reitschule des Königspalastes von Belém. Hier sind Karossen aus gut drei Jahrhunderten portugiesischer Geschichte ausgestellt.

Museen

Lissabon verfügt über eine ganze Reihe an hochstehenden und absolut sehenswerten Museen.

Das **Museu Calouste Gulbenkian** östlich der Praça de Espanha zeigt die breitgefächerte Sammlung des armenischen Milliardärs, der 1955 in Lissabon starb. Er fand praktisch alle Gefallen, von altägyptischen Skulpturen bis zu Jugendstilkunst, und konnte es sich leisten, von allem nur das Beste zu kaufen. Da gibt es unter anderem islamische Handschriften, chinesisches Porzellan aus Marco Polos Zeit, zwei Rembrandts sowie eine Fülle französischer Impressionisten.

Das **Museu Nacional de Arte Antiga** (Rua das Janelas Verdes) besitzt sechs Tafeln eines Flügelaltars von Nuno Gonçalves (15. Jh.); darauf sind Heinrich der Seefahrer und seine Zeitgenossen lebensecht dargestellt. Etwa um die gleiche Zeit malte Hieronymus Bosch das Triptychon *Die Versuchung des hl. Antonius*. Einzigartig sind auch die bemalten japanischen Wandschirme aus dem 16. Jh., auf denen die Ankunft der ersten Portugiesen in Japan dargestellt ist.

Das **Museu Nacional do Azulejo** im ehemaligen Kloster Madre de Deus im Ostteil der Stadt präsentiert eine einmalige Fülle von großflächigen Kachelbildern aus der Zeit vom 15.–20. Jh.

Östlich der Stadt

Lissabon nutzte die durch die Weltausstellung Expo '98 gebotene Chance, ein heruntergekommenes flussnahes Gebiet im Osten der Metropole in eine nagelneue Satellitenstadt zu verwandeln. Beim größten je in Portugal durchgeführten Bauprojekt wurden leer stehende Lagerhäuser, Docks und eine stillgelegte Ölraffinerie niedergerissen und an ihrer Stelle hochmoderne Gebäude errichtet. Das Besondere daran: Die meisten Bauten sind nach Ende der Ausstellung stehen geblieben, so beispielsweise das **Oceanário**, eines der größten Aquarien Europas mit Haien und Rochen, Thunfischen und Sardinen. Es gibt hier auch Hotels, Kunst-, Sport- und Einkaufszentren.

Pünktlich zur Eröffnung der Expo und genau 500 Jahre nach des Entdeckers Landung an der Westküste Indiens konnte die nach ihm benannte **Ponte Vasco da Gama** über den Tejo eröffnet werden. Das 18 km lange Bauwerk verbindet den Osten Lissabons mit der neuen Autobahn Richtung Süden.

Porto

Die Hauptstraße, die vom Ponte de Dom Luís Primeiro nach Norden verläuft, kommt am **Bahnhof São Bento** vorbei, der wegen seiner Wände aus bunt glasierten Azulejos einen Besuch wert ist.

Die fast direkt an den Bahnhof anschließende **Praça da Liberdade** liegt im Mittelpunkt des modernen Porto. Die Avenida dos Aliados, ein Boulevard mit Grünanlagen, führt Richtung Norden, und gleich östlich davon finden sich die belebtesten Einkaufsstraßen der Stadt.

Gehen Sie hinauf zur **Kathedrale** *(Sé)* mit ihren wehrhaften Zwillingstürmen. Sie wurde im 12. Jh. errichtet und in der Folge mehrmals umgebaut. So ist der gotische Kreuzgang (14. Jh.) mit Azulejos aus dem 18. Jh. verkleidet, auf dem Darstellungen aus dem Hohelied des Alten Testaments zu sehen sind.

Im 16. Jh. kam dann die Vinzenzkapelle hinzu. Der prächtige barocke Silberaltar (17. Jh.) in deren linkem Querschiff musste vor Napoleons Truppen unter einer Putzschicht versteckt werden; dadurch blieb er bis heute erhalten. Die Sakristei ist mit hübschen Gemälden aus dem 18. Jh. geschmückt.

Im **Bischofspalast** *(Paço Episcopal)* aus dem 18. Jh., der an die Kathedrale anschließt, sind jetzt städtische Ämter untergebracht.

Farbenfroh leuchten die Fassaden Portos im Abendlicht um die Wette. | Auf *barcos rabelos* **wurde der Portwein in Fässern transportiert. | An der frischen Luft trocknet die Wäsche am besten.**

Von der Terrasse vor der Kathedrale aus schweift der Blick über die Hausdächer und das Gewirr von schmalen Gassen und Treppen, die steil zum Fluss und zum alten Hafenviertel **Ribeira** hinab führen. Wer nicht zu Fuß gehen möchte, hat seit Kurzem eine Alternative: die Drahtseilbahn (*Funicular dos Guindais*) aus dem Jahr 1891 verkehrt seit 2004 wieder zwischen der Rua Augusto Rosa und der Avenida de Gustavo Eiffel am Douro. Gleich westlich davon, am **Cais de Ribeira** dümpeln noch einige Fischer- und Ausflugsboote. Gut besucht sind hingegen die verschiedenen Märkte und die Restaurants am Fuß der Stadtmauer.

Die **Casa do Infante**, angeblich das Geburtshaus Heinrich des Seefahrers, wurde vollständig restauriert. Das Gebäude beherbergt nun das Stadtarchiv und ein Ausstellungszentrum.

Nördlich davon stößt man auf die ursprünglich gotische, heute barocke Kirche **São Francisco** mit ihrer kostbaren Innenausstattung: In Portugal wurde vom späten 16. bis anfangs 19. Jh. beim Vergolden keine Farbschicht aufgetragen, sondern alles mit dünnen Blattgoldplättchen überzogen.

Die **Börse** (*Bolsa*) neben der Kirche São Francisco, ein reich verzierter Handelstempel, der auf den Trümmern des abgebrannten gleichnamigen Klosters erbaut wurde, ist allein wegen des in Form einer Ellipse angelegten arabischen Saals sehenswert. Der Innenhof mit den bunt verglasten Arkaden erinnert an den einstigen Kreuzgang.

Nicht nur Portwein. Das portugiesische Wort *garrafa* bedeutet Flasche, nicht Karaffe. Wenn Sie eine Karaffe mit Hauswein wünschen, bestellen Sie deshalb *um frasco*. Sonst brauchen Sie nur noch *tinto* (rot), *branco* (weiß) und vielleicht *rosé* zu kennen. *Vinho verde*, wörtlich »grüner Wein«, heißt der frische, säurereiche, spritzige Wein aus Nordportugal und dem unteren Douro-Tal; »grün« bedeutet in diesem Fall »jung«. Der meiste ist weiß, aber es gibt auch einen roten, der als *vinho verde tinto* (grüner Rotwein) bezeichnet wird. Hausweine sind meist gut, ja erstklassig, aber man sollte ruhig auch edlere lokale Weine kosten, z. B. solche aus der Region Dão in der Nähe von Viseu. Im oberen Douro-Tal werden gute Rot- und Weißweine sowie der berühmte Portwein produziert.

Huber/Scatà

Einkaufstipps
Azulejos (bemalte Keramikfliesen)
Filigranschmuck
Gestickte Teppiche aus Arraiolos
Handgefertigte Strickwaren
Holzschnitzereien
Keramikfiguren, Töpferwaren
Korbwaren von Madeira
Madeirawein
Portwein
Stickereien von Madeira
Korkerzeugnisse

In der gleichen Straße führt uns die 1785 errichtete **britische Faktorei** *(Feitoria Inglesa)* zurück in die Zeit der großen englischen Gemeinde von Porto, die den Portweinhandel kontrollierte.

Mitten im Zentrum steht eines von Portos Wahrzeichen, der aus dem 18. Jh. stammende **Torre dos Clérigos**. Mit 76 m ist er der höchste Turm des Landes. Er diente in früherer Zeit den Seefahrern zur Orientierung und überragt sogar die ovale Clérigos-Barockkirche. Gleich nördlich davon folgt die **Carmelitas-Kirche**, und unmittelbar daneben steht die **Carmo-Kirche**, die an der Ostseite mit prachtvollen blauen Azulejos verkleidet ist.

Das älteste der vielen Gotteshäuser der Stadt ist die Kirche **Cedofeita** (12. Jh.) in romanischen Stil außerhalb des Zentrums; der Suebenkönig Theodomir soll hier bereits im 6. Jh. eine Kirche in Auftrag gegeben haben.

Museen
Das ehemalige Heim des kirchenfeindlichen Dichters Guerra Junqueiro wurde der Stadt nach seinem Tode 1923 als **Casa-Museu Guerra Junqueiro** vermacht. Es befindet sich östlich der Kathedrale in einem Barockbau (18. Jh.). Neben wertvollen Silber- und Zinngegenständen, Möbeln und Skulpturen finden Sie hier eine hübsche Sammlung europäischer und orientalischer Keramik.

Weitere Ausstellungen sind im **Museu Nacional Soares dos Reis** im Carranca-Palast, der vormaligen Residenz der Königsfamilie, zu betrachten. Es zeigt Kunst- und Dekorgegenstände aus mehreren Epochen.

Das **Museu Romântico** an der Rua de Entrequintas, ein original erhaltenes Bürgerhaus (19. Jh.), ist von einer hübschen öffentlichen Gartenanlage umgeben.

Das **Museu de Arte Contemporânea de Serralves** im Viertel Fox ist nicht nur aufgrund seiner hochwertigen Ausstellungen zeitgenössischer Kunst sehr sehenswert, sondern auch wegen des vom einheimischen Stararchitekten Álvaro Siza entworfenen Museumsgebäudes selbst.

Vila Nova de Gaia

Am südlichen Douro-Ufer reihen sich die Portweinlagerhäuser, sogenannte *armazéms* oder *lodges*, aneinander. Hier wird der Wein veredelt, in Flaschen abgefüllt und gelagert. Die meisten Kellereien bieten Führungen – und Kostproben – an.

Madeira

Madeira, so sagt man, sei die Insel des ewigen Frühlings, die Insel, auf der der Sommer den Winter verbringe.

Als größtes von fünf Eilanden vulkanischen Ursprungs, die zusammen eine autonome Provinz Portugals bilden, liegt Madeira im Atlantischen Ozean – etwa 600 km von Nordafrika und gut 1000 km von Portugal entfernt. Die Hauptstadt Funchal, wo etwa die Hälfte der rund 250 000 Inselbewohner lebt, ist eine farbenprächtige Stadt mit Parks und schattigen Straßen.

Überall blühen Blumen, gedeihen Pflanzen. Bougainvilleen überwuchern alte Mauern, Mimosen durchtränken die Luft mit ihrem schweren Duft und die Blütenblätter der Jacarandabäume bedecken mit ihrem blauen Teppich die Straße. Selbst um Telefonmasten ranken sich Bohnenstauden! Die Bewohner Madeiras pflegen ihren Inselgarten mit viel Liebe. In jahrhundertelanger Arbeit haben sie aus steilen Hügeln eindrucksvolle bewässerte Terrassen geschaffen.

Funchal

Der Rundgang in Funchal fängt auf der geschäftigen Uferpromenade **Avenida do Mar** an, die sich über die ganze Länge der Innenstadt dem Meer entlangzieht. Die palmenbestandene Flaniermeile wird von der **Fortaleza de São Lourenço** aus dem 16. Jh. beherrscht. Die Festung ist Sitz des Militärgouverneurs und Residenz des Staatsministers der autonomen Region Madeira.

An der Südostecke der Festung steht das **Standbild von João Gonçal-**

ves Zarco, dem Entdecker und ersten Gouverneur Madeiras. Im **Palácio do Governo Regional** sind die Hauptverwaltungsstellen der Insel untergebracht.

Am westlichen Ende der Avenida do Mar befindet sich der weitläufige, romantisch angelegte Park **Santa Catarina**. An der **Praça do Infante** gleich nebenan finden Sie ein modernes Einkaufszentrum, ein noch größeres steht 100 m bergwärts.

Von der Praça do Infante führt Funchals Hauptgeschäftsstraße, die **Avenida Arriaga**, nach Osten.

Gleich am Anfang steht das kleine **Casa de Cristóvão Colombo**, das dem Entdecker Amerikas und der Geschichte der Insel gewidmet ist. Nur einige Schritte entfernt ist der **Jardim Municipal**, ein öffentlicher Park mit prächtigen Bäumen, Sträuchern und Blumen.

Direkt gegenüber dem Park finden Sie das **Teatro Municipal**, bevor Sie etwas weiter auf die **Old Blandy Wine Lodge** stoßen. Dieses von vier großen Produzenten betriebene Madeiraweinmuseum bietet auch Gelegenheit zu Degustation und Kauf. Unmittelbar daneben liegt das **Fremdenverkehrsbüro**.

Blick auf die Bucht von Funchal im warmen Abendrot. | **Einen Einkaufsbummel wert ist der Mercado dos Lavradores, wo es viele, oft recht unbekannte Produkte der Insel zu kaufen gibt.**

Spazieren Sie weiter, so kommen Sie zur **Sé** (Kathedrale). Das schlichte, strenge Äußere verbirgt eine maurisch inspirierte Decke aus geschnitztem Zedernholz und Elfenbein, die die exotischen Entdeckungen der Forschungsreisenden des 15. Jh. darstellen: alle Arten fremdartiger Pflanzen und Tiere.

Von hier aus weiter bergauf und dann nach rechts gelangen Sie zur **Praça do Município**, dem Hauptplatz. Er ist auf drei Seiten von stattlichen Gebäuden umgeben: der **Igreja do Colégio** (Kollegiatskirche) aus dem 17. Jh. mit ihrem barocken Innern und bemerkenswertem Kachelschmuck; der schönen **Câmara Municipal** (Rathaus), einem Palast aus dem 18. Jh., und dem **Museu de Arte Sacra** (Museum für Sakralkunst). Zu sehen sind hier allerlei religiöse Gemälde und Plastiken aus den alten Kirchen der Insel. Dank früherer Handelsbeziehungen stammen viele Werke aus Flandern.

Weiter westlich finden Sie das **Museu de História Natural e Aquário**, ein Naturkundemuseum mit einem kleinen Aquarium. Im noch höher gelegenen **Convento de Santa Clara** gibt es eine von Franziskanerinnen geführte Schule. Die angrenzende Kirche, deren Wände mit farbigen Kacheln bedeckt sind, birgt das Grabmal von João Gonçalves Zarco, dem Entdecker Madeiras.

Zarco hat wahrscheinlich weiter oben am Hang in der **Quinta das Cruzes**, dem Kreuzhof, gewohnt, wo es heute ein Museum für Porzellan und Gemälde gibt. Auch die berühmten, aus Lorbeer- und Mahagoniholz gefertigten Zuckerkisten-Möbel sind hier zu sehen. Ein Garten mit einer Orchideensammlung umgibt das Museum. Hier liegen Überreste aus der Vergangenheit Madeiras: Grabsteine, geschnitzte Torbogen, Fenster und Wappen von alten Häusern.

Östlich des Zentrums dürfen Sie keinesfalls den **Mercado dos Lavradores** (Markt der Arbeiter) verpassen. Frauen in traditionellen Kostümen verkaufen Blumen, und die Obst- und Gemüsehändler bieten ihre Produkte in Weidekörben an.

Zwischen Markt und Meer liegt das **Fischerviertel** mit engen Pflasterstraßen, schattigen Innenhöfen, lauten Hafenkneipen und Fischrestaurants. Im **Madeira Story Centre** (Rua Don Carlos I. 27–29) erfährt man auf interaktive Weise viel Interessantes zur Geschichte und Kultur der Insel seit ihrer Anfänge. An einer kleinen Hafenbucht östlich des Fischerviertels steht die **Fortaleza de São Tiago** (1614). Sie birgt heute das Museum für zeitgenössische Kunst.

Von der Avenida do Mar fahren Busse zum **Jardim Botânico** in den Hügeln nordöstlich von Funchal. Man findet hier alle in Madeira vertretenen Pflanzen, viele Vogelarten und einen herrlichen Blick auf den Hafen.

Der schönste aller Gärten ist übrigens in Privatbesitz: das rund 320 ha große Gut **Quinta do Palheiro**, 8 km oberhalb Funchals, gehört der alten britischen Weinhändlerfamilie Blandy.

Ausflüge

Das verschlafene Städtchen **Monte** am Hügel oberhalb von Funchal war einst *der* Kurort für tuberkulöse europäische Adlige. Lohnend ist der riesige **Monte Palace Tropical Garden**, der mit asiatischen Gärten, Mineralien, Seen, Wäldern und Vögeln lockt. Lohnend ist die reich verzierte Kirche **Nossa Senhora do Monte**; eine Kapelle birgt die sterblichen Überreste Karls I., des letzten Kaisers Österreich-Ungarns, der 1922 hier starb. Aufregend ist danach die Rückfahrt nach Funchal mit einem *carro de cesto*, einem von zwei Lenkern an Seilen über das Pflaster dirigierten Korbschlitten.

Speisekarte

Açorda de mariscos – würzige Brotsuppe mit Knoblauch, Fisch und Meeresfrüchten
Amêijoas na cataplana – in Weißwein gekochte Venusmuscheln mit Wurst, Schinken, Tomaten und Zwiebeln
Bacalhau – getrockneter und gesalzener Kabeljau
Bife de atum – gegrilltes Thunfischsteak
Cabrito assado – gebratenes Zicklein
Caldeira de peixe – Fischeintopf
Caldo verde – »grüne Suppe«, Kartoffelsuppe mit feinen Kohlstreifen und Wurstscheiben (*chouriço*)
Coelho assado – Kaninchenbraten
Espadarte – Schwertfisch
Espetada – Rindfleisch am Spieß, gebraten über einem Feuer aus Lorbeerzweigen
Inhame – Jamswurzel, optisch und geschmacklich einer Süßkartoffel ähnlich
Milho frito – gegrillte Maiskolben
Tripas a modo do Porto – Kutteln mit Bohnen, Huhn und Wurst

PRAKTISCHE HINWEISE

Geld. Währungseinheit ist der Euro (EUR, €), unterteilt in 100 Cent (*cêntimos*). Reiseschecks kann man in Banken und Wechselstuben (*câmbio*) einlösen; es gibt genügend Geldautomaten. Die gängigen Kreditkarten werden in den meisten Hotels, Restaurants und Geschäften als Zahlungsmittel angenommen.

Information. Fast jede Stadt verfügt über ein Verkehrsbüro (*posto do turismo*). Nützliche Informationen finden Sie unter: www.visitportugal.com

Klima. In Portugal herrscht ein mediterranes Klima mit ozeanischer Prägung. Die Winter sind mäßig kühl und feucht, die Sommer heiß und trocken. Auf der Frühlingsinsel Madeira herrscht das ganze Jahr über ein angenehmes Klima mit relativ häufigen kurzen Regenschauern.

Notfälle. Die einheitliche Notrufnummer für Polizei, Feuerwehr und Krankenwagen (*policía, bombeiros, ambulância*) ist 112.

Öffnungszeiten. *Banken*: Im Allgemeinen Montag bis Freitag 8.30–15 Uhr. *Geschäfte*: Montag bis Freitag 9–13 und 15–19 Uhr, Samstag 9–13 Uhr; große Einkaufszentren sind teils bis Mitternacht geöffnet, einige auch sonntags. *Museen*: Normalerweise von 10–17 Uhr (außer montags); einige schließen von 12 oder 12.30–14 oder 14.30 Uhr. *Postämter*: Montag bis Freitag 9–18 Uhr; die Hauptpostämter sind oft länger, und teils auch am Samstagvormittag oder sogar Sonntag geöffnet.

Sprache. Die Landes- und Amtssprache Portugals ist Portugiesisch. In Touristenorten wird häufig Englisch, Französisch und seltener auch Deutsch verstanden. Spanischkenntnisse helfen unter Umständen bei der Deutung von Straßenschildern und der Speisekarte.

Stromspannung. 220 Volt Wechselstrom; für manche Steckdosen braucht es einen Adapter.

Trinkgeld. In Hotel- und Restaurantrechnungen ist die Bedienung normalerweise inbegriffen, es ist aber üblich, ein kleines Trinkgeld zu hinterlassen. Für Kellner, Taxifahrer oder den Friseur sind 10 % richtig; auch Hotelportiers und Toilettenpersonal erwarten ein kleines Extra.

Wasser. Das Leitungswasser ist stark gechlort, aber trinkbar. Im Übrigen ist allerorts Mineralwasser erhältlich.

Zeit. Sowohl auf dem Festland Portugals als auch auf Madeira gilt Mitteleuropäische Zeit (MEZ) –1 Stunde; im Sommerhalbjahr werden die Uhren um 1 Stunde vorgestellt.

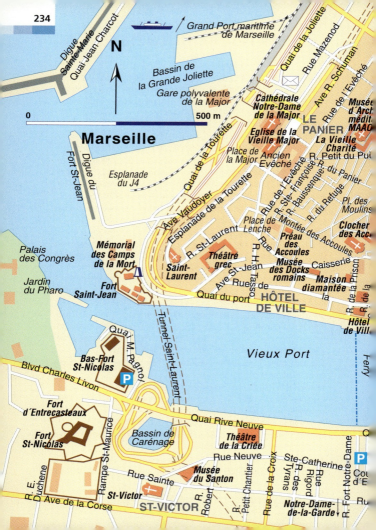

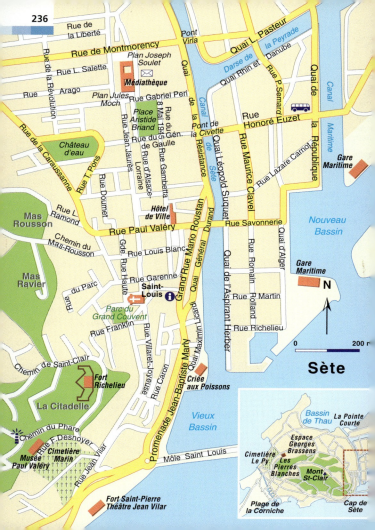

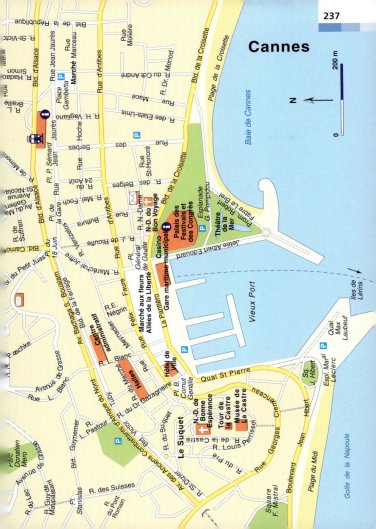

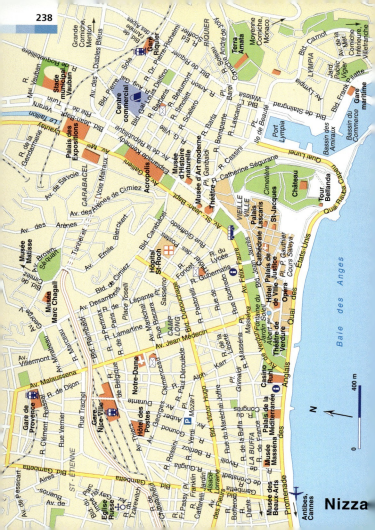

Monaco

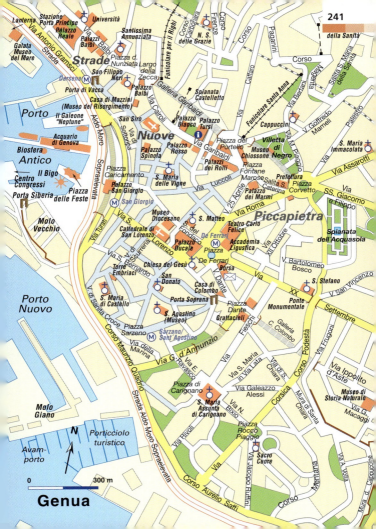

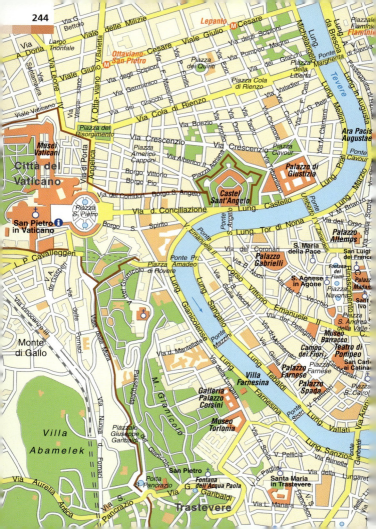

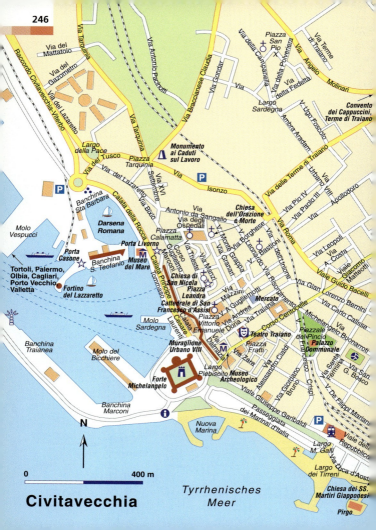

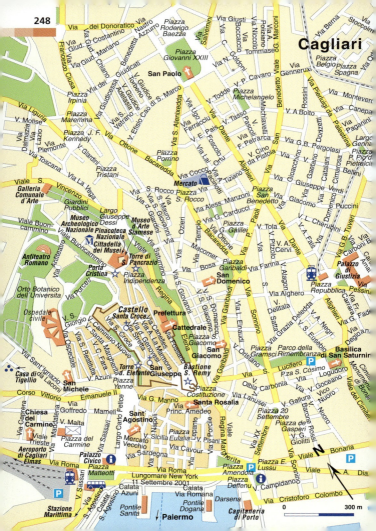

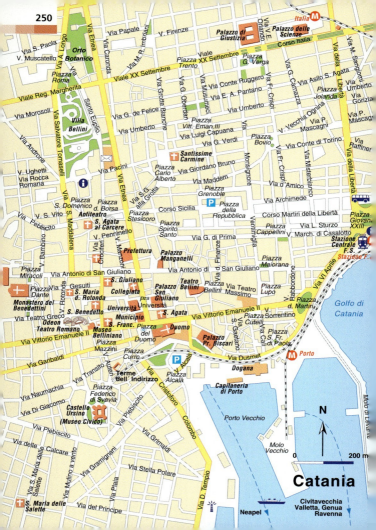

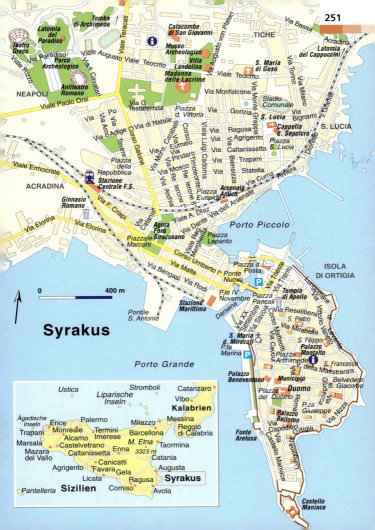

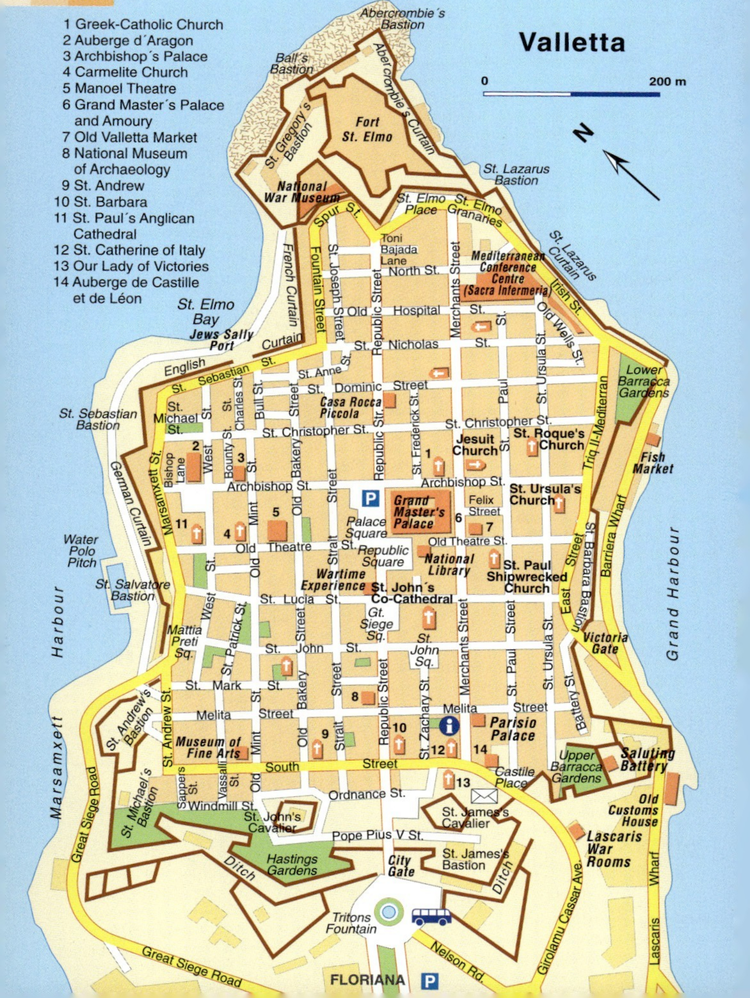

Valletta
0
200 m
N
1 Greek-Catholic Church
2 Auberge d´Aragon
3 Archbishop´s Palace
4 Carmelite Church
5 Manoel Theatre
6 Grand Master´s Palace and Amoury
7 Old Valletta Market
8 National Museum of Archaeology
9 St. Andrew
10 St. Barbara
11 St. Paul´s Anglican Cathedral
12 St. Catherine of Italy
13 Our Lady of Victories
14 Auberge de Castille et de Léon
St. Elmo Point
Abercrombie´s Bastion
Ball´s Bastion
Fort St. Elmo
St. Gregory´s Bastion
Abercrombie´s Curtain
St. Lazarus Bastion
National War Museum
St. Elmo Place
St. Elmo Granaries
Spur St.
St. Lazarus Curtain
Mediterranean Conference Centre (Sacra Infermeria)
Irish St.
Toni Bajada Lane
North St.
French Curtain
Fountain Street
St. Joseph Street
Republic Street
Merchants Street
Old Hospital Street
St. Elmo Bay
Jews Sally Port
Curtain
English Curtain
St. Nicholas St.
Old Wells St.
St. Ursula St.
Paul St.
St. Sebastian St.
St. Anne St.
St. Dominic Street
Lower Barracca Gardens
Triq il-Mediterran
St. Sebastian Bastion
St. Michael St.
Charles St.
Bull St.
Casa Rocca Piccola
St. Frederick St.
St. Christopher St.
Jesuit Church
St. Roque's Church
Fish Market
German Curtain
Marsamxett St.
Bishop Lane
West St.
Bounty St.
Archbishop St.
Old Bakery Street
Strait Street
Grand Master's Palace
Felix Street
St. Ursula's Church
Barriera Wharf
Grand Harbour
Water Polo Pitch
Mint St.
Palace Square
Old Theatre St.
Republic Square
National Library
St. Paul Shipwrecked Church
St. Barbara Bastion
East Street
St. Salvatore Bastion
Wartime Experience
St. Lucia St.
St. John´s Co-Cathedral
Marsamxett Harbour
Mattia Preti Sq.
St. Patrick St.
Gt. Siege Sq.
St. John St.
St. John Sq.
Victoria Gate
St. Mark St.
St. Zachary St.
Battery St.
St. Andrew's Bastion
Melita Street
Parisio Palace
St. Andrew St.
Museum of Fine Arts
South Street
Upper Barracca Gardens
Saluting Battery
Castile Place
Sappers St.
Vassalli St.
Windmill St.
Ordnance St.
St. Michael's Bastion
Great Siege Road
St. John's Cavalier
St. James's Cavalier
Old Customs House
Lascaris War Rooms
Pope Pius V St.
Hastings Gardens
City Gate
St. James's Bastion
Ditch
Girolamu Cassar Ave.
Lascaris Wharf
Tritons Fountain
Nelson Rd.
FLORIANA
P

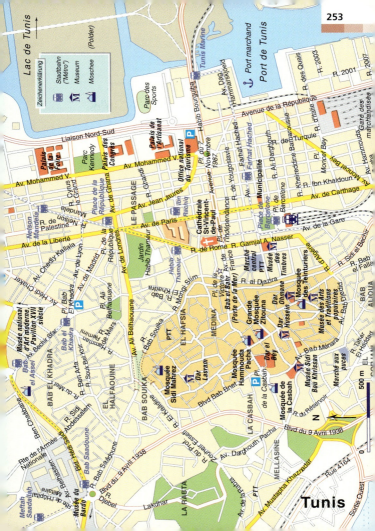

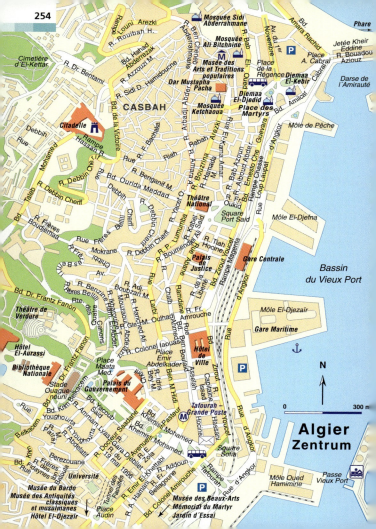

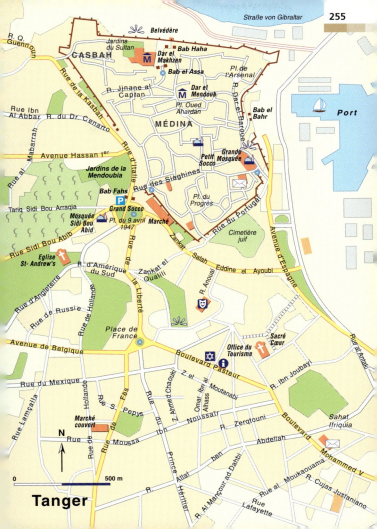

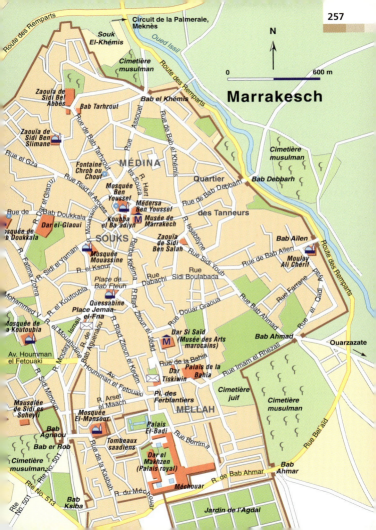

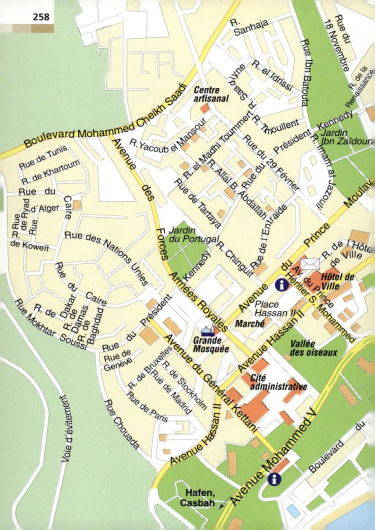

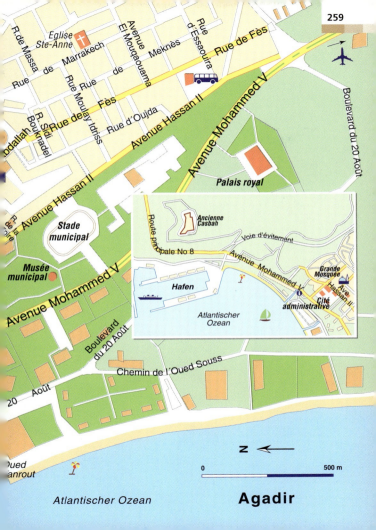

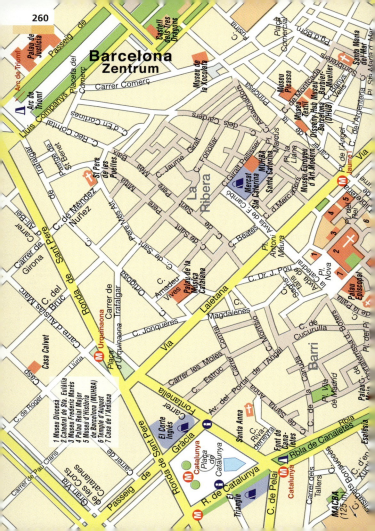

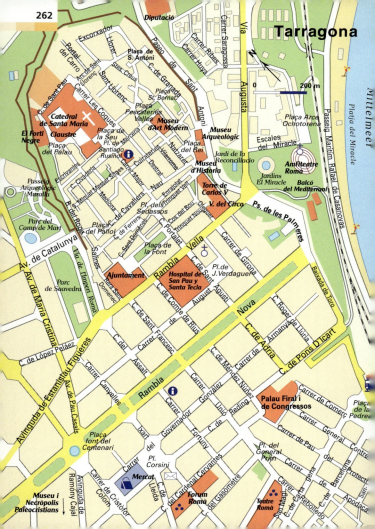

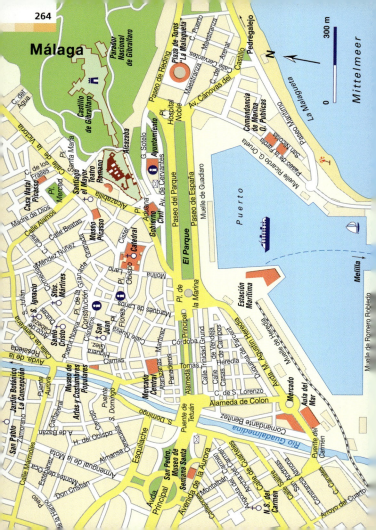

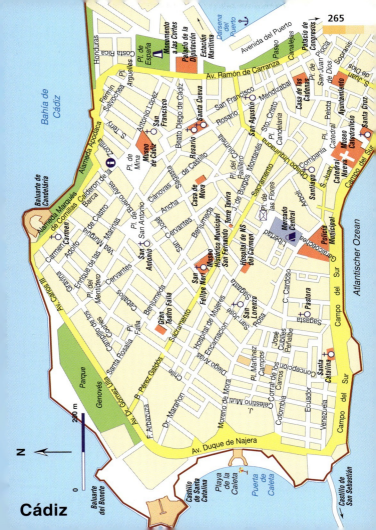

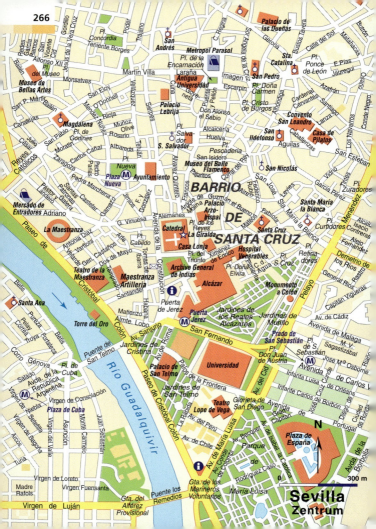

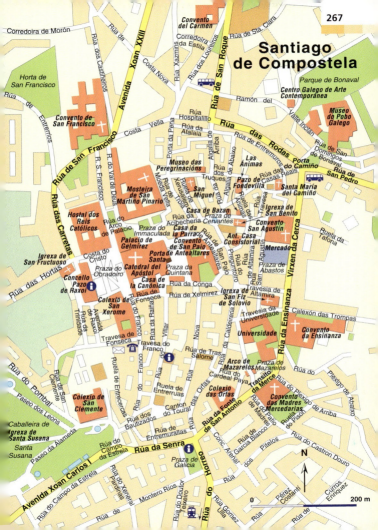

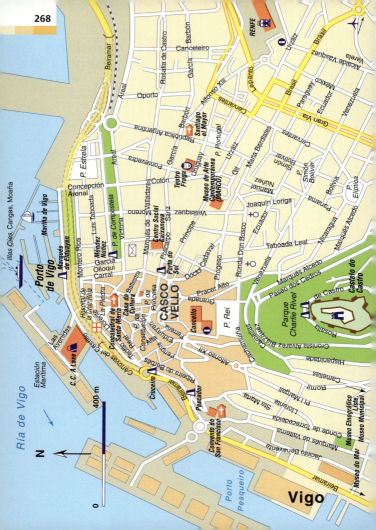

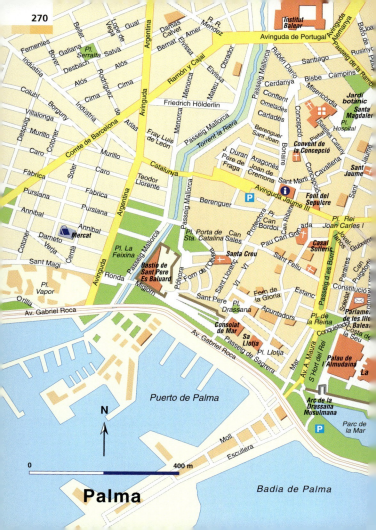

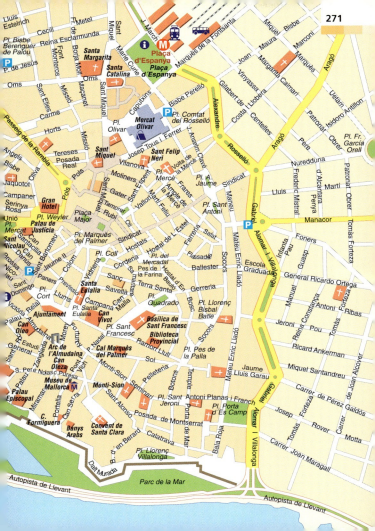

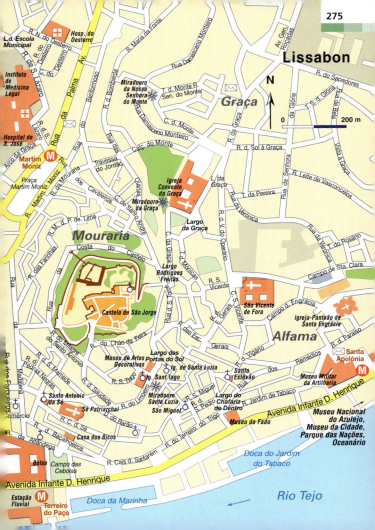

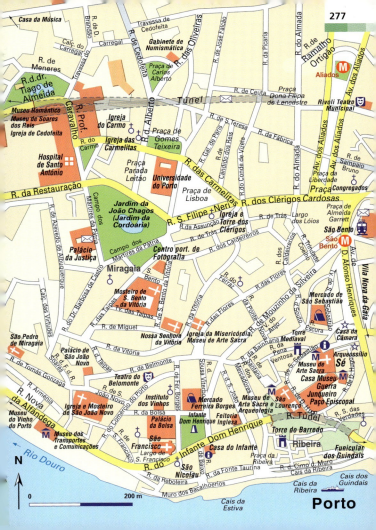

REGISTER

Algerien
- Algier 127–129
- Annaba 136–137
- Bejaia 130–131
- Constantine 132–135
- Guelma 138
- Héliopolis 137
- Hippo Regius 137–138
- Kabylei 130
- Skikda 131–132
- Souk-Ahras 138
- Tipasa 129–130

Frankreich und Monaco
- Aigues-Mortes 13
- Ajaccio 31–32
- Aléria 33
- Antibes 26
- Balaruc-les-Bains 19
- Banyuls-sur-Mer 21
- Bassin de Thau 19
- Bastia 34–35
- Beaulieu 29
- Biot 26
- Bonifacio 33
- Calanques 13
- Calvi 35
- Camargue 13–15
- Camargue, Naturpark 14
- Cannes 26
- Cap Corse 33
- Cap d'Agde 19
- Carcassonne 17–18
- Cargèse 36
- Cassis 13
- Collioure 20–21
- Corniches 28–29
- Eze 29
- Filitosa 32
- Grasse 25
- Ile de Port-Cros 23
- Ile du Levant 23
- Iles d'Hyères 23
- Iles de Lérins 25
- Juan-les-Pins 26
- Korsika 31–36
- Lavandou, Le 23
- Marseille 11–13
- Martigues 13
- Monaco 29–31
- Montpellier 15–17
- Nizza (Nice) 27–28
- Parc Peraldi 32
- Perpignan 19–20
- Piana 36
- Porquerolles 23
- Port Grimaud 24
- Porto Vecchio 33
- Port-Vendres 21
- Sagone 36
- Saint-Jean-Cap-Ferrat 29
- Saint-Raphaël 24–25
- Saint-Tropez 24
- Saintes-Maries-de-la-Mer 15
- Sanary-sur-Mer 23
- Sartène 32–33
- Sète 18–19
- Toulon 22
- Vaccarès, Etang du 14
- Vallauris 25–26
- Villefranche 28

Gibraltar
- Alameda Botanical Gardens 213
- Ape's Den 213
- Catalan Bay 214
- Felsen 211–212
- St. Michael's Cave 214
- Upper Galleries 214
- Upper Rock 213–214
- Upper Station 214

Italien und der Vatikan
- Ägadische Inseln 96
- Agrigent 89–91
- Alghero 80–81
- Amalfi 72
- Ätna 86
- Baia Sardinia 79
- Cagliari 74–76
- Caos 92
- Caprera 79–80
- Capri 67–70
- Catania 86–87
- Cinque Terre 43–44
- Civitavecchia 54
- Costa Smeralda 78–80
- Elba 53–55
- Eraclea Minoa 92
- Erice 95
- Florenz 47–52
- Gela 88–89
- Genua 39–42
- Golfo della Spezia 45–46
- Grotta di Nettuno 81
- Herculaneum 65
- Ischia 66–67
- La Spezia 45–46
- Levanto 43–44
- Lipari 96–97
- Liparische Inseln 96–98
- Livorno 46
- Maddalena-Archipel 79
- Marsala 94
- Messina 85
- Monreale 84–85
- Monte Pellegrino 85
- Neapel 63–65
- Nora 76–77
- Nuraghe di Palmavera 81
- Nuraghen 77
- Olbia 78
- Paestum 73
- Palau 79
- Palermo 82–84
- Pisa 52–53
- Pompeji 65–66
- Pontinische Inseln 67
- Porto Cervo 78
- Portoferraio 53–54
- Portofino 43
- Porto Rotondo 79
- Porto Torres 81–82
- Portovenere 45
- Positano 71
- Rapallo 43
- Reggio di Calabria 73–74
- Riviera dei Fiori 42
- Riviera di Levante 42–43
- Riviera di Ponente 42
- Rom 56–63
- Salerno 72–73
- San Remo 42
- Santa Margherita Ligure 43
- Sant' Antioco 77
- Sardinien 74–82
- Savona 42
- Sciacca 92
- Segesta 95–96
- Selinunt 92–93
- Sestri Levante 43
- Sizilien 82–98
- Sorrent 71
- Stromboli 98
- Su Nuraxi 77–78
- Syrakus 87–88
- Taormina 85
- Trapani 94–95
- Vatikan 56–58
- Ventimiglia 42
- Vernazza 44
- Villasimius 77
- Vulcano 97–98

Malta
- Drei Städte 104–105
- Hypogäum 105
- Mdina 105–106
- Rabat 106
- Tarxien, Tempel 105
- Valletta 101–104
- Vittoriosa 104–105

REGISTER

Marokko
- Agadir 150
- Cap Spartel 143
- Casablanca 143–144
- Chella 145
- Essaouira 146–147
- Herkulesgrotten 143
- Marrakesch 147–149
- Rabat 144–145
- Safi 145
- Tanger 141–143

Portugal
- Algarve 217–220
- Alte 219
- Estói 219
- Faro 217–219
- Funchal 229–232
- Ilha de Faro 218
- Ilha da Barreta 218
- Kap des hl. Vinzenz 220
- Lissabon 220–225
- Madeira 229–232
- Milreu 219
- Monte 232
- Ponta de Sagres 220
- Porto 225–229
- Sagres 219–220
- Vila Nova de Gaia 229

Spanien
- Alicante 167–169
- Almería 171
- Almuñécar 173
- Andalusien 171–182
- Arrecife 203
- Balearen 189–198
- Barcelona 153–159
- Benalmádena-Costa 176
- Betanzos 188
- Cadaqués 161
- Cádiz 177–178
- Cartagena 169–170
- Ciutadella 193–194
- Coruña, A (La) 187–188
- Elche (Elx) 169
- El Hierro 207
- Feuerberge 204
- Figueres 160–161
- Formentera 196–198
- Fuengirola 176
- Fuerteventura 205
- Galicien 183–188
- Girona 159–160
- Granada 171–173
- Gran Canaria 200–202
- Huelva 182
- Ibiza 194–196
- Itálica 182
- Jerez de la Frontera 178–179
- Jijona 168–169
- Kanarische Inseln 198–208
- La Gomera 206–207
- L'Albufera 166
- Lanzarote 203–205
- La Palma 207–208
- Las Palmas 200–202
- Mahón 192
- Málaga 174–175
- Mallorca 189–191
- Marbella 176–177
- Menorca 191–194
- Mijas 176
- Nerja 173–174
- Palma de Mallorca 189–191
- Puerta Banús 177
- Roses 162
- Rota 178
- Sanlúcar de Barrameda 179
- Santa Cruz de Tenerife 199–200
- Santiago de Compostela 184–187
- S'Arenal 191
- Sevilla 179–182
- Sitges 162
- Tarragona 163–164
- Teneriffa 198–200
- Torremolinos 176
- Valencia 164–166
- Valldemossa 191
- Vigo 183

Tunesien
- Cap Bon 115–118
- Djerba, Insel 121–124
- Guellala 124
- Hammamet 117–118
- Houmt Souk 121–122
- Kairouan 120–121
- Karthago 111–114
- Kelibia, Festung 116
- Kerkouane 115–116
- Korbous 116
- Midoun 121
- Monastir 119–120
- Nabeul 116–117
- Parc Djerba Explore 123–124
- Sousse 118–119
- Sidi Bou Said 114–115
- Tunis 109–111
- Zarzis 124

Redaktionelle Leitung
Barbara Ender

Redaktion
Alexandra Achermann
Eva Antonnikov
Andreas Uebelhart

Konzept
Karin Palazzolo

Gestaltung
Luc Malherbe
Sylvain Botter

Kartografie
JPM Publikationen
Mathieu Germay
Jonathan Reymond

Copyright © 2012, 2010
JPM Publications S.A.
Avenue William-Fraisse 12
1006 Lausanne, Schweiz
http://www.jpmguides.com/

Alle Rechte vorbehalten, insbesondere das Recht der Vervielfältigung und Verbreitung sowie der Übersetzung. Ohne schriftliche Genehmigung des Verlags ist es nicht gestattet, den Inhalt dieses Werkes oder Teile daraus auf elektronischem oder mechanischem Wege (Fotokopie, Mikrofilm, Ton- und Bildaufzeichnung, Speicherung auf Datenträger oder andere Verfahren) zu reproduzieren, zu vervielfältigen oder zu verbreiten.

Alle Informationen sind sorgfältig überprüft worden, erfolgen aber ohne Gewähr. Der Verlag und sein Kunde übernehmen keinerlei Haftung für allfällige Fehler. Für Berichtigungen, Hinweise und Ergänzungen ist die Redaktion dankbar.

Printed in Germany
13751.02.12604
Ausgabe 2012